全国船舶工业职业教育教学指导委员会推荐教材

U0659300

船舶导航设备维护与管理

主　编　李冰蟾

副主编　吴　俊　许群山

参　编　李　杰　张晨阳　林文耀

主　审　权　东

哈尔滨工程大学出版社
Harbin Engineering University Press

内 容 简 介

　　本书从船舶电子电气技术人员的船舶导航设备运维的真实岗位任务出发，基于 OBE 成果导向教学理念，结合岗位典型工作任务，以船舶导航设备的操作、调试、维护为项目载体，依次设计出 9 个项目，内容紧跟产业发展趋势和行业人才需求。本书注重培养学生的实践能力，以思政小课堂形式，形成立体化的育人模式，并配套江苏省职业教育在线精品课程，数字化资源丰富。

　　本书可作为船舶电子电气专业学生的专业课教材，同时也可作为相关专业的社会人员培训与技能提升用书。

图书在版编目(CIP)数据

　　船舶导航设备维护与管理 / 李冰蟾主编. — 哈尔滨：
哈尔滨工程大学出版社，2024.5
　　ISBN 978-7-5661-4384-6

　　Ⅰ. ①船… Ⅱ. ①李… Ⅲ. ①航海导航-导航设备-
教材 Ⅳ. ①U666.1

　　中国国家版本馆 CIP 数据核字(2024)第 102248 号

船舶导航设备维护与管理
CHUANBO DAOHANG SHEBEI WEIHU YU GUANLI

选题策划　雷　霞
责任编辑　李　暖
封面设计　李海波

出版发行　哈尔滨工程大学出版社
社　　址　哈尔滨市南岗区南通大街 145 号
邮政编码　150001
发行电话　0451-82519328
传　　真　0451-82519699
经　　销　新华书店
印　　刷　哈尔滨午阳印刷有限公司
开　　本　787 mm×1 092 mm　1/16
印　　张　13.75
字　　数　380 千字
版　　次　2024 年 5 月第 1 版
印　　次　2024 年 5 月第 1 次印刷
书　　号　ISBN 978-7-5661-4384-6
定　　价　49.80 元

http://www.hrbeupress.com
E-mail:heupress@ hrbeu.edu.cn

前　言

为了适应智能船舶导航设备的数字化升级要求，将船舶导航设备"管、用、养、修"的职业能力落到实处，培养具有岗位担当、安全责任意识与实践创新意识、蓝海视野的高素质技术技能人才，本书从船舶电子电气技术人员的船舶导航设备运维的真实岗位任务出发，基于 OBE 成果导向教学理念，采用"项目引领，任务竞技"的教学方式，结合岗位典型工作任务，以船舶导航设备的操作、调试、维护为项目载体，依次设计出 9 个项目。每个项目由任务前知识准备、实操任务、维护任务、维修任务和课后习题构成，体现"育训结合""理实一体"的职教原则。

在编写过程中，编者对交通运输类行业企业、船舶企业等进行对口走访交流。本书遵循国家船舶电气工程类专业教学标准，对接中华人民共和国海船（电子电气员）适任证书，结合海船电子电气员的能力要求与素质要求，并加入了行业前沿知识、新工艺、新规范等内容，紧跟产业发展趋势和行业人才需求，是基于我国航海教育项目化课程改革的有益探索和创新。

本书注重培养学生的实践能力，书中引入了大量真实故障案例、动画、微课等数字化资源，激发学生学习兴趣，并以思政小课堂形式，引导读者树立正确的世界观，形成立体化的育人模式。本书配套江苏省职业教育在线精品课程，可以通过扫描二维码获得更多的案例与相关的拓展知识。

在本书的编写过程中，江苏省海事局船员考试中心的权东担任本书主审，江苏省海事局船员处的许群山参与了本书内容和框架的组织协调，江苏海事职业技术学院的吴俊、李杰、张晨阳、林文耀参与了本书项目 1、项目 8 的编写。在此一并深表感谢。

本书的编撰，是我国航海教育项目化课程改革的有益探索和创新，由于编者水平有限，书中或仍有某些不足之处，敬请专家、同行和读者不吝指教，以便我们适时改进，为推进我国航海高等职业院校项目化课程改革添砖加瓦。

编　者
2024 年 1 月

精品在线开放课程

目　　录

项目1 综合驾驶台系统的布置

【项目描述】

随着计算机技术的发展,驾驶台以综合导航为基础并集成多种设备,现已形成较为完善的综合驾驶台系统(IBS)。综合驾驶台系统具有航路执行、航行安全、通信、机舱控制和安保信息等功能。该系统在提高船舶航行自动化程度、保障船舶航行安全及提高运营效率等方面发挥了重要的作用。了解综合驾驶台系统的功能与结构,能够帮助750 kW 及以上船舶电子电气员对驾驶台设备进行维护与管理。本项目综合驾驶台系统的布置以船舶驾驶台系统真机设备为教学基础,通过本项目的实践,学生能够对IBS的设备与布置有系统性的认知,为后续项目的学习打下基础。

【学习目标】

知识目标:

- 能描述综合驾驶台系统的基本工作原理;
- 能描述综合驾驶台系统的结构组成与功能;
- 能识记综合驾驶台系统的输入/输出接口。

技能目标:

- 能完成综合驾驶台系统的综合布置。

素质目标:

- 增强职业认同感,塑造有责任、有担当的职业品质。

任务1 综合驾驶台系统的认知

综合驾驶台系统是由20世纪70年代初期的综合导航系统(INS)发展演变而来的一种船舶自动航行系统。多年来,随着计算机、现代控制、信息处理、通信导航等技术的发展,以综合导航系统为基础,结合船舶首向发送装置(THD,如陀螺罗经)、电子定位系统(EPFS,如 GPS)、船舶速度和航程测量设备(SDME,如计程仪)、水深测量设备(如测深仪)、雷达、电子海图显示与信息系统(ECDIS)、船舶自动识别系统(AIS)、自动舵等各种导航和船舶操纵设备,现已形成具有完善的综合导航、船舶控制、自动避碰、综合信息显示、通信和航行管理控制等多种功能的综合驾驶台系统。在提高船舶航行的自动化程度、保障船舶航行安全、提高船舶的营运效率等方面,IBS发挥了重要作用。目前,虽然 IBS 并非《国际海上人命安全公约》(SOLAS公约)强制安装的设备,但近几年来,国际海事组织(IMO)、国际电工委

综合驾驶台
系统概述

员会(IEC)等国际组织相继对综合驾驶台系统的性能标准提出了要求,各船级社对不同船舶所配备的综合驾驶台系统也有规范要求。对于 21 世纪的航海人员来说,熟练掌握 IBS 的原理、功能、配置和接口等是适应现代航海技术工作所必需的。

本节主要介绍 IBS 与 INS 的基本概念和配置、IBS 的基本功能以及 IBS 的接口。

一、综合驾驶台系统与综合导航系统的基本概念

根据国际有关规定,为了保障船舶航行安全,驾驶台上装配有各种航海仪器。近年来,随着 SOLAS 公约的不断修订,驾驶台又新增设了 AIS 和航行数据记录仪(VDR)等设备。由于这些设备相对独立且布置分散,各种导航信息缺乏有效的整合。这就要求值班驾驶员(OOW)做出综合判断,也在紧迫的局面下给 OOW 带来了很大压力,使 OOW 容易造成判断失误。为了减轻 OOW 的负担,避免判断失误,航海仪器提供的信息应清晰、准确、完整。因此,必须合理、集中布置驾驶台设备,特别是在功能上对各种导航设备进行综合和优化。为了满足大型船舶航行安全性和经济性的需要,航海仪器生产厂家和研究机构开始研制具备多功能的综合驾驶台系统。

尽管各种型号的 IBS 的结构和组成各有差别,各子系统划分方法也不尽相同,但其基本原理均是通过电气组合和机械组合,将船舶内外的众多设备和系统组合在一起,使之实现设备集合,更重要的是实现功能综合和信息综合处理,将各种导航信息集中在一个多功能工作台上,实现驾驶台的综合控制。

IBS 的发展将从传统的以数据采集和处理为主转向以决策和控制为主,进一步注重对基于网络技术的 IBS 信息处理技术、航行专家系统、最佳航线设计、航行综合控制、人体工程学和人机交互界面等方面的研究。IBS 经过多年的发展,技术得到不断创新,功能日趋完善:在硬件组合上,由接口连接向网络连接方向发展;在人机交互界面上,采用遥控多页面显示技术,实现雷达图像、ECDIS、综合信息显示等任意切换;在对船舶舵机的控制上,采用现代控制理论等新技术的数据自动舵;在航行信息综合处理上,使用现代滤波技术,对航行数据进行最佳综合处理,保障船舶航行安全;在船舶综合控制方面,把综合导航系统与主机遥控、副机遥控、通信有机地组合起来,向船舶综合控制信息化和智能化方向发展。IBS 在操作上更为便捷,人机交互界面更加标准化、人性化。IBS 已经成为集导航、监控、管理、显示于一体的智能化、网络化的综合航行系统。

(一)综合驾驶台系统

IBS 由若干个子系统通过内部连接组成,通过综合信息工作站可以集中获取各个传感器信息或控制命令。IBS 应该可执行以下任务中的两个或更多:航路执行、通信、机械控制、装卸载和货运管理、航行安全和船舶保安以及系统管理。

按照 IEC 61209 性能标准(又称 NMEA 标准)的总体要求,IBS 的相关设备应该符合所有 IMO 有关各独立设备的性能标准,其子系统执行多任务时必须满足每个单独设备所能控制、监督和执行的功能要求。在某个单独设备发生故障时,IBS 的所有重要功能仍然有效。每个子系统必须满足标准对各个相关设备的性能标准要求。当运行航路执行功能时,其他任何操作都不能中断航路执行功能。任何一个子系统的故障都不能影响其他子系统的正常工作,除非这些子系统功能的发挥直接依赖于故障子系统所提供的信息。

按照标准的组合要求,IBS 的功能不得低于独立使用各个设备时所达到的功能;持续显

示的信息应该保证船舶安全的必要信息是最少,附加的信息在需要时可以显示;组合功能显示和控制应该采用一致的人机接口界面,尤其要考虑符号、颜色、控制、信息优先权和分层的一致性。对于保证航行安全的必要操作,信息要备份并可以互换;应该能够显示系统完整的配置、可选的配置以及正在使用的配置;当无意中改变了系统配置时,能够以声音和视觉形式发出报警来引起 OOW 的注意;各子系统应该提供其详细操作状态和重要信息的延时性和有效性,在 IBS 中应该标注使用这些信息的方式;重要的功能必须有可以替代的操作方法来完成;对船舶安全起重要作用的机械操作必须在设备本身进行控制;重要信息应有可以替代的信息源,IBS 应能识别出信息源丢失;信息源(传感器、计算结果和人工输入)应该持续显示。

按照标准的数据交换要求,IBS 内部的连接和 IBS 的接口必须符合 IEC 61162 标准的要求,数据交换应该与船舶的安全操作相一致。也就是说,IBS 的每个功能对系统数据的最大延迟时间有限定,这是通过比较传感器的输出数据和输入给 IBS 数据的延时来确定的;IBS拒收不合格的数据,要保证数据在网络中传递的完善性;网络应该保证标注出节点间出现的错误,保证传感器和显示器继续执行其任务,并且它们之间的数据传递不能受影响;网络链接错误不能影响每个独立设备的功能。

按照标准的故障分析要求,IBS 应指明可能发生的系统错误和与重要功能有关的链接错误,指明与操作、功能、状态等有关的错误所产生的后果,每个故障与其对 IBS 相关特性的影响要归类,通过对障碍进行分析,以确认 IBS 继续操作是否可保证船舶安全。

按照标准的操作要求,IBS 必须由适任的驾驶员操作;人机接口界面应简单易懂,所用的组合功能要有一致性;操作信息应简明直接;当执行和使用无效功能时应有报警声,如果系统检测出输入错误,应要求 OOW 立即修正;菜单分层要尽量少,以便用较少的操作返回所要的功能。如果操作可能产生不良后果,则 IBS 必须要求 OOW 确认此项操作。

按照标准的技术要求,传感器应符合 IEC 61162 标准的要求,传感器应提供信息的操作状态、重要信息的延时性和有效性;受远程控制的传感器应以最小延时响应控制命令并指示出无效的控制命令;传感器可暂时静音和重新启动声音报警。

按照标准的报警管理要求,IBS 的报警管理至少要满足 IMO 的 A.830(19)的报警编码和说明要求;根据 IBS 操作任务的不同可以将报警按优先权分组;报警的数量应设计得尽可能少;报警必须要有提示信息,以便明晰报警产生的原因和造成的后果。报警的优先权按等级分为突发事件报警(即危及人身安全、船舶安全以及机械原因造成的,必须立即采取措施的紧迫危险报警);遇险、紧急和安全报警(即船舶或人员遇险,或者呼叫工作站要发布有涉及人身安全和船舶安全的重要信息或报警);基本报警(即提醒为避免发生突发事件报警出现的潜在危险条件)和次要报警(不属于上述三种情况的报警)。

(二)综合导航系统

根据组合的传感器设备和操舵控制设备的不同,INS 分为如下几类。

(1)INS(A):提供有效、正确、统一的参考系统,这个系统至少提供船舶位置、速度、航向、时间。

(2)INS(B):除了包括上述 INS(A)的功能外,还能提供有助于避开危险的相关信息,在雷达或 ECDIS 上自动连续地标绘出船舶位置、速度、航向、水深和预测危险等情况。

(3)INS(C):除了包括上述 INS(B)的功能外,还能自动控制船舶航向、航迹和速度,监视、控制船舶的状态和性能。

(三)IBS 和 INS 的关系

IBS 和 INS 的关系如图 1-1 所示。INS 是由若干航海仪器组合在一起,为船舶提供优化的综合导航信息的系统。INS 是 IBS 的信息来源,也是 IBS 的基本功能。IBS 利用 INS 信息对船舶集中控制,包括航路执行、通信、装卸载和货运管理、机械控制、航行安全和船舶保安以及系统管理。

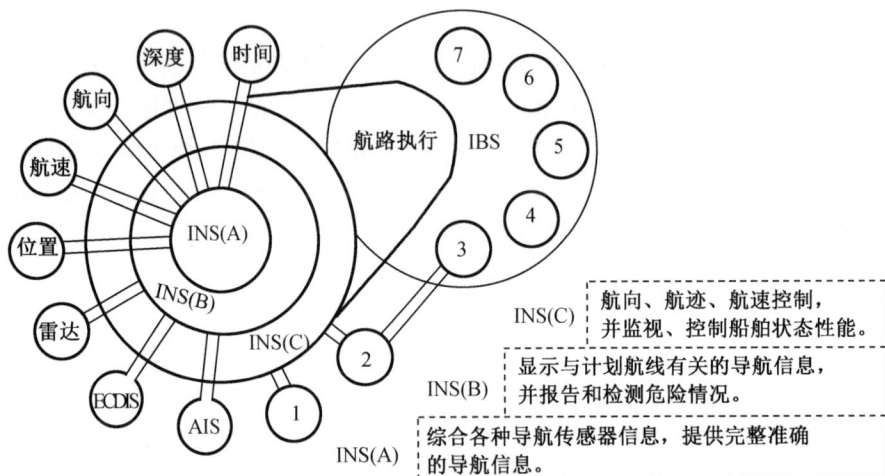

1—航向或航迹控制;2—航速控制;3—机械控制;4—系统管理;
5—航行安全和船舶保安;6—装卸载和货运管理;7—通信。

图 1-1　IBS 和 INS 的关系

目前,大多数船舶驾驶台设备(如导航、通信、操舵控制设备)都集成在一组机柜中。这种组合并不一定是 INS 或 IBS。INS 和 IBS 最重要的概念是将各种驾驶台设备通过电气组合有机地连接起来,对传感器信息进行综合处理,最终给 OOW 提供完整、准确的信息和操作控制命令。IBS 在配置和功能上覆盖了 INS。

二、综合驾驶台系统与综合导航系统的基本配置

(一)综合驾驶台系统基本配置

根据 IMO 性能标准要求,IBS 应该执行以下两项或更多的操作:航路执行(锚泊、靠泊、操纵、避碰、航行等操作控制);通信(驾驶台内部通信、外部通信、人机通信、人员通信等操作控制);机械控制(报警、电源、舵机、锅炉、加热通风空调、燃油、系统性能诊断等操作控制);装卸载和货运管理(污水、防污染、货舱、货物装配载、油水、舱门等操作控制);船行安全和船舶保安(消防、船损防漏、防海盗、紧急事件响应等操作控制);系统管理(船员培训、值班演习、货运证书、救生设备、航次管理、船舶维护保养、人事管理等操作控制)。

IBS 的配置要满足有关国际公约和船级社的规定和要求,在此前提下,IBS 的配置可根据不同的船舶类型和船舶所有人的要求来确定,同时还受船上导航设备配置及环境的制约。

（二）综合导航系统基本配置

1. INS(A)

INS(A)的基本配置包括磁罗经、陀螺罗经、计程仪、电子定位系统(EPFS)和测深仪。

2. INS(B)

INS(B)的配置是在 INS(A)配置的基础上,再配备双雷达系统、电子海图显示与信息系统、船舶自动识别系统。

3. INS(C)

INS(C)是基本的 IBS,其配置是在 INS(B)配置的基础上,再配备航向、航迹、航速控制系统、航向、航迹、航速性能;状态的监督及报警系统;综合信息处理和显示系统。

三、综合导航系统功能

INS 是 IBS 的重要组成部分,根据 INS 的组合传感器设备和操舵控制设备的不同,其完成的功能也不同。INS 的功能主要包括:传感器信息综合处理、INS 任务、INS 工作站、INS 显示、INS 人机交互界面、INS 备份、INS 系统错误和报警管理。下面介绍部分功能。

（一）传感器信息综合处理

INS 组合、处理和优化各种传感器数据以获得航速、航向、位置和时间信息。INS 也支持模式和状态提示、多功能显示,每个独立的设备要符合 IEC 61162 接口标准或可以替代的相关接口标准。INS 收到的或分配的数据必须通过可信性、有效性、延时性和完善性检查,并且必须相对于统一的公共基准系统和公共基准点。

1. 可信性

可信性是指数据的质量在主观和客观上的可信度。INS 收到的或分配的数据必须通过可信性检查,否则不能用在 INS 中,除非 INS 的功能不依赖于这些数据。例如,艏向 361°是不可信的;实际航速和转向速率大于船舶的最大航速和最大转向速率等都是不可信的。

2. 有效性

有效性是指数据与逻辑和规范准则的符合度。符合有效性的数据标注良好,不符合有效性的数据标注不良。INS 收到、使用或分配的数据都要经过有效性检查并标注有效性检查结果,数据没有通过有效性检查的不能用在 INS 中,除非 INS 的功能不依赖于这些数据。

3. 延时性

延时性是指事件的起始和结果之间的时间间隔,包括事件的数据接收时间、处理时间、发送时间和显示时间。数据的延时应该符合每个独立设备的性能标准要求。

4. 完善性

完善性是指数据满足相关的标准并且通过比较多个独立传感器的信息得到验证,使信息保持一定的精度和有效性的特性。在 INS 中要保证数据交换的完善性,当系统处在 INS(C)的工作模式时,若不满足这一点,系统就会发出报警,标注数据完善性失效,需要 OOW 立即给出响应,决定是否继续执行本工作模式;当系统不处在 INS(C)的工作模式时,若不满足这一点,系统就会发出警告,显示的信息有报警提示。

5. 统一公共基准系统

统一公共基准系统(CCRS)的功能是给 INS 在获取、处理、存储和分配数据及信息时,在 INS 内提供一致的和强制的基准参考。对于特定的系统数据和重要信息,CCRS 确保 INS 所有的子系统使用相同的信息源和数据。例如,本船位置、对水速度、艏向、时间等。INS 应该确保分配到相关子系统的不同类型的信息采用了 CCRS。CCRS 的信息要满足以下几点。

(1)参照相同的地点和时间。如果不满足这一点,系统就会发出报警,显示的信息有报警提示。

(2)延时性。如果不满足这一点,系统就会发出报警,显示的信息有报警提示。

(3)有效性。如果系统所要的重要信息或所控制的功能所需的数据变为无效、不合格或不可用时,系统就会发出报警,显示的信息标注无效,要求 OOW 立即给出响应。

(4)可信性。如果不满足这一点,系统就会发出报警,显示的信息标注不可信,要求 OOW 立即给出响应。

6. 统一公共基准点

统一公共基准点(CCRP)指测量目标相对数据的基准参考点的位置,如目标距离、方位、相对航向、相对航速、横摇、纵倾等的相对参考点。推荐采用驾驶位置作为统一公共基准点,也可以使用其他位置作为基准点。若改变 CCRP,则应该清楚地标注其位置,并且不影响完善性监测。

7. 精度

作为最低要求,INS 各个子系统提供的信息的精度要满足 IMO 对每个独立设备的性能标准的要求,并且 INS 不能降低由每个传感器提供的数据精度。

8. 数据交换和其完善性监测

INS 的数据交换应符合 IEC 61162 接口标准。当使用 IEC 61162-1 接口传送位置数据时,位置数据应该采用 WGS-84 坐标系并使用符合 IEC 61162 格式的 DTM 语句,由 INS 进行完善性检查。修改或生成的系统数据和其他数据用"IN"符号标注语句的识别符,否则用信息源作为语句识别符。

数据在分配给 INS 的各个子系统前要先经过完善性检查,如传感器数据、航线、数据库(海图数据库、用户数据库、导航线等)、船舶动态参数(转向半径、转向速率等)、船舶静态参数(船舶尺寸等)。重要信息包括位置、艏向、航速、时间,在显示和使用前必须自动验证重要信息的完善性,从不同传感器来的数据在分配给 INS 的各个子系统前要先经过完善性检查,INS 能够以最精确有效的方法手动或自动检验可用传感器的完善性。被选作完善性监测的数据源应该有明确指示。对于以下几种数据,如艏向、对水速度、电子定位系统、位置、时间、对地速度,INS 能够接收来自多传感器的输入,用以验证 INS 使用数据的完善性。

9. 数据标注

完善性监测后的数据标注是指经过完善性监测的数据要标注完善性监测结果,以便相关的功能在使用这些数据时确定其是否通过完善性监测。未通过完善性监测的数据不能用在自动控制系统中和数据备份中。

怀疑数据的标注是指在未执行完善性检查时,数据的状态要标注"怀疑"。

10. 传感器数据使用和标注

表 1-1 所示为数据经过有效性、可信性、完善性检查后的结果。其中,前四种情况均有检查未获得通过或检查没有执行的项目,给出警报或警告信息;第五种情况为通过了所有检查,没有提示信息。被使用的传感器应做标注。

表1-1　传感器数据的使用和标注

项目	有效性	可信性	完善性	INS 数据标注	通告	结果
情况一	未通过	任意	任意	有效性检查未通过	警报或警告	数据不能用在 INS 中
情况二	任意	未通过	任意	可信性检查未通过	警报或警告	数据不能用在 INS 中
情况三	通过	通过	因为缺少第二个传感器，不可能进行完善性检查	完善性检查未通过	警报或警告	数据不能用在自动控制功能中
情况四	通过	通过	未通过	完善性检查未通过	警报	数据不能用在自动控制功能中
情况五	通过	通过	通过	完善性检查通过	无	数据适合各种使用

11. 数据警报和警告产生

　　未通过检查的数据会被标注警报或警告,警报的紧急危险程度高于警告。当 INS 所需的重要信息或所要求的功能需要的数据无效、变差或不可用时,发出警报;当 INS 所需的非重要信息无效、变差或不可用时,发出警告。例如,当系统处在 INS(C)的工作模式时,若完善性验证未通过,系统就会发出紧急警报,显示的信息标注完善性未通过;当系统不处在 INS(C)的工作模式时,若完善性验证未通过,系统就会发出警告,显示的信息有报警提示;当系统错误要求立即使 OOW 注意时,系统就会发出警报;当系统错误不需让 OOW 立即注意时,系统就会发出警告;当系统失效导致自动改变工作模式和系统配置时,系统就会发出警报。

（二）INS 任务和功能

　　INS 的导航任务包括航线计划、航线监控、避碰、导航控制数据输出、状态和信息显示、报警管理。INS 所有任务使用相同的电子海图数据和其他的导航数据库,如计划航线、海图和潮汐信息。如果使用电子导航图（ENC）,应该在 INS 中采用共同的数据源。

　　1. 航线计划

　　INS 具备 IMO MSC.232(82)ECDIS 性能标准规定的航线设计功能。此外,INS 还具备 MSC.252(83)INS 性能标准中规定的以下强制功能:管理航线计划（存储、输入、输出、文档备案、保护）;检查由驾驶员设定的龙骨下最小水深危险区;针对操纵限定条件检查航线计划,如果可能,要考虑转向半径、转向速率（ROT）、用舵点、航向改变点、速度、时间、预计到港时间（ETA）等参数,还要针对气象信息起草和重新规划航线计划。

　　2. 航线监控

　　INS 具备 IMO MSC.232(82)ECDIS 性能标准规定的航线监控功能。此外,INS 还具备 MSC.252(83)INS 性能标准中规定的以下强制功能:雷达视频数据叠加到电子海图上以便指示出导航标志物、航行限制区域和危险区域,以使本船位置监控和目标识别更为有效;设定本船龙骨下最小水深报警门限,监测该门限与实际水深的差值;显示本船当前的船位、艏向、对地航向（COG）、对地航速（SOG）、对水速度（STW）、龙骨下水深、ROT 等;显示 AtoN

AIS 报告。如果 INS 包括航迹控制功能,则应提供与航迹跟踪和操纵相关的信息显示和监控。

INS 还具有以下备选功能:MOB(man over board)导航时允许 ECDIS 显示多项信息,如雷达跟踪目标和 AIS 报告目标、AIS 安全相关信息、MOB 和 SAR(search and rescue)模式初始化与监控、NAVTEX 信息、潮汐和水流信息、气象信息和冰况信息。

3. 避碰

INS 具备 IMO MSC.192(79)雷达性能标准规定的避碰功能。此外,INS 还具备 MSC. 252(83)INS 性能标准中规定的以下强制功能。

INS 能够显示电子导航海图(ENC)的物标,这些物标比 ECDIS 性能标准 MSC.232(82)中规定的少。

在一个工作终端上,显示来自多个传感器和信息源的同一个目标信息时,INS 能够完成目标相关信息和目标数据融合,避免用多个符号表示同一个目标。AIS 报告目标和雷达跟踪目标的相关信息要符合 MSC.191(79)AIS 和 MSC.192(79)雷达的性能标准要求,AIS 和雷达报警设置应该使用相同的门限(如 CPA/TCPA)。

INS 对所有在其显示器上显示的目标能够进行属性和特征的识别,来自多个传感器而显示在同一个工作终端的目标,目标的标识符号能够按要求加以修改,以便目标在 INS 显示器上统一显示。

INS 能够融合来自多个雷达传感器的信息,并显示在同一个显示器上,但融合功能出现故障时,不能降低主雷达的基本功能。工作时应该标注出主雷达和次雷达。

与避碰相关的备选功能包括:显示本船轮廓、目标 CPA/TCPA、目标 BCR(穿越船头距离)/BCT(穿越船头时间),显示从 INS 的公共数据库来的海图信息。

4. 导航控制数据输出

INS 导航工作台能够显示人工控制或自动控制船舶运动的信息,并显示和处理与船舶安全相关的外部信息。

人工控制船舶运动的信息至少包括:龙骨下水深(UKC)和其安全门限、STW、SOG、COG、船位、艏向、ROT、舵角、推力信息、流向、流速、风向、风速、操舵和速度控制模式、到用舵点或转向点的时间和距离、安全相关信息(AIS 或 NAVTEX 信息)。

自动控制船舶运动的信息至少包括:以上人工控制船舶运动时需要的全部信息,到下一段航线的设置和实际的转向半径或转向速率。

导航控制数据应该可以用数字和模拟的形式以图示显示船舶的运动、设定的船舶运动值和船舶运动历史航迹。

5. 状态和信息显示

INS 提供以下各项信息的显示:信息的模式和状态;AIS 目标船舶的静态、动态和航行相关信息;船舶运动实测信息和设定信息;收到的安全相关信息(如 AIS 和 NAVTEX 信息);INS 的配置;传感器和信息源的资料。

INS 能够设置与本船相关的状态参数和编辑本船 AIS 信息。

INS 也可以在需要时选择下列信息显示:潮汐和水流;气象和冰况;导航控制和航线监控的其他信息;AIS 目标信息。

6. 报警管理

INS 报警管理系统除了要满足 IMO A.830(19)和 IEC 60945 性能标准外,还要符合 IEC

61924 INS 性能标准。报警的数目要尽可能少。INS 报警管理系统的报警和响应功能可以由集中的船舶报警管理系统来替代。所有 INS 的报警及其来源应该显示在导航工作台和综合信息控制台上。

为了避免产生不必要的报警而引起 OOW 的恐慌，INS 对无效数据和怀疑数据会延迟报警，最长延迟时间为 30 s，这种情况会用文字指示出。

INS 的报警系统从管理上分为警报、警告、警示三个等级。警报是指示出立即引起 OOW 注意并应立即采取措施的情况，对下述状况的发生会立即发出警报：接收不到传感器的数据；未通过可信性、有效性和完善性检测的数据；系统设备（如自动舵、雷达）间的通信中断。警告是指并非紧急危险的情况，但若 OOW 不采取措施，可能升级为警报的情况。警示是指不构成警报和警告，但超出正常状态，需要引起 OOW 注意的情况，如 OOW 在 INS 的不同工作台上对同一种报警门限设置了不同值。所有报警都以声音、视觉、文字显示，甚至可以有语音提示。文字信息可提示报警来源以便 OOW 识别和找出报警原因，如没有被 OOW 确认，报警会一直持续，直至操作员响应。已被 OOW 确认的报警，音响报警解除，但视觉报警一直持续到报警条件解除。报警声音可以暂时静音，若 30 s 内报警未被确认，声音报警会再次响起。要提醒 OOW 注意的是：上面提到警告和警示两个等级的报警可能只有视觉报警而没有声音报警，OOW 要留意 INS 显示器上的报警信息，以免漏掉可能发生的危险情况。

INS 可以有暂时关闭报警系统的功能，如船舶在锚泊期间，OOW 可以使用此功能，此时会显示警报并关闭提示。但这个功能只能在驾驶台使用，在执行自动控制功能时的情况不可以使用此功能。

（三）INS 工作站功能

1. 工作站数量

INS 的工作站应满足 SOLAS 公约中第 19 条的最低任务要求，数量取决于 INS 的任务配置。

2. 工作站任务

INS 必须完成航线监控、避碰、导航控制数据输出等任务。

INS 至少有一个工作站能够完成包括航线计划、状态和信息显示、报警管理等任务。

3. 远程工作站

INS 可以在远程工作站上完成航线计划任务。

（1）工作站任务分配

INS 工作站的任务分配应灵活并支持各种航行环境；任务分配要简单，以便于驾驶员确认自己的角色并配合操作；驾驶员通过简单的操作就可以完成工作站的任务选择。

（2）航迹控制

如果 INS 执行航速控制功能，则能够在工作站上用图示形式显示计划航线，以完成航行监控工作。

（3）自动控制功能

在任何时候，只能有一个工作站起自动控制作用与接受控制命令，其自动控制模式状态需要清晰注明。在自动控制功能使用时，相关的控制信息应持续显示。自动控制功能可以从一个工作站移交到另一个工作站，并不改变原始设置参数。

(四)INS 显示功能

INS 的显示包括显示信息的内容、信息的来源、系统配置和操作模式等。对显示的总体要求是 INS 能够持续清楚地显示所有重要信息,需要时可以显示更多的相关信息,但后者不得遮盖或影响前者的显示。驾驶员对设备的操作不应妨碍信息的显示和更新。

1. 显示可用信息

INS 应该显示每种 INS[INS(A)、INS(B)、INS(C)]所需的信息,并显示信息数据和信息数据的来源。

2. 显示重要信息

INS 的重要信息指监控系统运行重要功能时所必需的信息。INS 的重要信息至少包括:位置、艏向、航速、时间。通常 INS 同时显示以下信息:重要信息、龙骨下水深[INS(B)和INS(C)需要]、显示系统配置(在配置不明显时)和操作模式(在模式不明显时)。

需要时,INS 也可以显示重要信息的补充信息。

3. 显示的信息内容

在有可能产生信息模糊的场合,INS 显示信息的同时也显示信息源(传感器数据来自GYR1、GYR2、GPS1、GPS2、电磁计程仪、多普勒计程仪、雷达 1、雷达 2 等)、计算结果和人工输入数据、数据测量单位、系统操作模式。

4. 显示传感器输出数据

(略)

5. 显示系统配置

INS 能用图示或列表显示完整的系统配置、可用的系统配置和正在使用的系统配置。

显示的信息详细到显示 INS 的子系统、传感器、其他连接的设备、准备给 INS 提供的信息或 INS 已经使用的信息。

6. 显示操作模式

INS 可以提供大洋、近岸、受限水域(引航航行、进港靠泊、抛锚)和用户定义等航行模式。如果系统处于非常规操作模式,如维修、模拟、训练等不能用于航行的模式,则有明确的标注。

(五)INS 人机交互界面

人机交互界面应符合 MSC.982 和 SOLAS 公约 15 条的相关要求,且界面简单、易于操作。

显示的图形、字符和控制功能在系统中保持形式一致。INS 所有的功能都支持手动操作,基本功能简便且易于操作。对于手动操作可能带来的问题,系统会提醒操作员首先进行确认。

为了方便操作,有的系统还提供了 UNDO(撤销操作)功能。

四、综合导航系统接口技术

综合导航系统一方面是指将驾驶台上所有的航海仪器通过机械组合为一个整体;另一方面是指各个航海仪器通过电气组合实现相互之间的信号传递。综合导航系统电气组合通常有网络连接和接口电路连接两种方法。

（一）航海仪器接口标准

INS 中包括各种航海仪器,如电子定位系统(EPFS)、罗经、计程仪、雷达、ECDIS、自动舵等。目前,航海仪器大多数已实现了计算机化,各种航海仪器之间的相互连接实际上就是计算机之间通信的问题。这里的计算机之间的通信分为串行通信和并行通信两种方式,串行通信又有同步与异步之分。

使用最广泛的计算机通信技术是串行异步通信方式。RS.232 通信方式适合于近距离通信或仪器内部之间的通信,而 RS-422 接口适合于远距离的数据传输。航海仪器之间的数据传送除了电平输出格式匹配外,还要采用统一的数据通信格式。在航海仪器中广泛使用的串行异步通信格式是 NMEA 协议。NMEA 协议由美国国家航海电子协会(NMEA)在 1983 年 3 月首次公布使用,版本为 NMEA 0183,此后经过多次升级,目前最新的版本为 NMEA 2000。国际电工委员会(IEC)也制定了航海仪器数据通信的标准协议 IEC61162,IEC 61162-1 即 NMEA 0183 4.0 版,IEC 61162-2 即 NMEA 0183 HS 版,IEC 61162-3 即 NMEA 2000 版。

1. NMEA 0183 信号特性

NMEA 0183 标准规定数据由异步串行 ASCII 码组成,它具有下面信号特点:波特率为 4 800 b/s(IEC 61162-1),38 400 b/s(IEC 61162-2);8 个数据位(第 8 位总为 0),1 个终止位,无奇偶校验位;输入电路为电流环电路;输出电路为 RS-422 或 TTL 电平。

但有些厂家生产的 NMEA 0183 接口却不具有 TTL 电平,他们的信号电平输出使用 RS-422 接口。NMEA 0183 只规定了输入信号和输出信号,并没有规定数据流向控制、硬件和软件等。

表 1-2 所示是航海仪器常用的 NMEA 0183 语句。

表 1-2 常用 NMEA 0183 语句

设备	语句	语句说明
GPS	VTG	course over ground and ground speed(对地航向和航速)
	WPL	waypoint location(转向点位置)
	XTE	gross track error(偏离航线距离)
	ZDA	time & date(UTC 时间和日期)
	GGA	global positioning system fix data(GPS 定位数据)
	GLL	geographic positioning latitude/longitude(地理位置经度/纬度)
GPS/ECDIS	APB	autopilot sentence"B"(自动舵语句:包括偏离航线距离、到转向点航向等)
	ASD	autopilot system data(自动舵系统数据:包括自动舵操作参数、报警状态、航向命令和艏向)
测深仪	DBT	depth below transducer(探头以下水深)
陀螺罗经	HDT	heading,true(艏向)
计程仪	VBW	dual ground/water speed(对地/对水双轴速度)
	VHW	water speed and heading(对水速度和艏向)

表1-2(续)

设备	语句	语句说明
雷达	TLL	target latitude and longitude(目标经度、纬度信息)
	TTM	tracked target message(跟踪目标信息)

2. NMEA 2000信号特性

2001年,NMEA推出了网络版NMEA 2000 1.0版,同时与IEC合作,于2004年制定了符合SOLAS公约的海上导航和无线电通信设备与系统数据交换标准NMEA 2000 1.2版(IEC 61162-3)。其关键技术广泛采用了用在工业总线的CAN(controller area network)控制器局域网络。CAN总线的数据通信具有突出的可靠性、实时性和灵活性。该标准定义了一种低成本、双向通信的串行数据通信网络,协议包括数据格式、网络协议、仪器间相互连接所必需的最少物理层等。

3. NMEA 2000在航海中应用

在NMEA 2000标准中,传输的所有数据以群的形式进行组织,并赋予一个唯一的标识符,通常以数字的形式表示,定义为参数群编号PGN。对于网络中的每个设备,如陀螺罗经、GPS、计程仪、雷达等,都相应地定义了一系列的参数群编号PGN,用来组织要传送的数据。船舶电子设备之间的数据是以帧的格式传送的,并采取强差错检验和帧确认的传送方式。NMEA 2000标准中典型的数据包括两种类型:一种是离散数据,如GPS的经纬度、GPS状态参数、陀螺罗经向自动舵发出的操舵指令;另一种是特定的数据列,如转向点、适度长短的数据块、电子海图数据的更新等。NMEA 2000标准也适用于宽带应用,如传输雷达数据、电子海图、视频数据以及其他文件的集中传送。

NMEA 2000网络是一个即插即用系统,容易实现网络扩展,适合于船舶电子设备之间的连接,并且不同厂家提供的设备之间可以交换、共享数据。

(二)航海仪器间输入输出关系

各个航海仪器间通过串行接口进行数据传送,其相互连接如表1-3所示。

表1-3　航海仪器输入输出关系

接口信号	航海仪器									
	陀螺罗经	计程仪	测深仪	风速仪	GPS	雷达	ECDIS	自动舵	AIS	VDR
输入接口信号	计程仪 GPS	—	—	—	—	陀螺罗经 计程仪 GPS ECDIS AIS	陀螺罗经 计程仪 测深仪 风速仪 雷达 AIS	陀螺罗经 ECDIS GPS	GPS 陀螺罗经 计程仪	陀螺罗经 计程仪 测深仪 风速仪 雷达 自动舵 AIS

表 1-3(续)

接口信号	航海仪器									
	陀螺罗经	计程仪	测深仪	风速仪	GPS	雷达	ECDIS	自动舵	AIS	VDR
输出接口信号	雷达 自动舵 ECDIS AIS VDR	雷达 陀螺罗经 ECDIS VDR	ECDIS VDR	ECDIS VDR	雷达 ECDIS 陀螺罗经 GMDSS AIS VDR	ECDIS VDR	自动舵 雷达	VDR	雷达 ECDIS VDR	

任务 2　船舶综合驾驶台系统中导航设备的布置

　　船舶综合驾驶台系统所配备的主要通信导航设备包括船舶通信设备(MF/HF 组合电台、VHF、卫星船站等)、船舶导航设备(包括雷达、陀螺罗经、AIS、计程仪、测深仪等)。图 1-2 所示为某船舶驾驶台布置图。

船舶导航设备
安装工艺规范

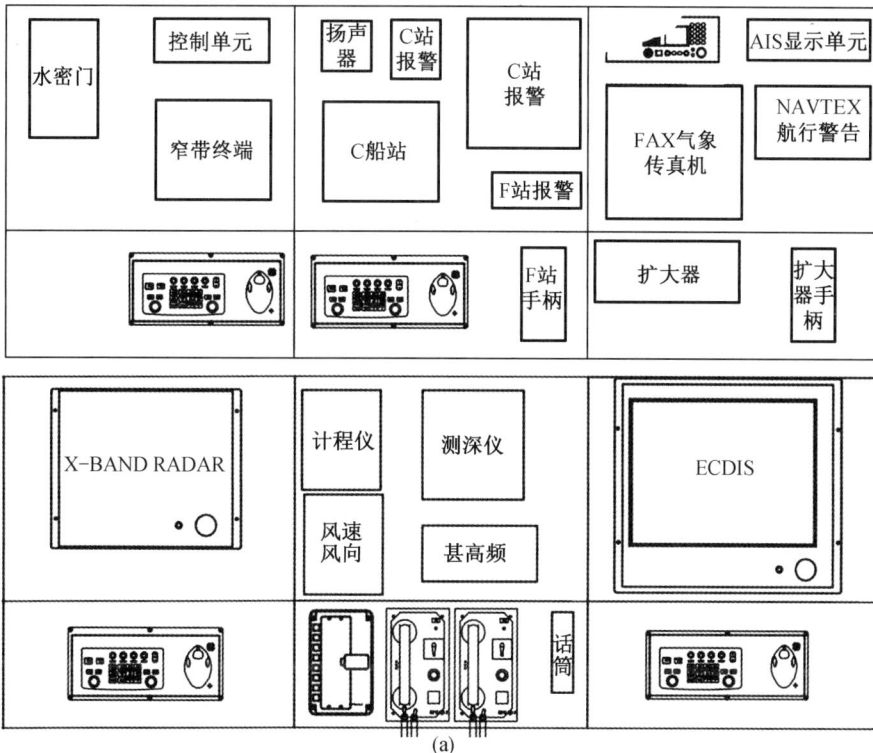

(a)

图 1-2　某船舶驾驶台布置图

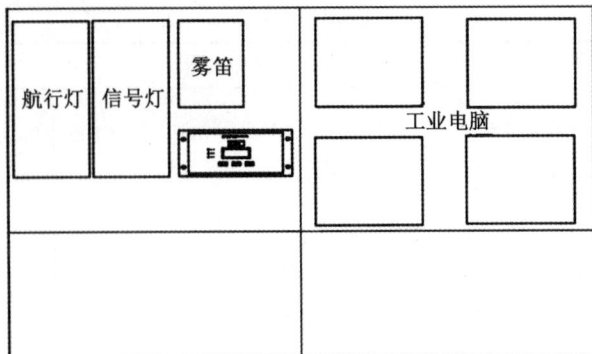

（b）

图 1-2（续）

请找出图 1-2 中驾驶台的导航设备,查阅各导航设备的功能,阅读船舶导航设备安装工艺规范,了解船舶综合驾驶台中导航设备的布置,然后整理绘制思维导图吧!

★思政小课堂：

厉害了,我的国!

"远望三号"是中国自行设计建造的第二代航天远洋测量船,于 1994 年 4 月在上海江南造船厂建成下水。在远望号序列中,"远望三号"设计合理、装备先进、设施完善,在中国首次十大名船评比中,它以"海上科学城"的美誉荣膺"中国十大名船"称号。2006年,"远望三号"进行了十年一次的中修技术改造,改造后,其海上综合测控能力达到当今国际先进水平。该船先后执行过鑫诺、亚太等卫星和所有神舟号系列飞船的海上测控任务,成功率达 100%。

"远望三号"SPERRY IBS-2000 型综合驾控台系统

小贴士:我国"远望三号"上装的就是 SPERRY IBS-2000 型综合驾控台系统。

前沿知识

IBS 习题

项目 2　船舶导航雷达的操作与维护

【项目描述】

雷达是船舶重要的导航设备,雷达通过显示其他船只、障碍物和危险物、导航目标和海岸线等相对于本船的位置,帮助船舶安全导航并避免其发生碰撞。对船舶导航雷达的维护保养是 750 kW 及以上船舶电子电气员的重要职责之一。本项目以船舶导航雷达真机设备为基础开展教学,通过本项目的任务实施,学生能够在今后的工作岗位上自主地完成雷达的操作与维护保养,并对一些常见故障进行原因判断及对雷达进行简单维修。

【学习目标】

知识目标:

- 能描述雷达的基本工作原理;
- 能识记雷达的结构组成及各部分作用;
- 能熟知雷达的主要技术指标;
- 能描述雷达设备的信号接口。

技能目标:

- 能对雷达进行正确的操作使用;
- 能独立完成雷达的维护保养。

素质目标:

- 培养学生的实际操作能力与解决实际问题能力;
- 培养学生的辩证思维与自主创新能力;
- 提升学生的科学精神与工匠精神。

任务 1　船舶导航雷达的认知

一、概述

应用于船舶导航的雷达称为船舶导航雷达(shipborne navigation radar),亦称航海雷达或船用雷达(marine radar),在本书中简称雷达。IMO 在雷达性能标准中指出,雷达通过显示其他水面船只、障碍物和危险物、导航目标和海岸线等相对于本船的位置,帮助船舶安全导航并避免碰撞。

雷达能够及时发现远距离弱小目标,精确测量本船相对目标的距离和方位,确定船舶位置,引导船舶航行。通过传感器的支持,雷达还具备了目标识别与跟踪、地理参考信息显示等功能,能够更好地避免船舶碰撞,保障航行安全。

雷达是船舶驾驶台不可或缺的精密导航设备。按照 SOLAS 公约的要求,所有 300 总吨及以上的船舶和不论尺寸大小的客船必须安装一台 X 波段雷达;所有 3 000 总吨及以上的船舶,除满足以上要求外,还应配置一台 S 波段雷达,或(如果主管机关认为合适)另一台 X 波段雷达,并具备目标自动跟踪功能;所有 10 000 总吨及以上的船舶,应配置两台(至少一台为 X 波段)雷达,其中至少一台应具备目标自动标绘和试操船功能或 ARPA(automatic radar plotting aid)功能,可自动标绘至少 20 个目标,用于船舶避碰行动。

二、雷达图像特点

雷达通过发射微波脉冲探测目标和测量目标参数,习惯上称雷达发射的电磁波(微波脉冲)为雷达波。雷达波(微波)具有似光性,在地球表面以近似光速的速度直线传播,遇到物体后,雷达波被反射。在雷达工作环境中,能够反射雷达波的物体包括岸线、岛屿、船舶、浮标、海浪、雨雪、云雾等,这些物体统称为目标。这些目标的雷达反射波被雷达天线接收,称为目标回波。目标回波经过接收系统处理,调制屏幕亮度,最终在显示器上显示为加强亮点,目标回波距离和方位的测量都是在显示器上完成的。

(一)雷达图像基本元素

雷达显示系统将雷达传感器探测到的本船周围的目标以平面位置图像(极坐标系)显示在屏幕上,早期的雷达显示器也因此被称为平面位置显示器(PPI)。图 2-1 中的海面态势示意图显示本船周围有一岛屿,另有一目标船与本船相向行驶。此图为海平面俯视图,由图可以看出本船航向为 0°,目标船正航行在本船右舷,本船左舷后约 245°处有一岛屿。图中的雷达屏幕上,扫描中心(起始点)为本船参考位置,又称为统一公共基准点(CCRP)。作为 IBS 中的重要组成部分,雷达测量目标所得到的数据,如距离、方位、相对航向和航速、本船与目标船的最近会遇距离(CPA)、航行到最近会遇距离所需时间(TCPA)等,都必须参考 CCRP。这个位置点在传统的雷达上通常对应雷达天线辐射器的位置。

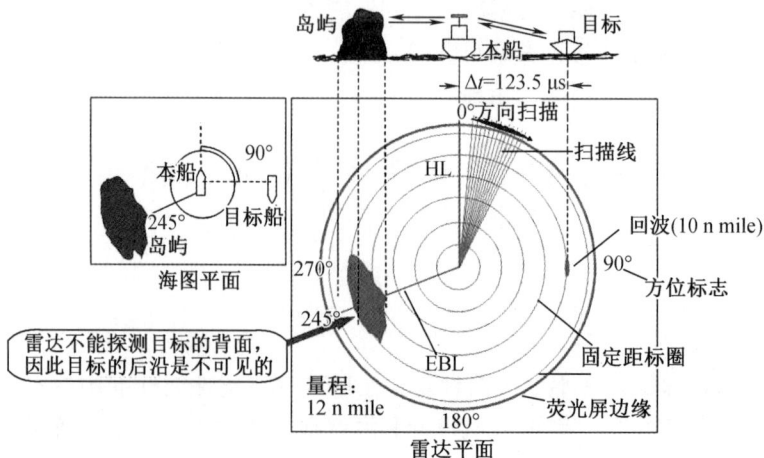

图 2-1 雷达图像基本元素

最新性能标准要求 CCRP 可由驾驶员根据需要设置,建议通常设置在船舶驾驶位置。图 2-1 中雷达量程为 12 n mile,即在雷达屏幕上显示了以本船为中心,以本船周围 12 n mile 为半径海域的雷达回波。在雷达屏幕上的船首线(HL),其方向由本船发送舶向装置(THD)或陀螺罗经驱动,指示船首方向。发自扫描起始点的径向线称为扫描线。扫描线沿屏幕顺时针匀速转动,转动周期与雷达天线在空间的转动周期一致。屏幕上等间距的同心圆称为固定距标圈(RR),每圈间隔 2 n mile,用来估算目标的距离。与固定距标圈同心的虚线圆是活动距标圈(VRM),它可以由操作者随意调整半径,借助数据读出窗口指示测量目标的准确距离。EBL(electronic bearing line)称为电子方位线,可以通过面板操作,控制其在屏幕的指向,借助数据读出窗口的指示或屏幕边缘显示的方位刻度,测量目标的方位。很多雷达将 VRM 与 EBL 联动,称为电子距离方位线(ERBL),ERBL 可以通过一次性操作同时测量目标的距离和方位。现代雷达用平面光栅显示器取代了 PPI,如图 2-2 所示,雷达回波图像区域仍然采用图 2-1 的形式来显示回波图像和导航避碰关键图形信息。在雷达图像周围的功能区域,还有很多操作菜单、传感器信息以及与雷达目标和操作有关的各种数据、警示信息、帮助信息等,用来设置和操作雷达,帮助操作者精确读取雷达目标数据。

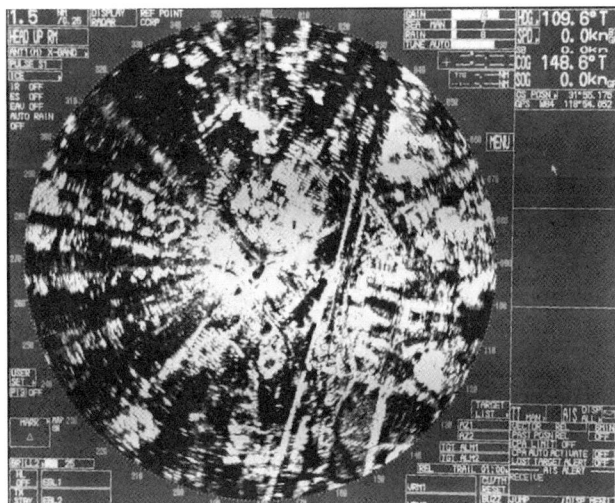

图 2-2 现代雷达显示器

雷达显示器屏幕上除了显示岛屿、岸线、导航标志、船舶等对船舶导航避碰、安全航行有用的各种回波外,还无法避免地显示出各种驾驶员不希望看到的回波,如海浪干扰、雨雪干扰、同频干扰、云雾回波、噪声、假回波等。一个专业的雷达观测者,应能够在杂波干扰下和各种复杂屏幕背景中分辨出有用回波。

(二)雷达显示方式

从船舶运动参照系划分,雷达图像的运动模式可以相对于本船,也可以相对于水面或地面。前者称为相对运动显示方式,后者称为真运动(对水真运动和对地真运动)显示方式。在不同的雷达图像运动模式下,根据图像的指向模式,即从船首指向划分,雷达显示方式可以

雷达显示方式

进一步分为船首向上相对方位、船首向上真方位、真北向上和航向向上等雷达图像指向方式。雷达图像的运动方式与指向方式结合,形成多种多样的显示方式,以方便不同航行环境下的雷达观测,如图 2-3 所示。

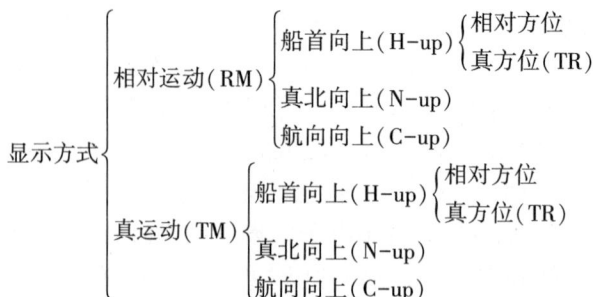

$$\text{显示方式}\begin{cases}\text{相对运动(RM)}\begin{cases}\text{船首向上(H-up)}\begin{cases}\text{相对方位}\\\text{真方位(TR)}\end{cases}\\\text{真北向上(N-up)}\\\text{航向向上(C-up)}\end{cases}\\\text{真运动(TM)}\begin{cases}\text{船首向上(H-up)}\begin{cases}\text{相对方位}\\\text{真方位(TR)}\end{cases}\\\text{真北向上(N-up)}\\\text{航向向上(C-up)}\end{cases}\end{cases}$$

图 2-3　雷达显示方式

在以上显示方式中,相对运动船首向上是雷达最基本的显示方式,除雷达传感器之外,不需要连接其他任何传感器信号。此时,方位刻度盘的 0° 在屏幕的正上方,无论船舶航向和航速如何变化,船首线始终指向正上方,扫描中心固定不动。当雷达航向传感器故障时,性能标准要求系统在 1 min 内自动切换至此显示方式,且有报警提示。值得一提的是,目前有的型号的雷达用本船航向信号同步方位刻度盘,船首线对应的方位始终指向屏幕上方,使得在这种显示方式下也能够读取到目标真方位。这种改良的船首向上显示方式称为船首向上真方位(H-up TR)显示。

在相对运动真北向上显示方式下,需要输入本船首向信号,扫描中心固定不动,屏幕正上方代表地理真北,船首线指向始终跟随本船首向信号。

在相对运动航向向上显示方式下,雷达也需要输入本船首向信号,扫描中心固定不动,屏幕正上方代表本船设定航向,船首线指向始终跟随本船首向信号。

真运动显示时,需同时接入本船航向和航速信号。扫描中心根据所选择量程比例,在屏幕上按照本船的航向和航速移动,所有目标的运动都参考本船的速度输入。

按照性能标准的规定,扫描中心应在不小于雷达图像显示区域半径的 50% 和不超过其 75% 的屏幕范围内移动和自动重调,并且可以随时人工重调扫描起始点,使船首方向有更大显示视野,以方便雷达观测。真运动显示时,雷达同样可以具有上述三种屏幕指向方式。但考虑到真运动船首向上(TM H-up),显示方式不能很好地表现出运动的真实性,现代雷达多数不提供这种显示方式。

三、雷达系统基本组成及其原理

(一)雷达测量目标基本原理

雷达通过测量目标的距离和方位确定目标相对于本船的位置,并在此基础上实现雷达定位、导航和避碰。

雷达测距测方位原理

1. 雷达测距原理

如果雷达发射脉冲往返于雷达天线与目标之间的时间为 Δt,电磁波在空间传播的速度为 C(约 3×10^8 m/s),则目标的距离如下式:

$$R = C \cdot \Delta t / 2$$

电子从雷达回波图像区域中心扫描到边缘的时间(扫描线长度)正好对应雷达所选用量程的电磁波往返传播时间。以图 2-1 中显示内容为例,12 n mile 的量程相当于雷达波传播 24 n mile 路程所花费的时间,即扫描线长度应为 148.2 μs。这样,在 12 n mile 以内的任意海上目标与本船的距离,就与屏幕上目标显示的位置到回波图像区域中心的位置准确对应,利用距离测量工具(RR 或 VRM)就能够估算或测量目标与本船的距离。

2. 雷达测方位原理

雷达天线是定向圆周扫描天线,在水平面内,天线辐射宽度只有 1° 左右,所以对于每一特定时刻,雷达只能向一个方向发射波,同时也只能在这个方向上接收回波。雷达天线在空中以船首为方位参考基准,环 360° 匀速转动,典型转速约为 20 r/min。雷达方位扫描系统能够以优于 0.1° 的方位量化值,将天线相对于船首的转动方位准确地记录在存储器中,并按照显示的要求从存储器中读出数据,再传送到屏幕显示。于是天线所探测目标的相对方位就能够准确地显示在屏幕上,借助电子方位线,就可以测量出目标的舷角。因为本船的航向是已知的,所以就可以得到目标的真方位了。

(二)雷达设备基本工作原理

1. 雷达系统配置

传统的船舶导航雷达系统由天线、收发机和显示器组成,为了更好地获得海上移动目标的运动参数,近代雷达大多配备了自动雷达标绘仪(ARPA)或具备自动目标标绘功能,使雷达在避碰中的作用得到了进一步发挥。随着现代科技的发展,信息化平台的新型航海仪器和设备开始不断出现,并与传统的导航雷达实现了数据融合与共享。电子定位系统(EPFS)通常采用卫星导航系统(如 GPS)信号,为船舶提供了高精度的时间和位置参考数据,ENC 或其他矢量海图系统为船舶航行水域提供了丰富的水文地理数据,AIS 为雷达目标提供了有效的身份识别手段。这些技术的进步,促进了船舶导航雷达技术的发展。按照 SOLAS 公约要求,2008 年 7 月 1 日之后装备船舶的雷达,应满足 IMO MSC192(79)船舶导航雷达设备性能标准规定。船舶导航雷达系统配置如图 2-4 所示,其中等分虚线部分不是性能标准要求的配置,是雷达系统的选装配置。

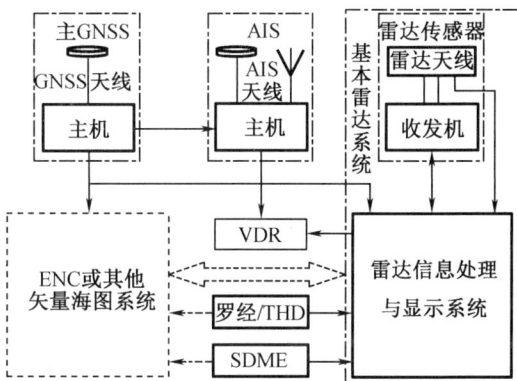

图 2-4　船舶导航雷达系统配置

全球导航卫星系统(GNSS)为雷达系统提供 WGS-84 船位和时间数据;罗经或发送艏向装置(THD)为雷达系统提供艏向数据;船舶速度和航程测量设备(SDME)通常为计程仪,为雷达系统提供船舶速度数据;雷达传感器为雷达系统提供本船周围海域的图像信息,显示系统处理雷达图像,跟踪移动目标,获取目标运动参数;AIS 报告周围船舶识别信息和动态数据以及航标数据;选装的海图系统提供水文地理航行必要数据,所有数据在雷达终端显示系统上融合共享。所有传感器都可以独立工作,其中一个传感器的故障,不影响其他传感器信息的显示。雷达图像信息提供给 VDR 保存记录。系统自动判断数据的可信性、有效性和完善性,拒绝使用无效数据,如果输入数据质量变差,系统会加以提示。操作者在操作雷达时,应随时注意屏幕警示信息。通过雷达显示系统操控面板,控制雷达系统,驾驶员获得最佳定位、导航和避碰信息。

雷达传感器采用收发一体的脉冲体制,通常由收发机和天线组成,俗称雷达头。信息处理与显示系统是基本雷达系统的必要组成部分。根据分装形式不同,雷达设备可分为桅下型(俗称三单元)雷达和桅上型(俗称两单元)雷达。桅下型雷达主体被分装为天线、收发机和显示器三个箱体,一般天线安装在主桅或雷达桅上,显示器安装在驾驶台,收发机则安装在海图室或驾驶台附近的设备舱室里。如果收发机与天线底座合为一体装在桅上,这样的分装形式就称为桅上型雷达。桅下型雷达便于维护保养,多安装在大型船舶上,一般发射功率较大。而中小型船舶常采用发射功率较低的桅上配置,设备成本也较低。

2. 雷达输入输出接口

接口是雷达系统与其他设备或系统的边界,是雷达系统的内部电路。通过输入接口,雷达接收传感器信息,并对其进行完善性检测;通过输出接口,雷达向其他设备提供雷达视频信息。雷达的输入输出接口包括雷达传感器(雷达天线和收发机)接口、陀螺罗经或发送THD 接口、SDME 接口、EPFS 接口、AIS 接口、ECDIS 接口和 VDR 接口等。其中 EPFS 接口和 ECDIS 接口是输入输出双向接口。

(1)输入接口

输入接口将传感器信息输入雷达系统。如果信息格式不符合雷达设备的要求,则需要通过接口进行格式转换。根据传感器信息不同,接口可分为数字接口和模拟接口。

①数字接口

较新型的航海仪器都采用数字接口,不需要格式转换,连接较为简便。根据接口协议不同,数字接口可分为 NMEA、IEC 61162、RS232 和 RS422 等型。

②模拟接口

型号较为陈旧的陀螺罗经和计程仪通常为模拟设备,其输出的模拟信号需要通过信号转换接口,将信号转换为雷达设备可接收的信号格式。模拟设备一般采用模拟接口。

a.陀螺罗经接口

陀螺罗经接口是一种将罗经航向信号变换成雷达能够接受的角位移信号或电信号的装置。它一方面是雷达设备的内部电路,同时也是陀螺罗经的负载。根据工作原理的不同,模拟信号陀螺罗经可分为同步型和步进型两种,提供的模拟量信号分别为自整角机电压或步进电机电压,其对应航向角位移信息的比例关系通常为 $1°/r$、$2°/r$ 或 $4°/r$,其中 r 表示自整角机或步进电机转子的一转。接口电路将模拟罗经信号转值后,供模拟信号处理与显示系统直接使用;或模拟罗经信号经 A/D 变换器,转变为数字信号,供数字信息处理与显示系统使用。雷达的罗经信号接收电路在设计上满足阻抗匹配和负载均衡,一般应使接收电路的等效输入阻抗大于发送器的输出阻抗,以保证信息传输的精度。A/D 变换器的线输入阻抗应大于 200 kΩ。为保证罗经信号的正确传输,连接电缆应采用屏蔽电缆,且屏蔽层和接地线应有一个公共点。图 2-5 所示为模拟信号陀螺罗经与雷达设备的典型连接。其中,图 2-5(a)为同步型罗经模拟雷达连接,图 2-5(b)为步进型罗经模拟雷达连接,图 2-5(c)为数字雷达连接。

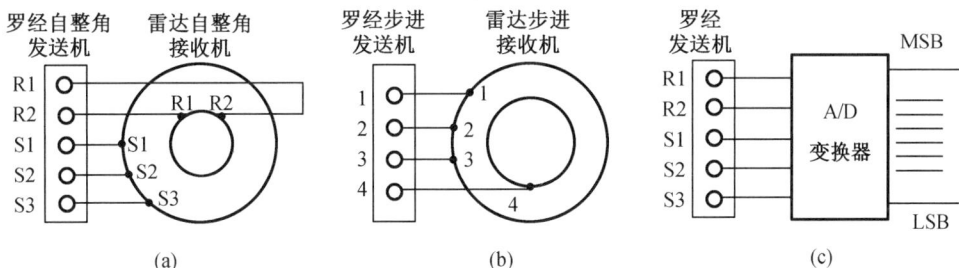

图 2-5　模拟信号陀螺罗经与雷达设备的典型连接

b.计程仪接口

计程仪输出信号通常为每英里(mile①)200 脉冲,也可以是每英里 100 脉冲、每英里 400 脉冲或每英里 2 000 脉冲等,接口电路将该信号按照比值计数,获得船舶速度。

(2)输出接口

输出接口可将雷达视频信息输出到其他导航设备或系统。IEC 雷达性能测试标准要求雷达至少应具有向 VDR 输出 RGB 格式(1 280×1 024 像素)的模拟视频信号输出接口,如果雷达的显示性能与 RCB 格式不兼容,则需要有 DVI(digital visual interface)或以太网接口,网络带宽需达到至少每 15 s 传输一幅完整的雷达屏幕截图。

3.基本雷达组成及其信号流程

一个基本雷达的工作原理框图如图 2-6 所示。原理图中的定时器、发射系统、双工器(T/R)和接收系统构成了雷达收发机。

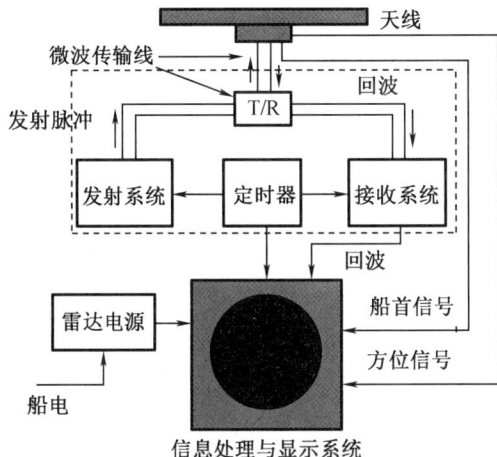

图 2-6　基本雷达系统原理框图　　　雷达基本结构

① 1 mile≈1.609 3 km。

（1）定时器

定时器或定时电路又称触发脉冲产生器或触发电路，是协调雷达系统的基准定时电路单元。该电路产生周期性定时（触发）脉冲，分别输出到发射系统、接收系统、信息处理与显示系统以及雷达系统的其他相关设备，用来同步和协调各单元和系统的工作。

（2）发射系统

在触发脉冲的控制下，发射系统产生具有一定宽度和幅度的大功率射频矩形脉冲，通过微波传输线送到天线，向空间辐射。

（3）双工器

双工器又称收发开关。雷达采用收发共用天线，发射的大功率脉冲如果漏进接收系统，就会烧坏接收系统前端电路。发射系统工作时，双工器使天线只与发射系统连接；发射结束后，双工器自动断开天线与发射系统的连接，恢复天线与接收系统的连接，实现天线的收发共用。显然，双工器阻止发射脉冲进入接收系统，保护了接收电路。

（4）天线

雷达天线具有较强的方向性和较高的增益，能够定向发射和接收微波。

（5）接收系统

雷达接收系统具有良好的选择性、很高的放大量、较宽的通频带和动态范围，能够将混杂着干扰杂波及在噪声背景下强度变化很大的有用目标回波处理放大，并能输出清晰视频给显示设备。

（6）信息处理与显示系统

接收系统输出的视频回波信号在信息处理与显示系统中被进一步处理，去除各种干扰，并合并各种刻度测量信号和人工视频信息，最终显示在显示器上。

（7）雷达电源

雷达电源采用电源变换的方式，直接将船电变换为中频（400~2 000 kHz）电源，供雷达工作。通常称这种形式的电源为逆变器，它工作稳定可靠、输出精度高、体积轻巧、故障率较低、维护方便。

（8）雷达信号基本流程

在触发脉冲的作用下，发射系统产生大功率发射脉冲，通过传输线送到天线发射。在触发脉冲的同步控制下，雷达接收系统和信息处理与显示系统开始工作，根据雷达测距测方位的原理，在显示器上能够测量出目标相对于本船的距离和方位。触发脉冲的每一个周期，控制雷达完成一个发射、接收和扫描周期。举例来说，如果天线转速为 20 r/min，脉冲重复频率为 1 000 Hz，那么雷达完成一周圆周扫描就有 3 000 次发射、接收和扫描，即发射3 000 个脉冲、完成 3 000 次接收、在屏幕上产生 3 000 条扫描线，形成一个完整的雷达环扫画面。此过程如图 2-7 所示。

（三）雷达发射系统

雷达发射系统如图 2-8 所示，主要由定时器（触发脉冲产生器）、调制器、磁控管和附属电路组成。

雷达发射机结构

1. 定时器

定时器常被称为触发脉冲产生器，是雷达的基准定时电路。现代雷达采用高稳定的晶体振荡器作为振荡源，经分频后输出频率范围为 500~4 000 kHz 的 TTL 电平脉冲，脉冲的前沿是雷达工作的基准参考时间信号。触发脉冲的重复频率决定了雷达发射脉冲的重复频率。触发脉冲输出分多路：一路送到调制器，控制发射系统正常工作；一路送到接收系统，控制海浪抑制电路工作，抑制海浪杂波；一路送到信息处理与显示系统，经过适当延时后，控制显示系统开始扫描，消除由于信号在雷达设备中的传播而引起的固定测距误差。另外，其他系统(如 ECDIS、VDR 等)与雷达连接时，触发脉冲也作为定时信号输出，协调设备工作。

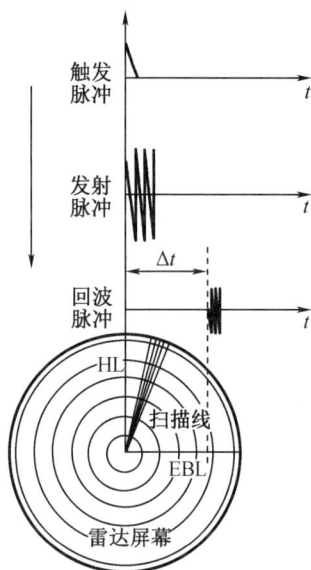

图 2-7　雷达信号流程

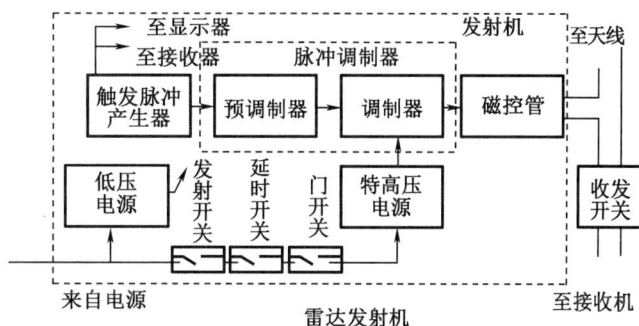

图 2-8　雷达发射系统

2. 调制器

在触发脉冲的作用下，调制器产生具有一定宽度的高幅值矩形调制脉冲，控制磁控管的发射。调制脉冲的起始时间由触发脉冲的前沿决定，脉冲的宽度受雷达面板上量程和/或脉冲宽度选择按钮控制。调制脉冲的幅值越高，要求特高压越高，发射功率也越大，一般幅值在 10~18 kV。

3. 磁控管

(1)磁控管的结构与工作特点

磁控管是一种结构特殊的大功率微波振荡真空电子器件，其外部有一个高场强的永久磁铁，内部实质上是一个二极管。不同型号的磁控管外观差别很大，S 波段 MG5223 磁控管外观如图 2-9 所示，其内部结构示意图如图 2-10 所示。正常工作时，磁控管应有灯丝电压为阴极加热，阳极接地，阴极加负极性调制高压信号，其内部产生等幅微波振荡，输出功率取决于调制高压值，振荡频率取决于磁控管本身结构。

磁控管的工作寿命由阴极发射电子的能力决定，通常为 4 000~20 000 h。磁控管在正常发射之前，需要大约 3 min 的预热时间，使阴极充分加热，提高电子发射能力，达到磁控管强电流的工作状态，以延长其使用寿命。因此雷达特高压控制电路设有自动延时开关，在雷达首次接通电源 3 min 之内，该开关保持断开，3 min 之后，开关才自动闭合雷达发射系统进入预备工作状态。

（2）磁控管的正确使用

雷达收发机内通常设有内置测量表，能够监测雷达发射系统和接收系统的某些工作参数，如电源电压、磁控管电流、接收系统混频晶体电流和调谐状态等。其中，磁控管电流是表征雷达发射系统工作状态的关键参数，它是雷达发射机工作周期内的平均电流值，通常为几至十几毫安，测量时，应与雷达设备或说明书上提供的标准值对比，如果在正常范围，说明雷达发射系统工作正常。如果电流值偏小或没有，同时回波质量不好或看不到回波，则应考虑是磁控管老化或发射系统故障。

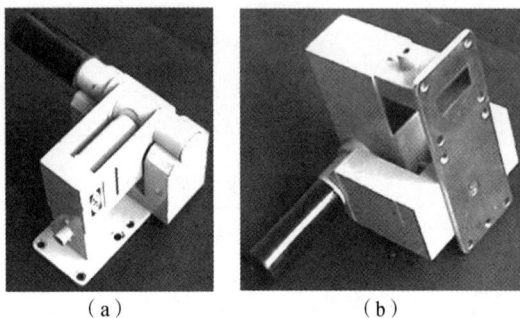

（a）　　　　　　　　　　（b）

图 2-9　雷达磁控管外观

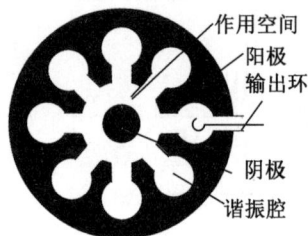

图 2-10　雷达磁控管内部结构

使用雷达时，应特别注意按照以下规范操作和保养磁控管。

①人身安全

雷达工作时存在高压，维护设备时，应首先断电并对高压部件放电后再检修。需要带电作业时，应事先做好防护措施，严防高压触电并防止电磁辐射。磁控管周围有强磁场，在维护时，手表、手机等铁磁物品应远离设备。

②设备安全

a. 为延长磁控管使用寿命，开机时要充分预热（3~5 min），特别是船舶靠港后较长时间不使用雷达或天气寒冷潮湿时，更应延长预热时间。如果雷达观测的间歇期间超过10 min，可以将雷达放在预备位置。若较长时间不使用雷达，应做到每两周开机 0.5 h以上。

b. 为保护永久磁铁的磁场特性，严禁将铁磁物品靠近磁控管，拆卸时应使用非铁磁工具。通常磁控管备件都有特制的包装盒使铁磁体远离管子 10 cm 以上，两备件之间一般相距超过 20 cm。

c. 磁控管上负载的连接为微波传输线。如果微波传输线有变形损坏而造成负载失配，会导致工作不稳定和阴极过热，严重时会引起管内打火和阳极电流跌落，损坏磁控管。为保护磁控管与负载的良好匹配，应注意经常检查发射系统至天线各连接处的水密性，防止连接波导破裂或变形。如果连接波导的弯头有发热现象，应检查波导内是否有积水，以便及时处理。

③备件

更换磁控管备件时，应先进行"老练"，提高管子内部的真空度，避免工作时造成管内打火、损坏阴极。老练的方法是：将雷达高压调低 20% 左右（有些雷达不需要调低高压），置雷达于预备状态 0.5 h 以上，再发射 10 min 以上，其间观察磁控管电流变化，注意屏幕现象并听管子的工作声音,如电流表指针不抖动,屏幕扫描均匀且管子工作无放电声音,则可以关机,将高压调整到正常值,使雷达发射,确认磁控管电流平稳、扫描均匀、发射无异常声音,则老练结束;否则,需要延长雷达在预备状态下的预热时间。如果条件允许,备用磁控管最好以半年为周期,轮流使用。

4. 发射系统控制

发射系统是雷达的指挥中心,控制发射系统的工作状态及其参数变化,实际上就是控制雷达整机的工作状态及其使用性能。从工作状态来看,雷达有关机、预备和工作(发射)三种状态;从使用性能来看,雷达满足近量程、远量程、宽脉冲、窄脉冲等不同观测环境的需要。

(1)雷达工作状态选择

如图2-8所示,雷达工作状态是通过控制特高压电路来实现的。

门开关是雷达发射系统舱体门上的一个按压开关,当发射系统舱体门打开时,这个开关就处于断开状态,雷达高压不能供电,发射系统不工作。这是一个保护人身安全的开关,在打开发射系统舱体时,可以避免维护人员触及高压而发生危险。这个开关有一个维修位置,发射系统舱体门打开时,置于此位置,门开关也处于闭合状态,此时专业技术人员能够带电检修雷达。

自动延时的时间是按照性能标准来调整的。性能标准规定,设备从冷态接通后,应能在4 min内正常工作。

雷达发射开关设置在显示器面板上,是控制雷达发射系统工作的功能开关。当雷达开机经过足够延时后,置此开关于"发射"(on或run)位置,雷达正常工作;置此开关于"预备"(standby)位置,则雷达发射系统不工作,整机处于预备工作状态。性能标准规定,在2008年7月1日以后安装的雷达设备,应能在5 s内从预备状态进入正常工作状态;而在此之前已经安装在船上的雷达,应能在15 s内从预备状态进入正常工作状态。

(2)雷达探测性能选择

探测远距离目标时,由于回波较弱,能够发现目标是雷达观测的关键,这时候需要雷达发射系统具有较强的发射功率,接收系统有较高的灵敏度,因此,雷达应发射较宽的脉冲;而探测近距离目标时,回波分辨能力和保真度是雷达观测的关键,雷达这时应发射较窄的脉冲,接收系统采用较宽的通频带。雷达探测性能的选择,

雷达发射机技术指标

主要是通过选择不同的雷达量程自动实现的。如图2-8所示,量程选择开关控制发射系统的触发脉冲产生器和脉冲预调制器,实现脉冲重复频率和脉冲宽度转换。另外,量程选择开关还同时控制接收系统和信息处理与显示系统电路,配合发射系统共同实现雷达的不同使用性能。

5. 发射系统主要技术指标

(1)工作波段

雷达的工作波段由磁控管振荡器产生的微波振荡的频率决定,雷达工作波段有S波段和X波段两个,它们的基本参数如表2-1所示。

表 2-1　雷达工作波段的基本参数

波段名称	波长范围/cm	频率范围/GHz
S(或 10 cm)	10.34~9.70	2.9~3.1
X(或 3 cm)	3.23~3.16	9.3~9.5

国际法规对装船雷达有非常具体的规定。根据 SOLAS 公约,航行在国际水域、介于 300~3 000 总吨的货运船舶,必须至少安装 1 部 3 cm 波段雷达;而大于 3 000 总吨的船舶,必须安装 2 部雷达且至少 1 部是 3 cm 波段雷达。

(2)脉冲波形与宽度

雷达采用脉冲体制周期性发射矩形微波脉冲,脉冲的顶部必须平直以保证回波稳定清晰,脉冲的前沿和后沿必须陡直以保证良好的距离测量精度和距离分辨能力

雷达在每个发射周期内射频脉冲振荡持续的时间称为脉冲宽度,常用 τ 表示。为满足雷达观测的需要,发射脉冲宽度随着选用量程的不同而变化,一部雷达的脉冲宽度通常有多个,一般为 0.04~1.2 μs。

(3)脉冲重复频率

雷达每秒发射的脉冲数称为脉冲重复频率,可用 f_r 或 PRF(pulse repetition frequency)或 PPS(pulses per second)表示,其倒数为脉冲重复周期 T。为了满足雷达观测需要,f_r 应随选用量程的不同而改变,通常与脉冲宽度改变相关。雷达脉冲重复频率一般为 40~4 000 Hz。

(4)脉冲发射功率

采用脉冲体制的雷达发射系统,发射功率有两种度量方法。雷达射频脉冲持续期间内的平均辐射功率称为峰值功率(P_t),雷达射频脉冲周期内的平均辐射功率称为平均功率(P_m)。雷达通常以 P_t 作为性能指标定义发射功率,其值一般在为 5~30 kW。

(四)雷达双工器

双工器又称为收发开关,一方面它能使雷达天线具有收发共用的功能,另一方面又能在雷达发射系统工作时,保护接收系统,使其避免受大功率发射脉冲损坏。早期的双工器为气体放电管,目前主要采用铁氧体环流器(ferrite circulator)。铁氧体是由铁氧化物和金属氧化物混合烧结后制成的黑褐色、陶瓷状磁介质材料(又称黑磁)。铁氧体接近绝缘体,微波在其内传输,介质损耗非常小。铁氧体具有定向传输微波的特性,利用这种特性可以制成传输特性不可逆的微波器件,即铁氧体环流器。

雷达双工器

雷达常使用 T 型三端口环流器,在环流器内部置有圆柱或棱柱形铁氧体,并在铁氧体柱上沿轴向施加恒定磁场。铁氧体环流器基本工作原理如图 2-11 所示。环流器和与其匹配的限幅器实物图如图 2-12 所示。

被磁化的铁氧体对通过的雷达波产生场移效应,使雷达波由端口 1(发射系统)馈入时,只向端口 2(天线)传输,由端口 2(天线)馈入的电磁波也只向端口 3(接收系统)方向偏移而不会馈入端口 1(发射系统),形成了定向传输电磁波的特性,实现双工器功能。

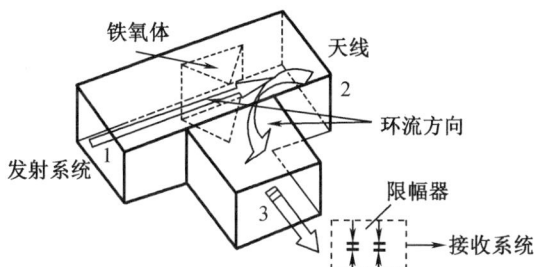

图 2-11 铁氧体环流器基本工作原理

（a） （b）

图 2-12 铁氧体环流器和与其匹配的限幅器实物图

在实际使用时,会有一定比例的发射能量经环流器反向传输漏进接收系统,也会有强回波脉冲进入接收系统。为防止烧坏接收系统前端电路,通常在环流器和接收系统之间安装有微波限幅器,以使漏脉冲能量限制在接收系统混频晶体功率允许范围之内。限幅器一般由微波二极管组成,高功率的漏脉冲触发其反向导通进入限幅状态,漏脉冲结束后到限幅二极管恢复截止,回波能够进入接收系统支路为止,此过程需要不大于 $0.2~\mu s$ 的电路恢复时间,这段时间称为雷达天线收发转换时间。

（五）雷达微波传输与天线系统

雷达微波传输与天线系统由微波天线及传输系统、双工器、方位编码器、驱动发动机和动力传动装置等组成,如图 2-13（a）所示。如图 2-13（b）所示,其中的发射性能监视器和性能监视器（回波箱）是可选配件,用于监测雷达设备的健康状况。

1. 微波传输系统

在雷达收发机与天线之间传递微波信号的电路系统称为微波传输系统。不同波段雷达的微波传输系统也不同。3 cm 波段雷达一般采用波导及各种元件传输微波,而 10 cm 波段雷达多采用同轴电缆及相关元件作为微波传输系统,也有少数 10 cm 波段雷达的天线与收发机位置较近,使用波导传输雷达波。桅上型雷达安装时不需要微波传输线连接。

雷达微波传输线

（1）波导管及波导元件

波导管简称波导,是由黄铜或紫铜拉制的内壁光洁度很高的矩形空心管。微波的波长决定了波导截面的尺寸,波长越长,波导尺寸越大。3 cm 雷达波导尺寸为 23 mm×10 mm,10 cm 雷达波导尺寸为 72 mm×34 mm。

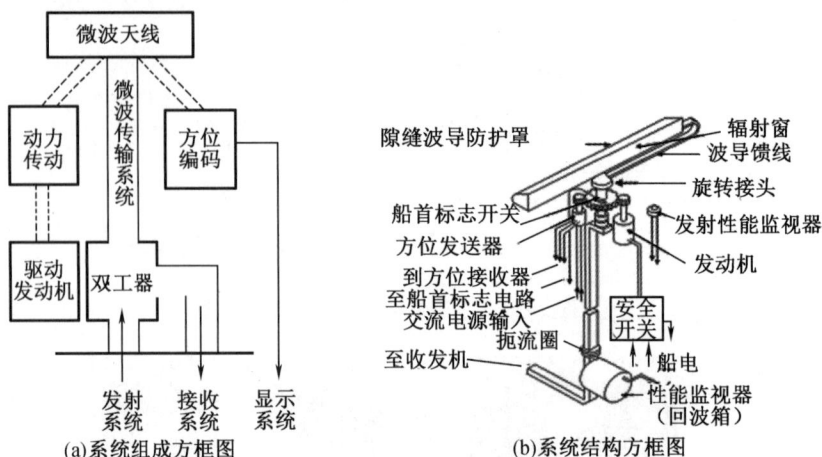

图2-13　雷达微波传输与天线系统

①扼流接头

如图2-14(f)所示,为了安装的需要,波导的两段都设有连接法兰,法兰盘上开设了4个固定螺栓孔。每段波导两端的法兰结构也是不同的:一边是平面的,为平面法兰或平面接头;另一边结构特殊,设有2个凹槽,称为扼流法兰或扼流接头。较浅的外槽用于安装水密橡胶圈,以保持波导连接后的水密性和气密性。内槽的深度和槽到波导宽边中点的距离是一样的,大约为 $\lambda/4$(λ 为波长)。在波导连接时,这个结构可以防止微波泄漏引起打火,称为扼流槽。安装时,应将平面接头朝向天线,扼流接头朝向收发机连接,使得连接端头虽然没有物理面接触,但是却能够保持微波电器的连续性。

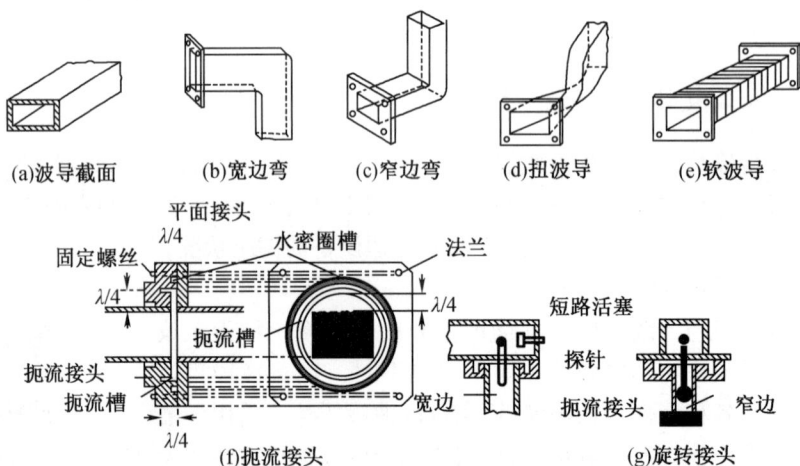

图2-14　波导及波导元件

②其他波导元件

如图2-14所示,为了方便雷达安装,波导需要加工成各种长度,并配有各种弯头、旋转、扭曲等。其中宽边弯头、窄边弯头和扭波导可以改变波导走向,任意弯曲的软波导可以通过调整收发机与硬波导之间的位置差来防止安装后设备连接扭力过大。为了使天线转动的部分与固定的部分保持电气连续性,还配有旋转接头。旋转接头在雷达出厂前需安装调整就位,不得随意拆卸。

③波导管使用安装注意事项

a.波导备件的两端都有密封盖,使用前应打开并检查内壁是否清洁,必要时可用100%酒精溶液清洗。

b.波导对微波有一定的衰减作用,安装长度不宜超过20 m,弯波导不要超过5个。

c.软波导易老化,不宜室外安装。

d.安装时平面法兰朝向天线,扼流法兰朝向收发机,并安装水密橡皮圈。连接螺栓时应注意固定牢靠,并在安装结束后涂漆防锈。

e.收发机波导出口应覆盖云母片,防止天线漏水流入收发机。

f.安装时要注意不应使波导受力过大,每隔1~2 m安装固定支架,必要时应在易接触碰撞位置加装防护罩。

（2）同轴电缆

同轴电缆如图2-15所示,由同轴的内外两个导体组成。内导体是一根细铜管,外导体是一根蛇形管,内外导体之间由低微波损耗的绝缘材料做支撑,最外层包有防护绝缘橡皮材料。同轴电缆内外导体的直径或电缆的尺寸都有严格要求。与波导相比,传输相同波长的微波时,同轴电缆体积更小,安装更方便。但同轴电缆的传输损耗较大,功率容限较低,只用于10 cm波段雷达。

图2-15　同轴电缆

2.雷达天线

雷达采用定向扫描天线,天线转速通常为20~25 r/min,适用于普通商业航行的船舶。转速高于40 r/min的天线称为高转速天线,适用于速度超过20 kn或上层建筑高大的快速船舶。图2-16所示为雷达普遍采用的隙缝波导天线,它由隙缝波导辐射器、扇形滤波喇叭、辐射窗口和天线面罩等组成。隙缝波导辐射器是将窄边按照一定尺寸和精度连续开设倾斜槽口的一段矩形波导,隙缝间隔约为$\lambda/2$。雷达发射波从天线一端馈入隙缝波导辐射器,通过隙缝向空间辐射,辐射的波束与天线和扇形滤波喇叭口尺寸有关,波导越长,隙缝越多,喇叭口越宽大,天线的辐射波束就越窄,方向性也就越好。在辐射器的另外一端有吸收负载匹配吸收剩余的微波能量,避免反射造成二次辐射。喇叭口还设有垂直极化滤波器,用来保证辐射出去的微波是水平极化方式。整个天线的结构被密封在天线面罩内,可保持水密性和气密性,起到防护作用。

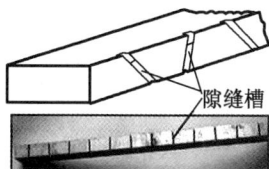

雷达天线和主要技术指标

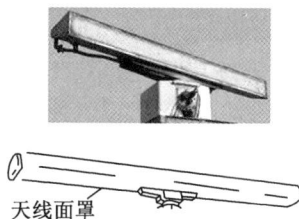

(a)隙缝波导辐射器　　　(b)天线结构　　　(c)天线实物图与天线面罩

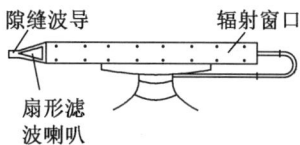

图2-16　隙缝波导天线

3. 方位编码器

方位扫描系统由天线基座中的方位编码器和显示器中的方位信号存储器及其相关电路组成。雷达采用方位编码器将天线的方位基准信号(船首方位信号)和瞬时天线角位置信号量化为分辨率高于 0.1° 的数字信息,传送到信息处理与显示系统,并记录在相应的方位存储单元中。方位扫描系统按照显示的要求,从存储器中读出记录的数据,驱动扫描线按照天线探测到目标的原始方位准确显示回波位置,并在雷达屏幕上再现天线周围空间目标的方位关系。通过测量目标相对于船首线的夹角,得到目标的方位数据。

4. 驱动发动机与动力传动装置

驱动发动机一般由船电供电,雷达天线通常与雷达发射开关联动运转。性能标准要求发动机的驱动能力应能够使雷达天线在相对风速为 100 kn 时正常工作。雷达天线基座上一般设有安全开关,有人员在天线附近维护作业时,可以切断电源,防止意外启动雷达。

为保证天线转动平稳,驱动发动机的转速一般控制在 1 000 ~ 3 000 r/min,通过使皮带轮和/或齿轮机构组成的动力传动装置降速,带动天线以额定转速匀速转动。每年应定期检查皮带的附着力并更换防冻润滑油,做好维护保养,保证传动装置工作正常。

5. 雷达天线主要技术指标

(1)方向特性

为了保证雷达探测目标的方位精度和在方位上分辨目标的能力(方位分辨力),雷达采用方向性很强的天线,其理想的辐射波束为对称扇贝形,如图 2-17(a)所示。在理论上常用方向性图来描述天线的辐射性能。雷达天线辐射的水平方向性图如图 2-17(b)所示。

①主瓣

雷达辐射波瓣中具有较强辐射的波束称为主瓣,其输出功率占雷达总辐射功率的 90% 以上。雷达是通过主瓣来探测目标的。如果定义主瓣轴线上最大功率输出为 1,则方向性图上任意一点到辐射源(窗口中心点)的长度,即是该点方位辐射的相对功率值。在通常意义上,讨论天线辐射的方向性也是针对主波束而言的。

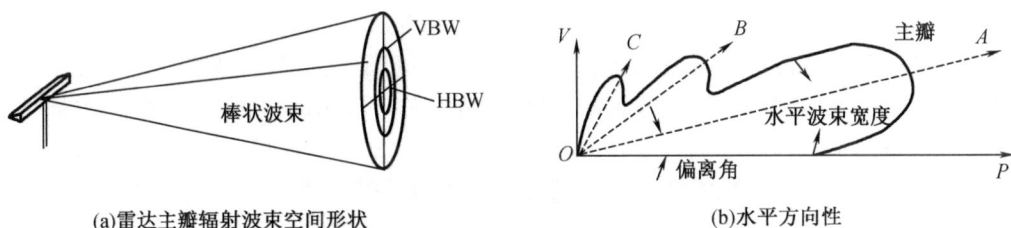

(a)雷达主瓣辐射波束空间形状　　　　　　　　(b)水平方向性

图 2-17　天线辐射方向性

②旁瓣

如图 2-17(b)所示,在主瓣周围对称分布了许多弱小的旁瓣辐射,这些旁瓣辐射功率通常较弱且不稳定,每个旁瓣也都有其最大的辐射方向,远离主瓣的旁瓣辐射功率逐渐减小。对于雷达正常观测距离上的通常目标而言,旁瓣辐射对雷达观测不会构成重要影响。但对于雷达近距离强回波目标而言,旁瓣辐射也会探测到该目标形成旁瓣假回波,这会对雷达观测构成比较严重的干扰。

③偏离角

现代雷达天线一般设计为单端馈电,即从天线的一个端头将雷达波传输送入辐射器。

如果馈入的雷达波频率与设计的隙缝波导天线额定传输频率有偏差,则沿每个缝隙槽辐射的微波相位就会有偏差,使得辐射主瓣向天线馈电远端偏离辐射窗口中点法线3°~5°,偏离的角度称为偏离角,这个偏离角会影响雷达方位精度。在雷达出厂时,偏离角经过校准标记在天线基座上或安装说明书中,安装雷达时应特别注意。还应该注意的是,主瓣的偏离角会随着发射频率的变化而改变,对于X波段,大约每100 MHz偏离1°。

(2)波束宽度

天线的波束宽度是对主波瓣而言的,定义为主波瓣上两个半功率点之间的夹角,通常考虑水平波束宽度(HBW)和垂直波束宽度(VBW)两个典型数值。

为了保证雷达目标探测的方位精度和目标的方位分辨力,天线的水平波束宽度很窄,只有1°~2°。通常2 n mile以外的一般反射强度的目标都是在这个波束范围内被雷达探测到的,而对于距离很近或回波较强的目标,能够被雷达主波瓣探测到的角度范围会更大,甚至能够被旁瓣探测到,形成旁瓣假回波,干扰正常雷达观测。

天线的水平波束宽度值(θ_H)可以利用下式近似计算:

$$\theta_H = 70\lambda/L$$

式中,λ为发射波长;L为天线口径长度。

同理,将天线长度换成天线口径高度,也可以计算出垂直波束宽度。为了保证在恶劣环境中船舶摇摆时不丢失海面目标,雷达的垂直宽度为20°~30°。雷达垂直波束宽度将影响雷达在船舶安装后的最小探测距离,即雷达盲区。

(3)增益

天线的方向性还可以用天线的增益表示。所谓天线增益是指在输入功率相等的条件下,实际天线与理想的辐射单元在空间同一点处所产生的信号的功率密度之比。具体地说,如果一个天线理想地向周围辐射均匀的全向点天线(辐射单元),其各向的辐射功率均为100%,当将此天线的辐射功率聚束向某个特定的方向辐射时,在该方向上的辐射功率将被加强,其他方向的辐射将被减弱或完全消失。在辐射方向上被加强的功率与原全向辐射功率的比值,称为天线增益。

需要注意的是,天线增益与雷达面板上的增益控制所指的增益是两种不同的概念。

(六)雷达接收系统

1. 雷达接收系统组成

雷达接收系统采用超外差接收技术,主要由微波集成放大与变频器(MIC,又称低噪声微波集成放大器)、中频放大器、检波器、视频放大器和

雷达接收机结构

改善接收效果的辅助控制电路,如增益控制电路、海浪杂波抑制电路(STC)、自动调谐控制电路(AFC)、通频带转换电路等组成,如图2-18所示。

天线接收到的微弱射频回波信号,经过双工器送到接收机。MIC由微波高频放大器和变频器组成。高频放大器对射频回波直接放大,能够改善射频回波信噪比,增强雷达对弱小目标的探测能力。变频器将射频回波信号转变为中频回波信号后,中频放大器对回波进行放大。中频放大器是接收机的核心,具有宽通带、高增益、宽动态范围和低噪声等优良特性。为了改善接收效果,中频放大器的频带宽度必须与发射信号匹配良好,能够根据需要调整放大器的增益,并具有自动调整近距离增益来抑制海浪反射杂波的功能。被去除海浪杂波和放大后的中频回波信号,经过检波器,转变为视频回波信号,送到信息处理与显示

系统。

值得注意的是,因为微波高放器件价格高、调试严格,所以很多型号的雷达在 MIC 部分不采用微波有源高频放大器,只采用变频器。

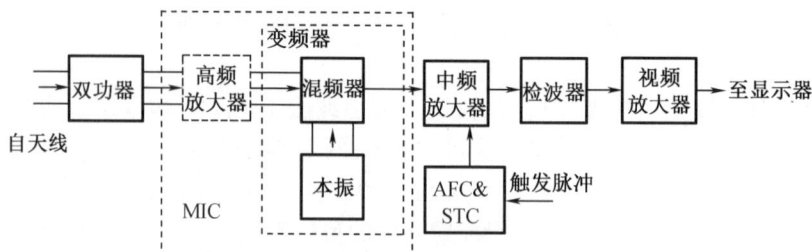

图 2-18 雷达接收系统组成框图

(1)变频器

变频器由混频器和本机振荡器(简称本振)组成,其作用是将回波信号的载波由射频工作转换为频率较低的中频放大器工作。

在雷达设备中,本振输出频率高于雷达发射频率一个中频值,当本振信号与回波信号差频时,输出中频信号。由于中频放大器必须工作在额定频率下才能保持较高的工作性能,而雷达的发射频率会随着电压、温度等环境的变化随时漂移,因此要求本振的输出频率必须能够随时可调,以满足雷达中频放大器的工作要求。调谐时,可通过显示器控制面板上的调谐按钮进行手动调整,也可设置为通过设备监测混频器输出的中频信号,实现自动调谐。

①本机振荡器

早期的雷达本机振荡器采用真空反射式速调管。现代雷达均采用耿氏二极管振荡器,其结构示意图和实物图如图 2-19 和图 2-20 所示。

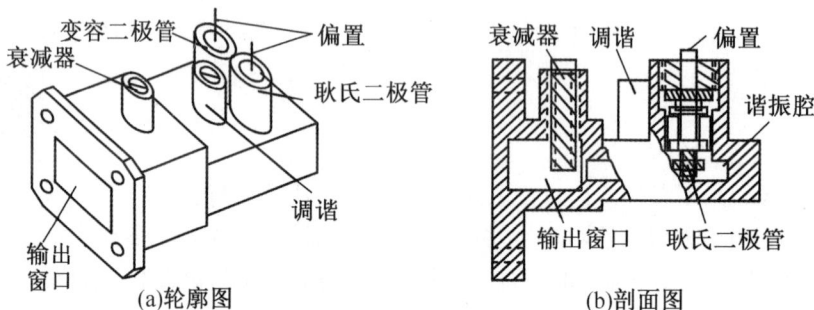

图 2-19 耿氏二极管振荡器结构示意图

正常工作时,耿氏二极管和变容二极管都加有偏置电压,并且加在变容二极管的偏置电压是可以随调谐旋钮的调整而改变的。调整该电压可以在一定范围内改变振荡器的输出频率,这个调整范围应略大于磁控管频率的漂移范围,以满足雷达日常调谐的需要。在谐振腔上还设置了一个机械调谐螺丝,能够在更大的范围内改变谐振腔的固有振荡频率,满足在更广泛的频率范围内对本振的调谐。这个工作通常在雷达安装时,或在更换磁控管、本振时进行。在振荡器的输出窗口设有衰减器,能够调整振荡器的输出功率,使得混频晶体二极管获得最佳偏置。本振的输出功率通常为毫伏级。

（a）　　　　　　　　　（b）　　　　　　　　　（c）

图 2-20　耿氏二极管振荡器实物图

②混频器

雷达混频器由微波晶体二极管构成,常称为混频晶体。回波信号与本振信号在晶体中差频,经过滤波后得到中频回波信号输出到中频放大器。

混频晶体工作在低功率状态,其工作偏置由本振提供。调整本振输出功率,可以使晶体获得最佳偏置。回波信号的功率通常很低,一般为微伏级。正常工作时,晶体的工作电流可以反映混频器的工作状态。如果晶体电流为额定值(毫伏级),说明变频器(本振和晶体)工作正常,但不表明回波是否被正常接收。

混频晶体是非常脆弱的电子元件,过高的发射漏脉冲会烧毁晶体。如果发现晶体经常损坏,应考虑双工器和/或限幅器故障。

为了防止高频辐射击穿晶体,晶体备件一般保存在铅封的包装内。更换晶体时,应注意使身体与机壳处于相同电位,不要用手同时接触混频二极管的正负极,防止身体感应的电磁场能量烧毁晶体;还要注意勿使晶体掉落地面,强烈振动也会损坏晶体。

测量混频晶体时,应使用万用表 $\Omega\times100$ 或 $\Omega\times1k$ 挡,而不可使用 $\Omega\times1$ 和 $\Omega\times10k$ 挡,否则易损坏晶体。一个好的晶体反正向电阻比值应在几百至几千之间,如果比值小于100,将影响回波效果。

（2）中频放大器

雷达中频放大器普遍采用宽带调谐高增益对数级联放大器,这种放大器对小信号保持着较高的放大量,而随着输入信号的提高,放大倍数成对数规律降低,从而扩大了放大器的动态范围。因为在不同量程段雷达发射脉冲宽度的改变会引起发射频谱的变化,所以要求接收系统对应量程段的通频带也应有相应的改变。通常在近量程发射窄脉冲,接收系统通频带较宽,回波精度较高;而在远量程发射宽脉冲,通频带较窄,接收系统灵敏度较高,易于发现小目标。

为了适应不同观测者在不同环境下对雷达观测的要求,雷达均采用手动增益,大范围调整中频放大器的放大量,以改变回波在屏幕上的影像质量。

（3）海浪杂波抑制电路

雷达波束照射在平静的海面时,不会产生海浪回波。当海面有波浪时,海浪会反射雷达辐射能量,形成鱼鳞状闪亮斑点,即海浪回波,对雷达近距离观测构成干扰。图 2-21 所示为海浪干扰的成因示意图。干扰分布在近距离、中等风浪时,干扰在 3~6 n mile,大风浪时达 8~10 n mile。干扰上风舷强,下风舷弱,随距离增加呈指数规律减弱,密度变疏。强干扰经常会造成接收通道输出饱和,如图 2-22(c)所示。干扰在屏幕中心形成辉亮实体回波,如图 2-23 所示。抗海浪干扰电路又称灵敏度时间控制(STC)或近程增益控制,在触发脉冲[图 2-22(a)]的控制下,产生一个呈指数规律变化的增益控制波形[图 2-22(d)],使增益在近距离降低[图 2-22(e)],并随探测距离的增加,按照指数规律增加,且可以根据海面实际情况随时调整控制 STC 的范围和深度。抑制海浪干扰后的雷达回波波形示意图如图 2-22(f)所示,其回波图像如图 2-23 所示。

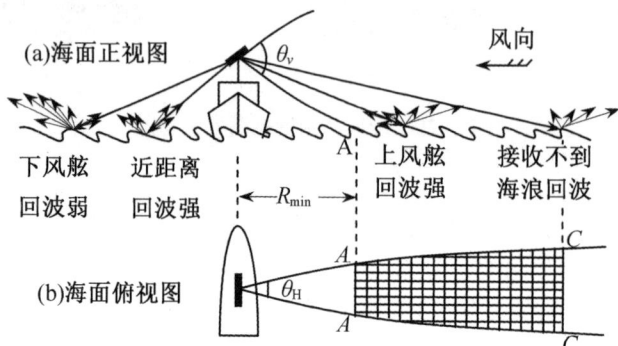

图 2-21　海浪干扰成因示意图

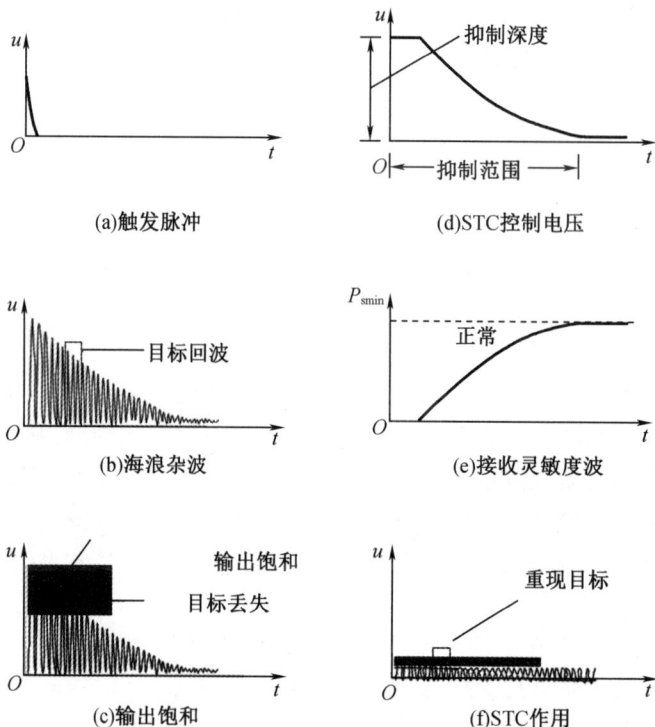

图 2-22　海浪干扰抑制示意图

（4）检波及视频放大器

经过处理的回波中频信号，经过检波器后转变为视频回波信号。视频放大器是连接接收系统和信息处理与显示系统的一个缓冲电路，起到检波器与视频传输电缆或检波器与视频处理电路之间的隔离、阻抗、匹配作用。

2. 雷达接收系统主要技术指标

（1）中频频率

根据设备的厂家型号不同，雷达中频频率普遍采用 30 MHz、45 MHz 或 60 MHz。

（2）灵敏度与放大倍数

灵敏度表征了接收系统接收弱信号的能力，通常由最小可辨信号功率 P_{rmin} 表示。影响灵敏度的主要因素有接收系统的噪声系数 N 和通频带 B。噪声系数越小，通频带越窄，则 P_{rmin} 越小，说明雷达从杂波背景中检测出弱小目标的能力越强，即灵敏度越高，有利于探测远距离小目标。

雷达接收系统的 P_{rmin} 一般可达 $10^{-12} \sim 10^{-14}$ W，因此要求中频放大器的放大倍数达到 $120 \sim 160$ dB。

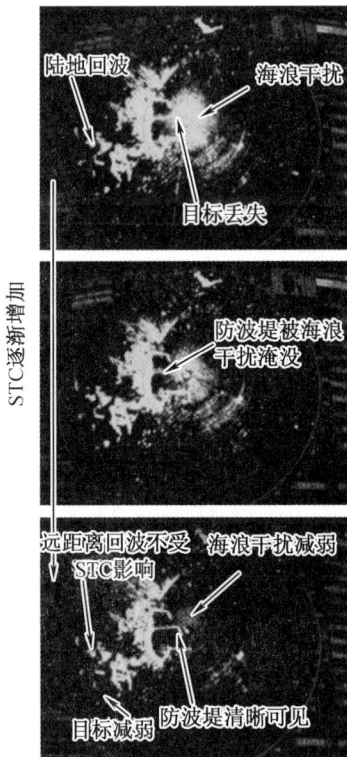

图 2-23　海浪干扰及其抑制　　　　　雷达接收机主要技术指标

（3）通频带

通频带也称频带宽度，表示中频放大器能够不失真地放大回波信号的频率响应范围。通频带与放大量、通频带与灵敏度之间通常是相互联系的。通频带越宽，信号放大时失真越小，雷达的观测精度就越高，但雷达保持较高的放大倍数和灵敏度就越困难；反之，则有利于雷达观测远距离弱小目标，但雷达的测量精度将下降。

接收系统通频带的确定主要考虑两个因素:第一,接收系统的通频带应与回波信号的频谱宽度匹配。对于回波信号而言,过宽的通频带也无助于提高回波质量。通常雷达在近量程窄脉冲工作时采用较宽的通频带,而在远量程宽脉冲工作时则采用较窄的通频带。第二,在观测远距离目标时,适当缩小的通频带能够提高信噪比,有利于发现弱小目标。

(4)抗干扰能力

雷达回波包含海浪、雨雪和同频的干扰。按照性能标准规定,雷达应能够抑制各种干扰杂波,提高信噪比。

(5)恢复时间

过强的回波信号会使放大器饱和甚至过载,使接收系统暂时失去放大能力,而无法观测到强信号后的回波信号。从引起接收系统饱和或过载的强信号后开始,到接收系统恢复正常工作能力为止所经历的时间,称为接收系统恢复时间。显然,恢复时间越短越好。

值得注意的是,在恶劣天气中,强海浪回波、强雨雪回波以及离船较近的大型船舶的回波等,都是引起接收系统饱和或过载的因素。

(6)动态范围

雷达工作环境复杂,回波强度变化很大,使接收系统恰好达到饱和的强回波信号 P_{rmax} 与 P_{rmin} 之比,称为接收系统动态范围。显然,动态范围大,有利于雷达观测。

(七)雷达信息处理与显示系统

雷达信息处理与显示系统是雷达目标回波及各传感器信息的最终处理和显示单元,通过观测显示器再操作控制界面能够控制雷达整机的工作。在显示器上能够观测到目标回波,并借助各种刻度标志和符号标注,测量目标的位置参数(距离和方位)和标注目标信息。通过连续观测周围目标的运动,建立目标的运动轨迹,获得目标的运动参数,实现船舶碰撞早期预警。

雷达图像显示采用极坐标平面位置显示原理,扫描中心代表本船 CCRP 或天线位置,目标回波在屏幕上以加强亮点显示。径向扫描线上点的位置到扫描中心(起始点)的距离,代表该点目标到本船的距离。

实现雷达信息处理与显示的技术手段有两种,早期采用模拟信号处理方法,对应的显示设备为 PPI,目前已经基本被淘汰;现代雷达应用数字信息处理方法和光栅显示技术,采用高品质平面监视器(如 TFT、OLED 等)作为雷达信息处理显示终端。雷达信息处理采用通用或专用操作系统上的应用程序,借助专业的硬件和软件环境,将原始雷达视频首先按照距离和方位单元实时量化为数字信号,同步快速写入计算机存储器中;然后利用雷达扫描周期之间相对较长的休止期,从存储器中按照设定的速率读出数据,运用现代数字信息处理技术的最新成果,对回波数字视频进行多层面专业化处理,去除各种干扰杂波,增强有用回波的显示清晰度;最后将处理后的清晰视频转换为模拟信号,显示在显示器上。

图 2-24 所示为现代雷达信息处理与显示系统的基本组成框图,包括主控制器,信息处理器,输入/输出(I/O)接口及视频处理器,综合显示与操作控制终端,基本雷达,THD、SDME、EPFS、AIS、ECDIS 等各种传感器。这些传感器是该系统的信息源。

1. 主控制器

主控制器是信息处理与显示系统的控制中心,它实质上是针对雷达信号的微处理器,主要为雷达目标跟踪与各传感器信息融合提供控制和运算功能。主控制器通常采用高性

能工业 CPU 芯片,在总线、存储器等相关部件的配合下,协调各部分工作。工作内容主要包括:

(1)根据程序指令检测 I/O 接口数据流,监测相关数据的完善性。

(2)接受操作面板指令,处理视频信息,控制设备功能。

(3)协助信息处理器实现雷达目标跟踪和信息融合,判断碰撞危险。

(4)按照程序或驾驶员指令,组织和更新显示内容,为操作者提供需要的显示画面。

(5)按照程序设定或驾驶员指令启动自检程序,监视设备工作状态。

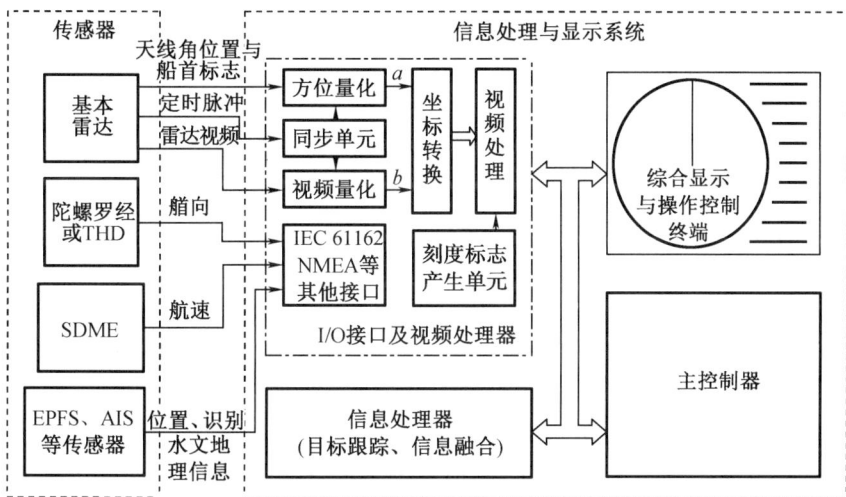

图 2-24　现代雷达信息处理与显示系统的基本组成框图

2.I/O 接口及视频处理器

该系统由 I/O 接口、同步单元、坐标转换器、视频处理器和刻度标志产生单元等组成。

(1)同步单元与测距误差

同步单元在早期雷达设备中俗称延时线,用于调整触发脉冲信号的延时,目的是协调显示与发射的起始时刻,消除系统测距误差。如果以雷达天线位置为本船基准点,雷达测得的目标到本船的距离,应该为目标前沿到雷达天线之间的距离。如果雷达发射机与显示器在触发脉冲的作用下同时开始工作,则雷达所测的目标距离势必包含了

雷达同步单元

雷达发射机到天线和天线到达显示器之间的信号传输路径,因而产生测距误差。雷达设备安装后,应调整雷达同步单元,使雷达信息处理与显示系统记录回波信息的起始时刻略晚于发射脉冲离开天线辐射窗口的时刻,以消除系统测距误差。

雷达测距误差对航行安全的影响非常大。按照新的性能标准规定,雷达测距误差不应超过所用量程的 1% 或 30 m 中的较大值(此前的标准为不超过所用量程的 1.5% 或 70 m 中的较大值)。如果雷达的测距误差大于性能标准的规定,应按照雷达技术说明书中要求的步骤进行调整。

在船舶上,通常可以通过以下几种方法确定雷达测距误差:

①如果安装了 DGPS 接收机,则可以在 DGPS 有效精度区域,利用 DGPS 确定准确船位。

在海图上选择适合雷达观测的某个近目标,在海图上测量其距离,并比较该目标的雷达距离,获得雷达测距误差。

②船舶靠泊时,使用雷达测量港区某明显目标的距离,与其通过海图作图获得的距离比较,获得雷达测距误差。

③如图 2-25 所示,观测近距离(0.25 n mile 之内)一平直岸线或防波堤 A,如果回波呈现出弧线,则说明有测距误差;如果图像如 B,说明雷达测量的距离大于实际距离;如果图像如 C,说明测量距离小于实际距离。

雷达测距误差的查验工作应随时进行或至少每个航次或每个月(取较小者)进行一次。

(2)I/O 接口

I/O 接口用来将来自传感器的模拟器进行数字化处理(称为量化或模数转换);或将本身已经为数字信号的传感器信息编码转换分配,存入相应的存储单元。

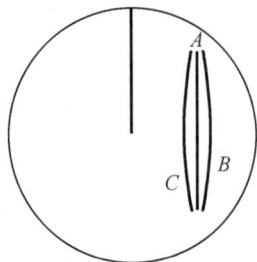

图 2-25　雷达测距误差测定

雷达传感器信号数字化是 I/O 接口的主要任务。在主控制器的控制下,由触发脉冲同步在总线、存储器等相关部件的配合下,将原始雷达天线方位信号和视频信号按照方位单元和距离单元实时量化为数字方位信号 a 和数字距离信号 b,并同步快速写入存储器相应的方位单元和距离单元。在实际雷达设备中,虽然雷达的数字信息处理的主要过程都是在信息处理与显示系统中实现的,但原始雷达信号的数字化过程,对于不同型号雷达却有不同的设计。目前的趋势是在雷达传感器中实现雷达信号的数字化,将数字化的触发脉冲信号、雷达视频信号、天线角位置信号和船首信号传送到信息处理与显示系统,再做进一步处理,避免了长电缆传输模拟信号容易引起干扰和衰减的问题。其他传感器的接口知识,我们已经在前面讨论过,不再赘述。

(3)坐标转换器

雷达传感器的发射和接收所获得的原始视频,以目标的距离和方位记录为极坐标。而光栅显示方式则采用直角坐标显示,并且屏幕只划分一部分区域作为雷达图像显示区域。这就要求必须通过坐标转换,将极坐标下的视频回波转换为直角坐标下的视频,再送入视频处理器与信息处理器做进一步处理,最终实现光栅化显示雷达图像信号。

(4)视频处理器

原始视频经过数字化后仍可能会有雨雪和其他雷达干扰等杂波,存在信噪比低、回波幅值起伏较大等问题,需要进一步处理以获得更为稳定、清晰的高质量雷达视频,并在此基础上进行视频加工,突出观测者需要的信息。处理后的视频,根据驾驶员操作要求,按照主控制器指令,或者直接送给综合显示器显示雷达视频图像,或者在信息处理器运算结果的配合下送给综合显示器显示目标跟踪及多传感器信息融合图像。

雷达视频处理通常包括雨雪干扰抑制、同频干扰抑制与扫描相关处理、恒虚警率处理、回波平均技术、回波扩展技术、尾迹显示等。

①雨雪干扰抑制

抗雨雪干扰原理实际上是一个信号微分处理模块,等效为模拟电子设备中电阻和电容组成的微分电路,如图 2-26 所示,也称快时间常数(FTC)电路,它能够自动检测并保留目标回波的前沿。与正常的雷达有用回波(如船舶、岛屿、导航标志、岸线等的干扰回波)相比较,雨雪回波覆盖范围广、回波弱,经过 FTC 电路后,去除雨雪回波弱反射的边缘和干扰能量集中的后沿后,将滤除绝大部分杂波,仅保留微弱的雨雪集中区域前沿部分。而其他有用雷达回波一般为窄而强的回波,比较而言,去除后沿损失的能量较少,而且其前沿回波也比雨雪回波前沿清晰明亮。因此,经过微分处理后,有用视频信号与雨雪杂波的信噪比会得到显著改善。

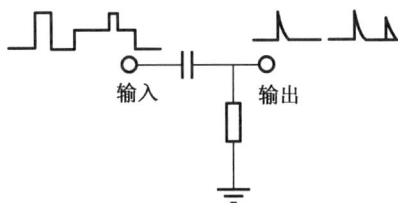

图 2-26　抗雨雪干扰原理

②同频干扰抑制与扫描相关处理

相邻船舶同频段工作频率相近雷达的发射脉冲直接被本船雷达天线接收,或目标散射的脉冲被本船雷达接收机检测出来,称为同频干扰。由于这时发射与接收分别由各自雷达触发脉冲控制,因而也称为非同步辐射(非相关)干扰。同频干扰回波呈现为有特点且散乱地遍布在雷达图像显示区域的杂波,一般呈螺旋线状。不仅辐射主瓣会产生干扰,旁瓣辐射和接收也会产生干扰。

同频干扰图像如图 2-27 所示。在量程比较小的时候,干扰图像在屏幕上显示较为分散,螺旋线效果不明显,如图 2-27(a) 所示;随着量程增大,干扰图像变得密集,如图 2-27(b) 所示;如果使用远量程,干扰回波相关性降低,干扰杂波则表现为密集混乱的图像,如图 2-27(c) 所示。同频干扰一般发生在狭水道船舶航行密集的海域,而且可能发生多部雷达之间互相干扰,因此实际干扰图像常常比图 2-27 所示混乱得多,弱小目标受干扰尤其严重。

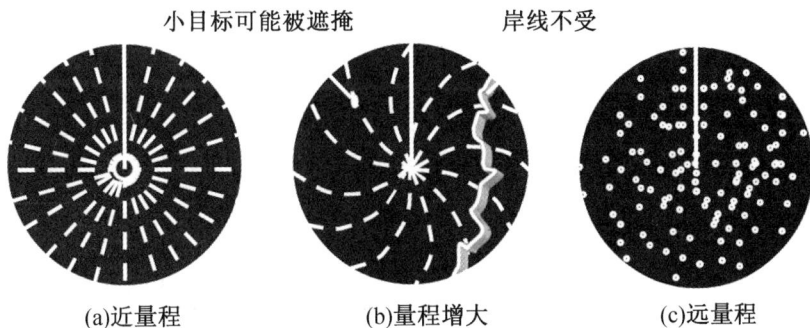

图 2-27　同频干扰图像

雷达设计中的同频干扰抑制(RIC 或 IR)模块,采用回波相关技术,对相邻的两条或多条扫描线进行相关(逻辑与)检测。对于目标而言,在相邻扫描线的相同距离单元上,都具有该目标的回波,而同频干扰杂波则不具有这种相关性。如图 2-28 所示,"T"表示目标回波,"I"表示同频干扰杂波。在相邻的两条扫描线上,相同的距离处都存在信号回波,输出时认为是目标予以保留;否则,认为是干扰予以去除。可以看到,在经同频干扰抑制电路输出的信号中,目标被保留下来,大部分同频干扰被去除,也有部分干扰恰好落在了相邻扫描线的相同距离单元而保留下来。这种消除干扰的技术也称为扫描线相关技术。如果将连续多幅完整扫描画面相关(扫掠相关),则雷达能够更有效地去除干扰和噪声。

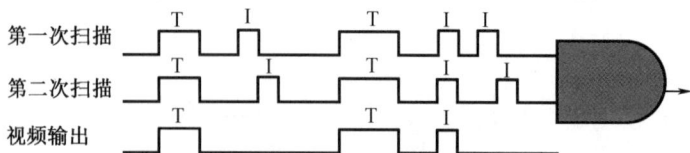

图 2-28　同频干扰原理

③恒虚警率处理

雷达工作于杂波起伏较大的环境中,设备自动检测目标时,通常是设置一个与信杂(噪)比、检测概率、虚警概率或目标和背景统计特性等有关的一个门限。当信号强度超过这个门限时,就判定目标存在,当无目标时,判断为有目标的概率就称为虚警概率。虚警概率太低,不利于小目标的检测;虚警概率过高,则引起设备和航海人员的负担。在雷达回波环境中,很难设置一个恒定的检测门限分辨目标与杂波,这就要求检测器的门限设置必须与杂波功率的变化适应,使杂波环境中的目标检测虚警概率保持在一个较为理想的恒定数值上,这种信号检测方法称为恒虚警率(CFAR)检测。恒虚警率处理是现代雷达普遍采用的一种可抑制雷达杂波、提高目标检测和分辨能力的技术。

为了便于理解,采用模拟信号波形示意了一种CFAR 处理技术基本原理,如图 2-29 所示。该技术能够自动检测回波信号[图 2-29(a)]的起伏变化,这是由于噪声和杂波都属于宽回波信号,而有用回波主要是窄信号。恒虚警率处理利用积分电路,能够有效跟踪宽回波电平的变化,滤除有用的窄回波,取得回波变化的均值[图 2-29(b)]。再从原始回波视频中减去这个均值,便能够在输出信号[图 2-29(c)]中滤除各种宽回波干扰,保留有用的窄回波信号,提高目标的检测能力。

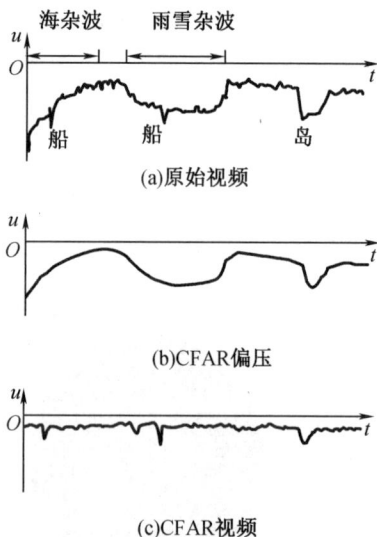

(a)原始视频

(b)CFAR偏压

(c)CFAR视频

图 2-29　CFAR 处理技术基本原理图

设置不同 CFAR 技术参数,也可以实现对海浪杂波或雨雪杂波的单独抑制,达到自动抑制海浪杂波或自动抑制雨雪杂波的效果。

④回波平均技术

回波平均技术基于扫描相关技术,对连续两幅或多幅画面的回波强度进行平均化处理,稳定可靠的回波强度基本保持不变;而杂波干扰经平均后,屏幕显示亮度将大幅度降低,从而提高了屏幕信号的信噪比。

⑤回波扩展技术

回波扩展技术是通过数字视频处理的方法,对储存器中雷达传感器输入的数字回波图像信号进行扩展放大。回波扩展可分为方位扩展、距离扩展和方位距离扩展三个等级。方位扩展是保持回波前后沿位置不变,对回波进行横向扩展;距离扩展是保持回波前沿和左右方位位置不变,对回波后沿进行扩展;方位距离扩展则是前两者效果之和。回波扩展可以提高屏幕对极小目标的检测能力,但会引起回波变形,目标的屏幕分辨力下降。

⑥尾迹显示

雷达以屏幕余辉的方式记录下目标在一段时间内的运动,称为目标尾迹。目标尾迹可以是相对于本船的,称为相对尾迹;也可以是相对于海面的或相对于陆地的,称为真尾迹。尾迹的时间长短和层次深浅通常可以设置。通过观测真尾迹,能够方便地判断海域的航行态势或估算目标移动的速度;通过观测相对尾迹则能够快速判断目标是否存在碰撞危险。

应当注意的是,恒虚警率、扫描相关、回波平均、回波扩展等数字视频技术对回波处理的效果在很大程度上取决于雷达的硬件以及软件环境,因此对于不同时期和不同型号的雷达,同样的功能可能存在着较大的差异。

(5)刻度标志产生单元

刻度标志产生单元产生刻度信号(如固定距标圈、活动距标圈、船首线、电子方位线等),帮助航海人员完成雷达目标观测、定位、导航和避碰功能。

3.信息处理器

信息处理器由于综合处理各传感器信息,按照综合导航系统(INS)综合信息处理原则,验证各传感器信息的完善性,实现目标跟踪和信息融合,为航海人员提供避碰功能。

4.综合显示与操作控制终端

综合显示与操作控制终端用于综合显示雷达信息,控制雷达的所有功能。

任务2　船舶导航雷达的安装

一、雷达安装与验收

雷达设备的安装和初始化通常安排在船舶建造、修理或在港期间,是由船舶所有人、船舶设计者和船厂、雷达生产商、雷达供货商指定的技术人员完成。船舶电子电气员对设备位置的确定负有一定责任并负责安装后的验收工作,验收后由船长签字认可。对于电子电气员来说,了解雷达安装的相关知识及其注意事项,对雷达安装监督、验收是十分必要的。

识读雷达系统图

(一)雷达设备选位安装

根据船舶导航雷达设备选位原则,选择某船新雷达的天线单元、收发机单元与显示器单元的合适安装位置,如图2-30所示。

雷达设备选位原则
与安装步骤

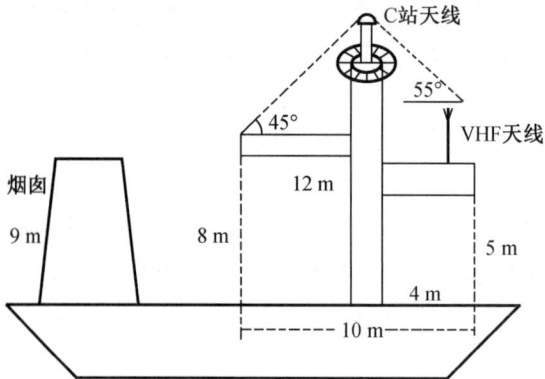

图 2-30 安装位置图

(二)雷达验收

雷达安装后或维修后应进行验收工作,并记录在雷达日志中。

船舶所有人、船厂主管部门或船舶电子电气员对新安装雷达应按照规定内容实施验收,并将验收过程如实记录;再按照设备生产商提供的资料填写验收清单,在安装工程报告上签字,并将所有在安装期间产生的文件归档保存,同时做好雷达日志记录。

雷达各单元安装技术手册

按照以下步骤模拟完成某船新雷达的验收工作,并将验收结果记录在表 2-2 雷达验收日志中。

表 2-2 雷达验收日志

	检查情况	备注
外观检查		
通电验收		

(1)外观检查

①检查雷达设备的安装场地是否符合要求。

②检查新雷达的安装工艺,天线、收发机、显示器的安装位置和实施工艺是否满足上述雷达设备安装规范。

③检查雷达阴影扇形是否满足规范要求。

④检查各机件是否稳固牢靠,电缆连接及绑扎是否紧固坚实;检查易振动产生摩擦的部件是否加装防护;检查易于腐蚀的位置是否有防腐蚀处理;检查防火、水密处理措施是否得当。

⑤仔细核对所有传感器及设备内部电气线路的连接是否准确无误。

（2）通电验收

①通电之前确认天线附近没有人等障碍物,确认电源电压符合要求。

②加电后仔细观察各部件,确认无打火、设备运转声音和谐、无烟尘和异味。

③观察天线是否顺时针转动且均匀无异常振动,旋转平面与主甲板平行,转速符合雷达说明书的技术指标要求。

④操作雷达各按钮时手感舒适,雷达图像对按钮的控制反应正确,雷达扫描平稳,图像稳定,目标回波清晰。

⑤设备自检试电表指示的设备参数与技术说明书提供的额定数值相符。

⑥在不同量程采用不同显示方式分别测量孤立清晰小目标;与其他航海手段对比,确认雷达测距、测方位精度满足 IMO 雷达性能标准的要求。

⑦作图记录雷达阴影扇和目标最小观测距离。

（3）雷达维修验收

雷达维修后的验收是根据故障的不同而有所不同的,但每次验收均应确认雷达对各按钮操作反应正确、雷达回波清晰、图像稳定。对于某些故障,维修后需要调整测距或测方位误差,应与维修工程师确认。如维修方位扫描系统或更换磁控管后,应核实方位精度;如已更换磁控管,应消除原磁控管工作时间,按照磁控管的技术要求进行有效预热。核实磁控管电流及各种脉冲宽度情况下磁控管的工作状况。正常使用的磁控管更换依据:10 kW 以下使用寿命为 2 万小时,25 kW 以上使用寿命为 0.4 万小时。维修距离扫描系统或改变信号电缆长度后应核实实测精度。有些维修涉及了系统初始化的内容或进行了电路调整,应仔细核实传感器信息和雷达图像的质量。

雷达维修应记录在雷达日志中,通常应记录故障现象、报修时间、修理安排、修理后的雷达状态等。

任务 3　船舶导航雷达的操作调试

一、雷达基本操作

（一）开机前准备工作

古野雷达操作说明书

（1）检查以下主要开关按钮是否处于正常位置:雷达电源开关及发射开关应放在"关"位置;亮度按钮应放在反时针到底（最小）位置。

（2）检查天线上是否有人或妨碍天线旋转的障碍物（如旗绳、发报天线等）。

（3）如气温太低或空气太潮湿,则应先合上船电闸刀,让机内各加热电阻通电加热后再开机。

（二）基本操作

（1）合上船电闸刀,启动中频电源。

（2）接通雷达电源开关。

（3）选择显示方式。

（4）选择合适量程。

雷达主要按钮
操作要领

（5）预热完成后,将雷达开关置"发射"位置,雷达开始工作,屏上出现回波。

（6）调节"亮度"旋钮,使扫描线刚见未见。

（7）调"固定距标"亮度,使屏上出现距标圈。

（8）调"活动距标"并校准。

古野雷达操作

（9）调"电子方位线"并校准。

（10）调"增益"按钮使屏上噪声斑点刚见未见。

（11）调"调谐"按钮使回波图像多而清晰。

（12）如有罗经稳定的可动方位刻度圈,则应将它调到正确的刻度值,并检查分罗经是否与主罗经读数一致。

（13）适当调整"STC""FTC"等杂波抑制钮,以消除干扰使屏幕图像清楚,防止丢失弱小物标。

（14）酌情选用航速输入模式,如用模拟模式,则应输入模拟航速。

（15）根据风流及航迹的偏移情况,适当输入航迹校正值。

（16）至此,可进行正常操作,如测向、测距、定位及避碰等。具体操作视雷达型号及操作场所实际情况而异。

（三）PPI 雷达操作注意事项

1. 避光

PPI 雷达屏幕亮度低且屏幕亮度不均匀。其中心亮度高、边缘亮度低、有环境光线时,需要在遮光罩下进行观测。

2. 亮度调整

PPI 雷达改变量程时,雷达屏幕亮度会发生很大变化。如果是从近量程改变到远量程观测,必须注意降低扫描亮度,否则会烧坏荧光屏中心,造成永久性损伤;而从远量程变到近量程时,则要注意重调屏幕,才能获得最佳观测效果。

二、DIP 开关设置

FAR-2117/2127 型号雷达附有处理器单元。若雷达型号为 FAR-2817/2827、FAR-2117-BB /2127-BB,按照以下步骤更改 DIP 开关设置(图 2-31)。

（1）移除处理器单元的护盖。

（2）打开 SPU 组件挡板。

（3）设置 DIP 开关。

护盖
SPU组装块
SPU电路板03P9337
DIP开关S1

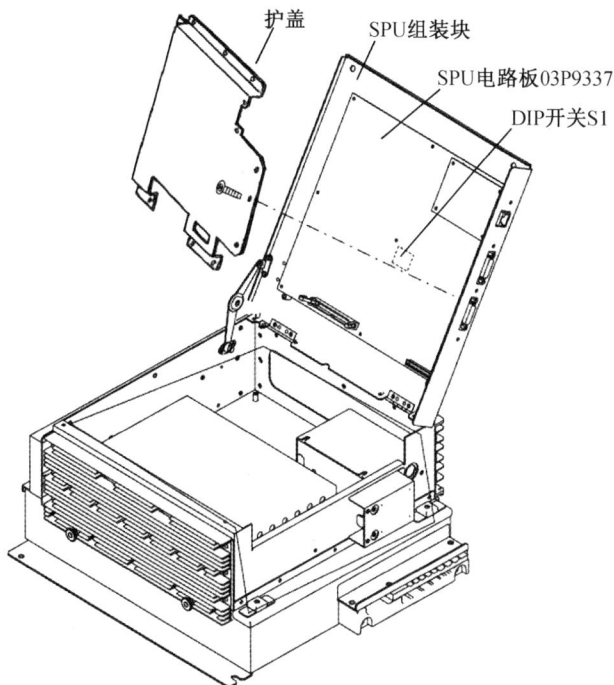

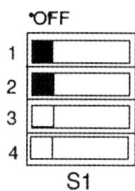

	S1	型号 FAR-2117/2127 的监视器为 SXGA（默认）	型号 FAR2817/2827 的监视器为 UXGA（MU-231CR 序列号 0269 及之后型号）	FAR-2117-BB FAR-2127-BB
	1	OFF	ON	OFF
	2	OFF	OFF	ON
	3		未使用	
	4			

图 2-31　更改 DIP 开关设置

注意:对于 MU-231CR 序列号 0268 及之前型号,将 S1 的 #1 和 #2 设置为 OFF(关)。

三、初始调谐

(1)在 48 n mile 量程上发射雷达波,然后旋转 GAIN 旋钮使增益条显示为 70~80。

(2)转动跟踪球选择位于屏幕右边的 MENU 框,然后按左按钮。

(3)转动滚轮选择 1 ECHO(回波),然后按滚轮,如图 2-32 所示。

(4)转动滚轮选择 3 TUNE INITIALIZE(初始调谐)。

(5)按滚轮开始自动调谐。

片刻后,回波出现在屏幕上。自动调谐时会出现红色消息"TUNE INITIALIZE"。消息消失时调谐完成。如果需要清晰显示回波,就调节 GAIN 旋钮。

(6)按两次右按钮关闭菜单。

```
[ECHO]

1  BACK
2  2ND ECHO REJ
   OFF/ON
3  TUNE INITIALIZE
4  PM
   OFF/ON
5  SART
   OFF/ON
6  WIPER
   OFF/1/2
```

粗体:默认设置(所有菜单图解均相同)。

图 2-32　ECHO 菜单

四、船首方向校准

已经安装了天线单元并朝向船首,因此,艏线(0°)的正前方会出现小而明显的目标。

实际上,由于很难获得精确的天线单元初始位置,显示屏上显示的方位会有一些小误差。如下调整可补偿误差,如图 2-33 所示。

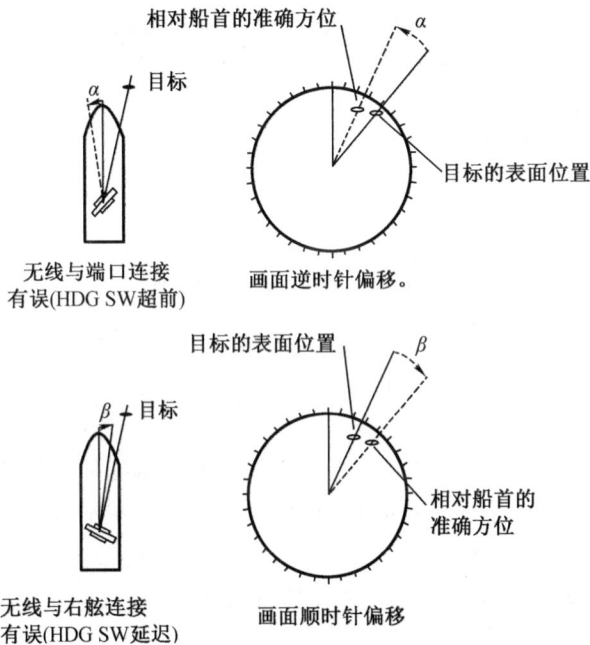

图 2-33　船首方向校准

(1)在 0.125~0.25 n mile 选择一个静止目标回波,最好位于船正前方附近。

(2)操纵 EBL 按钮将目标回波一分为二。

(3)读取目标方位。

(4)测量导航图上静止目标的方位,计算出实际方位和雷达屏幕上表面方位的差异。

(5)按 [MENU] 键显示主菜单。

(6)按住 [HL OFF] 键的同时,按 5 次 [MENU] 键。

（7）按［0］键显示［INITIALIZE］（初始化）菜单,如图2-34所示。

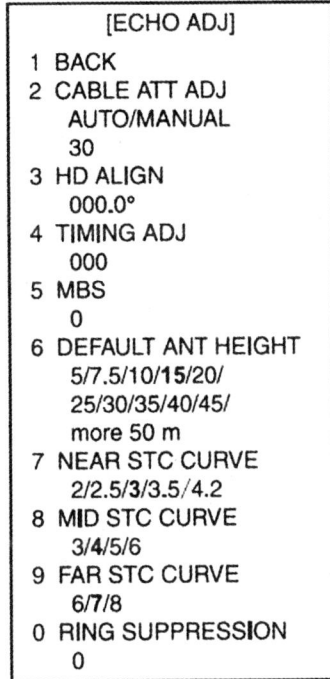

（8）按［2］键打开［ECHO ADJ］菜单。

（9）按［3］键选择 HD ALIGN 选项。

（10）输入方位差,方位差为0°~359.9°。

（11）确认目标回波显示在屏幕上的正确方位。

（12）按［MENU］键完成。

```
[ECHO ADJ]

1 BACK
2 CABLE ATT ADJ
  AUTO/MANUAL
  30
3 HD ALIGN
  000.0°
4 TIMING ADJ
  000
5 MBS
  0
6 DEFAULT ANT HEIGHT
  5/7.5/10/15/20/
  25/30/35/40/45/
  more 50 m
7 NEAR STC CURVE
  2/2.5/3/3.5/4.2
8 MID STC CURVE
  3/4/5/6
9 FAR STC CURVE
  6/7/8
0 RING SUPPRESSION
  0
```

```
[INITIALIZE]

1 BACK
2 [ECHO ADJ]
3 [SCANNER]
4 [INSTALLATION]
5 [OWN SHIP INFO]
6 [ARP PRESET]
7 [NETWORK]
8 [OTHER]
```

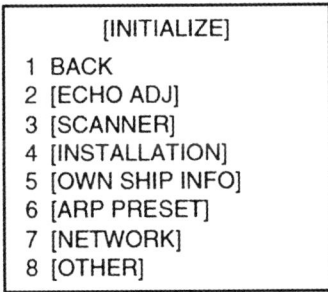

图 2-34 INITIALIZE 菜单 图 2-35 ECHO ADJ 菜单

如图2-36所示,使用跟踪球式控制单元 RCU-015 访问 INITIALIZE 模式。

五、调整扫描定时

由于天线单元与处理器单元之间的信号线长度不同,扫描定时也存在差异。安装时调整扫描定时以免出现以下故障。

（1）0.25 n mile 量程上的"直线条"目标（如桥墩）,其回波将在屏幕上显示为内凹或外凸。

（2）显示的目标回波距离也不准确,如图2-37所示。

调整扫描定时步骤如下:

（1）在 0.25 n mile 量程上发射。

（2）调整雷达画面控制按钮以显示正确的雷达图像。

（3）应选择直线条显示的目标回波。

（4）按［4］键在［ECHO ADJ］菜单上选择［TIMING ADJ］,如图2-38所示。

（5）旋转滚动轮,设置可使目标直线条显示的适当值,设置在0~4 095。

（6）按［MENU］键完成。

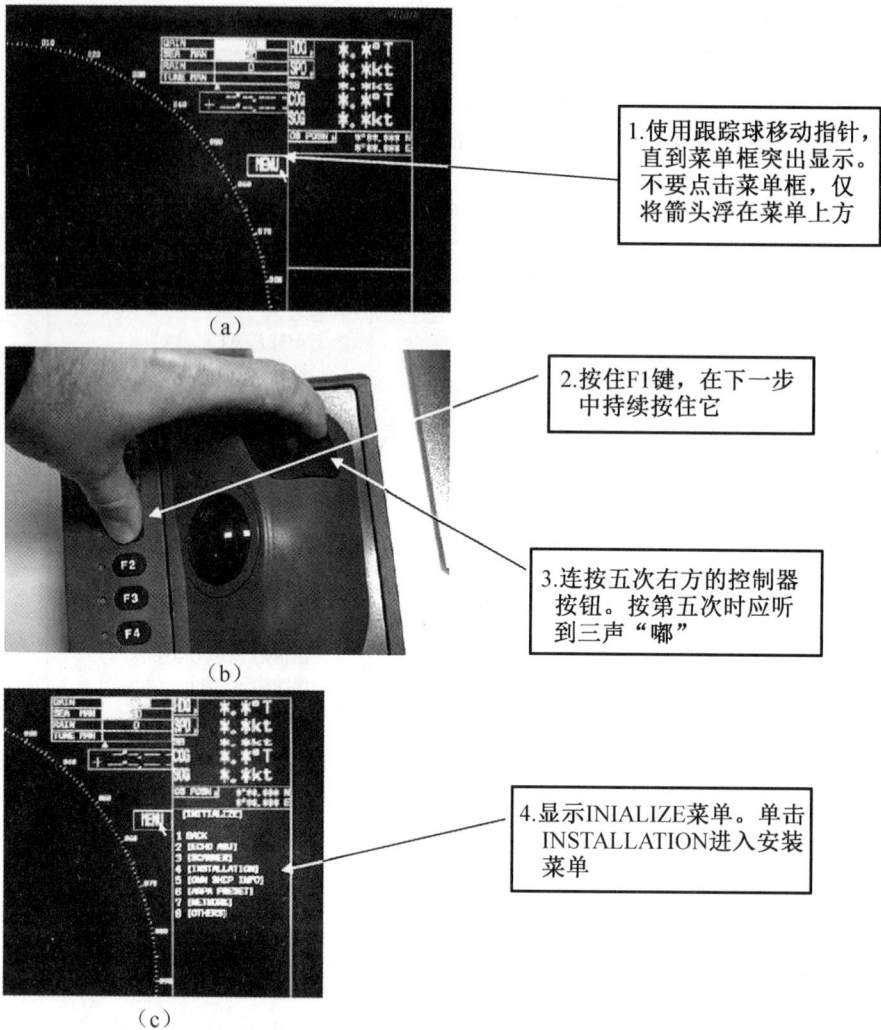

1.使用跟踪球移动指针，直到菜单框突出显示。不要点击菜单框，仅将箭头浮在菜单上方

（a）

2.按住F1键，在下一步中持续按住它

3.连按五次右方的控制器按钮。按第五次时应听到三声"嘟"

（b）

4.显示INIALIZE菜单。单击INSTALLATION进入安装菜单

（c）

图2-36　使用跟踪球式控制单元 RCU-015 访问 INITIALIZE 菜单

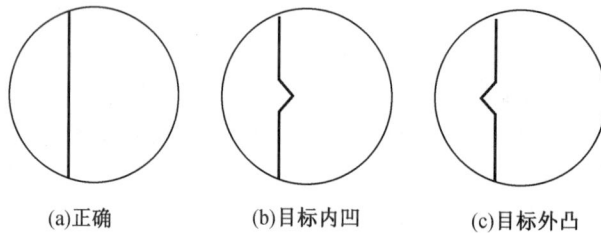

(a)正确　　　　(b)目标内凹　　　　(c)目标外凸

图2-37　正确与错误的扫描定时示例

六、抑制主脉冲信号

若屏幕中心出现主脉冲信号，按以下步骤进行抑制：

(1)以长量程发射雷达波，等待 10 min。

(2)调整增益，在显示屏上显示少量噪讯。

（3）选择 0.25 n mile 量程，调整海浪杂波控制按钮抑制海浪杂波。

（4）按［5］键在［ECHO ADJ］菜单上选择 MBS，如图 2-39 所示。

（5）旋转滚动轮设置适合的值以显示主脉冲信号，设置在 0~255。

（6）按［MENU］键完成。

```
        [ECHO ADJ]
1  BACK
2  CABLE ATT ADJ
   AUTO/MANUAL
   30
3  HD ALIGN
   000.0°
4  TIMING ADJ
   000
5  MBS
   0
6  DEFAULT ANT HEIGHT
   5/7.5/10/15/20/
   25/30/35/40/45/
   more 50 m
7  NEAR STC CURVE
   2/2.5/3/3.5/4.2
8  MID STC CURVE
   3/4/5/6
9  FAR STC CURVE
   6/7/8
0  RING SUPPRESSION
   0
```

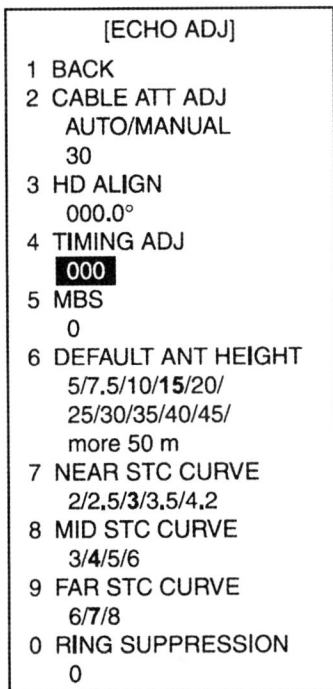

图 2-38　调整扫描定时菜单

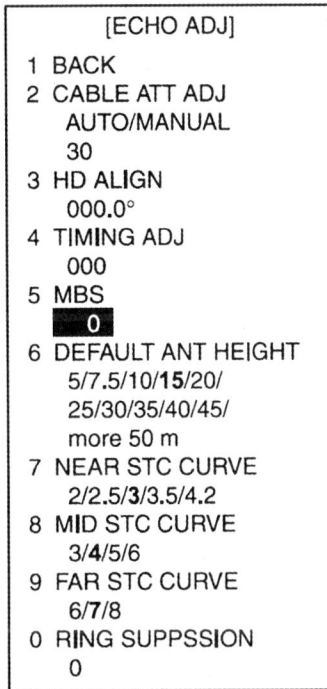

```
        [ECHO ADJ]
1  BACK
2  CABLE ATT ADJ
   AUTO/MANUAL
   30
3  HD ALIGN
   000.0°
4  TIMING ADJ
   000
5  MBS
   0
6  DEFAULT ANT HEIGHT
   5/7.5/10/15/20/
   25/30/35/40/45/
   more 50 m
7  NEAR STC CURVE
   2/2.5/3/3.5/4.2
8  MID STC CURVE
   3/4/5/6
9  FAR STC CURVE
   6/7/8
0  RING SUPPSSION
   0
```

图 2-39　抑制主脉冲信号菜单

任务4　船舶导航雷达的维护保养

雷达维护保养分为定期和不定期两种，可根据不同的维护保养内容制定相应的维护保养计划。维护保养工作涉及的参加人员、工作时间、工作内容、使用器材、消耗物料的种类和数量等应做好相关记录，并作为电子电气员或二副交接班工作的一项内容。船舶所有人应提供雷达维护保养计划中所需要的备品和备件。船舶所有人或船舶管理公司有义务对船舶雷达日常维护保养计划完成情况进行监督和审核，并提出意见加以完善。

按照以下步骤完成雷达设备的定期维护保养，并将结果填入表 2-3 雷达维护保养日志中。

1. 天线与微波传输系统维护保养

（1）天线旋转环节，轴承每半年加油一次。操作方法：关机，将天线安全开关置"OFF"位置，用油枪在天线旋转环节轴承加油嘴加油，加油前应清洁加油嘴孔处污物。

（2）天线金属齿轮传动系统每半年清洁油泥并重新加油一次。操作方法：关机，将天线安全开关置"OFF"位置，打开天线端盖，清除齿轮组污油，清洁过程由人工不断转动天线辐射器，然后重新加油。

（3）天线蜗轮蜗杆变速齿轮箱每年应检查一次油量,有需要时应补加油量。操作方法:关机,将天线安全开关置"OFF"位置,透过变速齿轮箱油量观测窗,观测齿轮箱油液面高度,当发现液面高度低于下限刻度时,从注油孔补加专用齿轮箱油,达到下限和上限刻度之间适当位置即可。如果齿轮箱油变质,则需要重新换油,应同时打开注油孔和排油孔,用容器在排油孔处盛装排除的废油,然后按照换油程序,先加入少量齿轮箱油,开机待天线转动数圈后停机,再次排除清洁齿轮箱的废油后,加入额定量齿轮箱油。

（4）金属波导法兰(扼流关节)和波导支架紧固情况每半年查验一次,检查波导是否开裂（若开裂,立即更换）,检查波导法兰处的密封情况和波导、电缆穿过甲板的防火、水密情况等。

（5）天线基座(减速齿轮箱)和金属波导外表面每半年油漆一次,并对固定螺栓的锈蚀情况做仔细检查,以免因锈蚀降低其强度,损坏无线部件。橡胶波导外表面不能刷油漆。

（6）隙缝天线辐射器防尘罩上的油灰至少每半年用清水清洁一次,不准刷油漆。

表2-3　雷达维护保养日志

保养间隔	检查点	检查和测量	备注

2. 发射机维护保养

（1）发射机空气滤清器每季度清洁一次。操作方法:关机,打开收发机盖板,清洁空气滤清器进气滤器和出气滤器。通常进气滤器灰尘较多。如果是带有滤芯的滤器,将滤芯拆下并用清水洗净再回装。

（2）发射机高压器件静电吸尘每半年清洁一次,操作方法:关机,打开收发机盖板,拆下发射机及防止高压触电保护罩,用毛刷轻轻地清洁高压器件上的干灰尘,用酒精轻轻地清洁油污。清洁结束后,装配防止高压触电的保护罩,最后装回发射机。

（3）备用磁控管定期交替使用。每季度检查一次各电缆接头和连接器是否牢固可靠。

3. 显示器维护保养

（1）显示器空气滤清器每季度清洁一次,清洁过程与发射机空气滤清器清洁方法类同。

（2）显示器高压器件(高压变压器、高压引线)静电吸尘每半年清洁一次。显示器高压器件清洁与发射机高压器件静电吸尘清洁相同。

（3）显示器表面在开航前及航行期间要每天清洁,清洁时不要用任何清洗剂,应使用潮湿抹布擦拭。

4. 电源维护保养

（1）电源空气滤清器每季度清洁一次,清洁过程与发射机、显示器空气滤清器的清洁方法类同。

（2）雷达供电系统热保护继电器触点每年检查一次，并根据实际情况对其清洁或更换。操作方法：关机，用电表电阻挡最小量程测继电器触点接触情况。遇到接触不良的触点时，用专用触点清洗剂（喷罐）对准触点清洗，清洗后仍然接触不良的触点要予以更换。

船舶导航雷达的不定期维护保养需要注意以下几点：

①雷达工作0.5 h后，检测磁控管电流，将测试结果与额定值比较，记录比较结果。

②雷达工作0.5 h后，检验调谐指示是否变化，记录变化结果。

③观测船首线误差，校正船首线误差。

④观测真方位误差，校正真方位误差。

⑤观测测距离误差，校正测距离误差。

⑥检查显示器面板各按钮使用性能。

雷达误差包括距离误差和方位误差。就雷达测距和测方位而言，涉及的误差包括系统误差、随机误差和使用者操作误差等三类。作为电子电气员，应能够根据航行环境对雷达系统误差做出判断并校正系统误差。其中，测距系统误差包括定时误差、统一公共基准点误差、像素误差、脉冲宽度误差、活动距标圈误差等，这里面的像素误差、脉冲宽度误差不涉及维护校正；测方位系统误差包括波束宽度误差、像素误差、船首线误差和罗经复示器误差、统一公共基准点误差、天线主瓣偏离角与波束不对称误差等，这里面的波束宽度误差、像素误差、天线主瓣偏离角和波束不对称误差等不涉及维护校准。

雷达误差校正

任务5　船舶导航雷达的故障排查

对以下故障原因进行分析，再进行故障排除，并填入表2-4雷达故障检修日志中。

古野雷达故障
检修实例

一、雷达发射机典型故障检修

基本分析：发射机出现故障，造成的直接后果是不发射射频脉冲。典型故障现象为雷达荧光屏上无回波，如果天线系统正常且显示正常，则可以断定故障出现在发射机部分。发射系统的故障产生的原因有很多，请根据以下故障现象，分析故障原因，进行故障排除，并填入表2-4雷达故障检修日志中。

1. 故障现象：磁控管不工作

故障排查步骤：

磁控管不工作的原因有无灯丝电源、无高压调制脉冲和磁控管本身故障。

（1）无灯丝电源。检查灯丝电源时，可先关高压，然后在磁控管灯丝引线处检查电压是否符合要求。

（2）无高压调制脉冲。高压调制脉冲有无的检查可用氖灯进行，如氖灯在离调制管帽或磁控管阴极引线6 cm左右即起辉便说明有调制脉冲。

（3）磁控管本身故障。若两个外部条件都好，则可判定磁控管是否损坏。

2. 故障现象：无高压调制脉冲

无高压调制脉冲说明调制器不工作，可从外部条件及本身来检查。若外部条件完好，则可怀疑是调制管损坏。

外部条件的故障排查步骤:

(1)有直流高压。

(2)有预调制脉冲或触发脉冲。

(3)储能元件工作参数正常。

(4)有调制管其他各极偏置电压。

3.故障现象:无触发脉冲

故障排查步骤:触发脉冲可用串有耐压较高、电容量为 0.05 μF 的电容的耳机测听,先用这样的耳机逐级检测,找出故障所在部位后,再用常规方法查出具体的故障所在。

二、天线系统典型故障检修

对以下故障进行原因分析,再进行故障排除,并填入表 2-4 雷达故障检修日志中。

**船舶导航雷达
的故障检修**

1.天线传动部分故障

故障排查步骤:

(1)接通天线电源开关后,天线不转,发动机也不转。出现这种情况一般有如下原因:

①发动机供电电路有问题,应检查保险丝及天线供电电路。

②天线起动线路有问题。

③驱动发动机本身有问题或传动齿轮咬死。

(2)接通发动机电源后,发动机转动,但天线不转或转动不均匀,则问题一般在传动齿轮部分,需检查齿轮。

2.微波传输线故障

故障排查步骤:

(1)微波传输部分的故障现象是回波很弱甚至看不到回波,但在屏幕中心区域出现亮度不是很强的亮斑,检查发射机及接收机的工作都很正常。发生这种故障的原因可能是波导管进水或隙缝波导进水,此时需要将进水处烘干。如果回波质量不是非常模糊,雷达发射半小时以上,待波导中水分蒸发完毕即可;如果回波质量非常差,波导发热明显,则拆开发热波导部位,将积水放出,用纯酒精清洁波导内壁,用吹风机吹干,将波导重新接好。

(2)另一种故障现象是在荧光屏中心出现"亮饼",回波光点显著增大,有时直径可达 4~6 mm。发生这种故障的原因可能是隙缝波导两个端口附近的上下宽壁向内鼓凸造成的。造成这种故障的原因较多且修复困难,需要更换微波传输线。

3.船首位置触点故障

触点故障一般由两个原因造成:

(1)触点本身不好。如有油污造成接触不良,需要清理油污;如因触点失去弹性呈常开或常闭状态等,需要更换触点。

(2)连线损坏。如因连线被转动部件拉断等,故障现象是在荧光屏上没有船首线或时有时无,则需要检查连线并进行更换。

三、显示器典型故障的检修

显示器电路复杂,具体排除故障时,要熟悉雷达电路及 PCB 板上元件位置。一般来说,绝大部分雷达故障会反映在荧光屏上,因此,维护人员应记住这些雷达正常工作时显示的状态数据,以便及时发现故障。下面根据几种常见的显示器故障现象,分析故障原因,进行故障排除,并填入表2-4雷达故障检修日志中。

1.故障现象:开机后,显示屏上仅有中心亮点,无扫描线

故障排查步骤:

(1)检查方波产生器有无方波输出。

(2)若有方波输出,则故障出现在辉亮控制电路中,应检查辉亮电路及辉亮控制电位器。

(3)若无方波输出,则应先查有无触发脉冲输入方波产生器。若有触发脉冲输入方波产生器,则故障出现在方波产生器中;若无触发脉冲输入方波产生器,则检查触发脉冲传送通路,直至恢复触发脉冲输入。

(4)若此时仍无扫描线,则故障出现在距离扫描电路中,此时应依次检查梯波产生器、锯齿电流产生器及偏转线圈,直至故障排除。

2.故障现象:开机后,天线不转,扫描线也不转

故障排查步骤:

(1)检查天线驱动发动机是否转动,若发动机不转动,应先检查天线发动机保险丝是否熔断,若熔断,则要查明原因后更换。若保险丝正常,则应查发动机供电电路是否正常,若电路正常,则可判定为驱动发动机本身故障。

(2)若天线驱动发动机转动但天线仍不转动,则可判断为传动装置故障;若天线可以旋转,扫描线也旋转,则故障排除。

(3)若天线旋转但扫描线仍不旋转,则可判断故障出现在天线方位同步传输系统,应仔细检查天线系统中的方位同步发送机和显示器内天线方位同步传向系统,直至故障排除。

表2-4　雷达故障检修日志

日期	时间		船位	故障现象	故障原因	故障检修过程	签名
	开机	关机					

★ 思政小课堂(一):

让科学家精神薪火相传

最美风采录——贲德:让祖国母亲的"眼睛"看得更远

贲德,中国工程院院士,1938年4月4日出生于吉林省长春市九台区,长期从事雷达系统的研究、设计、开发工作,是中国相控阵雷达的研制创始人和学术带头人。他曾获得信息产业部(原电子部)科技进步特等奖两次、国家科技进步一等奖一次等荣誉。

雷达专家贲德

★思政小课堂(二)：

对立共存 竞争进步

同学们,学习了项目2,大家是否对船舶导航雷达有了全面的认识呢？下面提一个问题:是不是所有雷达探测范围内的物体都能被雷达发现呢？你们听说过隐身目标和反隐身雷达吗？

自从雷达这双"千里眼"诞生以后,为了在高速扫描的雷达下隐身,隐形技术和反隐形技术就不断呈现着螺旋相互上升的趋势,它们相互矛盾而又对立统一,相生相克,对立共存,竞争进步。想知道隐身目标和反隐身雷达的技术原理吗？请扫描下方二维码进一步了解吧。

隐身目标和
反隐身雷达

前沿知识

雷达习题

项目 3 船载 GPS 卫星导航设备的操作与维护

【项目描述】

GPS 卫星导航系统为船舶提供全球范围、全天候、高精度、连续的三维定位与导航。船载 GPS 卫星导航设备是现代船舶在海上航行导航必不可少的船载设备,它对保障船舶航行有着举足轻重的意义。因此,确保船载 GPS 卫星导航设备的正常运行是功率在 750 kW 及以上船舶电子电气员的工作职责。本项目基于船载 GPS 卫星导航真机设备开展项目化教学,通过认知与实践,学生在今后的工作岗位上能够自主地完成船载 GPS 卫星导航设备的操作与维护。

【学习目标】

知识目标:

- 能描述船载 GPS 卫星导航系统的基本工作原理;
- 能描述船载 GPS 卫星导航系统的结构组成;
- 能识记船载 GPS 卫星导航设备的结构;
- 能识记船载 GPS 卫星导航设备的输入/输出接口。

技能目标:

- 能识记船载 GPS 卫星导航设备的操作和维护保养步骤。

素质目标:

- 培养学生的实际操作能力与解决实际问题能力;
- 增强学生的爱国情怀与文化自信。

任务 1 船载 GPS 卫星导航设备的认知

一、GPS 卫星导航系统基本原理

(一)GPS 卫星导航系统概述

NAVSTAR/GPS 是 navigation satellite timing and ranging/global positioning system 的缩写,译为导航卫星测时与测距/全球定位系统。美国从 1973 年底开始研究 GPS 卫星导航系统,1993 年底卫星初步部署完毕,1995 年底 GPS 卫星导系统全部投入使用。

GPS 可为全球提供全天候、高精度、连续近于实时的三维定位与导航。其主要供军方

及高端用户使用的 P(precision)码,定位精度可达 1 m;主要供民用的 CA(clear acquisition)码,定位精度为 20~30 m。GPS 投入使用后,由于美国实施的 SA(选择性可用)和 AS(反电子欺骗)两项技术,CA 码定位精度一度下降到 100 m。后来为了争夺卫星导航系统庞大的商业利益,保持在此领域的领先地位,美国于 2000 年 5 月 1 日取消了 SA,CA 码的定位精度恢复到 20 m。GPS 经过 30 多年的发展,目前已成为全球拥有用户最多的卫星导航系统。

(二)GPS 卫星导航系统定位解算原理

1.空间球面测距定位

GPS 卫星导航系统由导航卫星、地面站及用户设备三部分组成,如图 3-1 所示。导航卫星用于发送导航信号,地面站对卫星跟踪控制并注入导航信息,位于用户运载体上的导航接收机接收卫星信号以实现定位与导航。

GPS 卫星导航系统定位原理

图 3-1 GPS 卫星导航系统

GPS 是一种测距定位系统,用户通过测定卫星信号到用户的传播延时,得到电波在空间的传播时间。如果电磁波在空间传播速度为已知,即可得到用户到卫星的距离。具体定位时,用户只需测量到 3 颗卫星的距离便可以得到以卫星为球心、以卫星到用户的距离为半径的 3 个球面,其交点即为用户的三维空间位置。

为了求解用户的位置,卫星发射信号时的位置必须精确已知,用户通过接收 GPS 卫星发射的卫星电文中所包含的卫星星历来获得卫星位置。

2.伪测距

用户利用卫星导航设备测得的距离将受到以下两个方面因素的影响。

(1)卫星及用户的时钟偏差

如前所述,测距的实质是测延时(电波传播时间),统一而精确的时间基准对于测量的精度至关重要。GPS 卫星均采用高精度的原子钟,精度可达 $(0.1 \sim 10) \times 10^{-13}/d$,但误差会随时间累积。一方面,这个误差将反映到用户的测量误差中;另一方面,一般无精确的时钟,所测量的延时中将包含较大的用户时钟误差。

(2)信号传播延迟

卫星信号传播到用户的过程中要经过电离层和对流层的折射,信号传播速度和路径发生变化,由此产生了信号传播延迟,这个延迟也将带来用户测量时间的误差。

综合以上因素,用户利用GPS接收机测得的距离不是用户到卫星的真实距离,故称为伪距离,测量伪距离称为伪测距。

为了获得卫星到用户的真实距离,GPS系统采取了如下方法:

①GPS卫星在发射给用户的卫星电文中提供卫星时钟偏差校正参量。

②GPS卫星通过发射双频(1 575.42 MHz和1 227.60 MHz)信号来修正电离层折射误差。同时,GPS卫星在发射给用户的卫星电文中提供大气校正参量,用户通过修正模型来校正对流层折射误差,信号传播延迟可以解算。

③将用户的时钟误差作为未知数在观测方程中予以求解,用户在三维定位时需要求解4个未知数,即需要至少接收4颗卫星信号,二维定位时则需要至少接收3颗卫星信号。

(三)GPS卫星导航系统设置

1. GPS地面站

GPS地面站由主控站、跟踪站和注入站三部分组成。主控站设在科罗拉多州斯普林斯的福尔肯空军基地的联合工作中心,它主要负责整个卫星的控制、导航性能的评价和卫星星历表的产生,并将导航信息编码送给注入站。斯普林斯也被用作跟踪站,与位于夏威夷、阿森松岛(南大西洋)、迪戈加西亚岛(印度洋)和马绍尔群岛夸贾林环礁(北太平洋)的其他4个地点一起形成5个跟踪站,去跟踪卫星、搜集包括环境数据在内的卫星的各种信息,并将测定的信息传送到主控站。注入站位于阿森松岛、迪戈加西亚岛和马绍尔群岛夸贾林环礁,它在主控站的控制下,将导航信息注入卫星,每天1~2次。

GPS卫星导航系统介绍

2. CPS导航卫星网

GPS卫星设计星座由24颗卫星组成,包括21颗工作卫星和3颗备用卫星,平均分布在6个轨道上,如图3-2所示。后期又陆续发射了BLOC Ⅰ、Ⅱ、ⅡA和ⅡR系列卫星。GPS卫星导航主要参数如下:

(1)轨道高度:20 183 km左右,属高轨轨道。

(2)运行周期:11 h 58 min(718 min)。

(3)轨道倾角:约55°,属任意轨道型。每颗卫星每天约有5 h在地平线以上,全球任何地方的观测者,在地平线仰角超过7.5°的空间内至少可以观测到4颗卫星,在地平线以上至少可以观测到5颗卫星,最多可观测到11颗卫星。

(4)发射频率:同时发射1 575.42 MHz(L_1波段)和1 227.60 MHz(L_2波段)两种频率。

(5)发射天线:由12个鞭状螺旋天线组成螺旋天线阵,发射L_1和L_2波段的圆极化波,以约30°波束覆盖部分地球表面。

(6)卫星电源:由太阳能电源和镉镍蓄电池组成。

(7)卫星钟:卫星上装有原子钟(铷钟、铯钟、氢钟),稳定度为$10^{13}/d$。

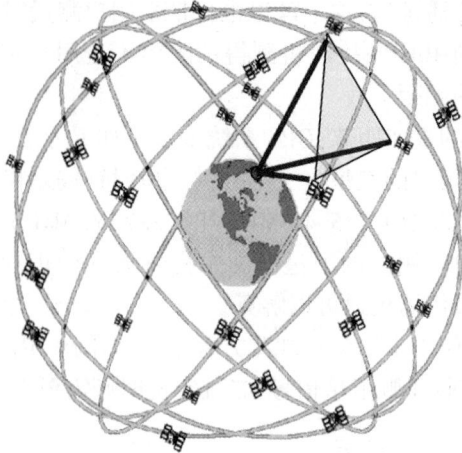

图 3-2　GPS 卫星星座

(四) GPS 卫星导航电文

卫星发射的导航信息称为卫星导航电文,它向用户提供导航基准信息。导航电文包括卫星上各有关系统的工作状态,系统时间、卫星钟偏差校正参量、卫星星历、卫星历书、卫星识别标志以及与卫星导航有关的其他信息。卫星导航电文经过二进制编码后形成导航数据码,其码速为每秒 50 个码位。

原始的导航数据码首先要经过伪随机噪声码 P 和 CA 码的调制,进行加密和扩频,然后将扩频后的信号以绝对相移键控 PSK 方式对载波 L_1 和 L_2 进行调制,最后形成卫星发射信号通过卫星天线发射出去。

P 码是一种连续、快速、长周期的伪随机二进制序列码,其码率为 10.23 MHz,码周期为 7 d。这种码具有精确的时间和距离测量能力。CA 码是一种低速、短周期的随机二进制序列码,其码率为 1.023 MHz,码周期为 1 ms。CA 码的测距精度较低,但它易于捕获,且具有协助获得 P 码的能力。

载波 L_1 由导航数据码和伪随机噪声码 P 和 CA 进行调制,载波 L_2 则仅由导航数据码和 P 码进行调制。GPS 利用了伪随机二进制码技术所具有的抗干扰性强、码分多址(CDMA)识别卫星、保密性高、精确测时和测距等优点。

(五) GPS 卫星导航设备

目前,航海领域使用较多的是 CA 码相关型导航设备。GPS 卫星导航设备由硬件、机内软件以及 GPS 数据的后处理软件包等构成。接收机的硬件由天线单元、主机单元和电源三部分组成。天线安装在室外,通过电缆与主机部分相连。主机由变频器、信号通道、微处理器、显示模块等组成,如图 3-3 所示。

**GPS 卫星导航
设备的结构**

GPS 接收机通过 GPS 天线接收微弱的卫星信号,通过前置放大器放大(改善信噪比)后送至变频器把射频(RF)信号变成中频(IF)信号,经过中频放大后,送至伪码锁相环路和载波锁相环路,进行伪码和频率(载波)的二维搜索,伪码锁相环路使本机跟踪伪码在时间和接收的伪码对准,自动捕获和跟踪卫星码;载波锁相环路使本机跟踪载波在频率和相位上

与接收的载波对准,自动捕获和跟踪卫星载波。

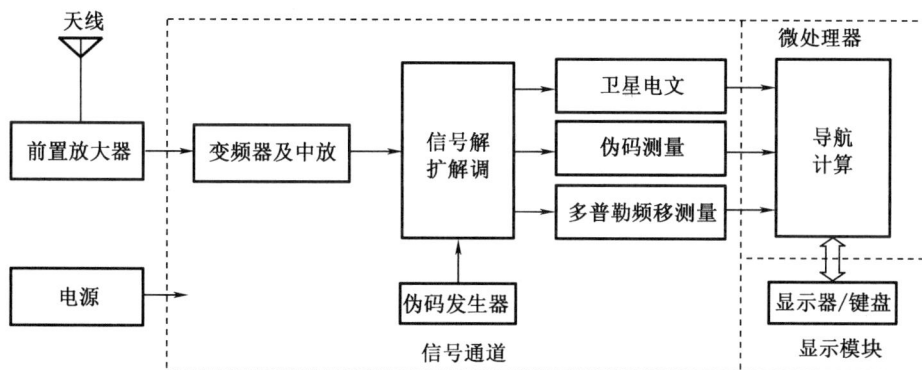

图 3-3　GPS 接收机工作原理

GPS 信号伪码与本机跟踪伪码在相关器比较,当两者一致时输出最大,表示相关检测到 GPS 数据调制载波信号。GPS 数据调制载波信号与本机跟踪载波混频后,检测出 GPS 数据码信号。GPS 数据码信号经数据同步、检测,滤波后检出 GPS 卫星电文。跟踪载波与本机基准振荡波之差为多普勒频移。跟踪伪码与本机基准伪码比较,测得信号传播延时,可测出伪距离。

微处理器是 GPS 接收机的工作核心,接收机对信号的接收处理是在微处理器控制之下进行的。微处理器主要功能是开机自检,选择卫星,搜集卫星数据,校正大气层传播误差,测量伪距离与多普勒频率,计算用户的位置、速度、导航信息等。

GPS 接收机一般都有液晶显示屏用于提供接收机工作信息,并配有一个控制键盘,用户通过控制键盘控制接收机工作。有的接收机还配有大显示屏,可显示导航信息和数字地图。

GPS 接收器的电源有两种:一种为机内电源,采用锂电池,用于 RAM 存储器供电,以防止关机后数据丢失;另一种为机外电源,采用可充电的 12 V 镉镍电池,当用交流供电时,要经过稳压电源或专用电源变换器。

二、GPS 卫星导航设备接口

(一)GPS 卫星导航设备输出外设及功能简介

随着船舶驾驶自动化程度的提高,驾驶台单个设备通过统一的接口标准及通信协议与其他众多设备进行连接,以实现信息共享。表 3-1 所示为 GPS 卫星导航设备输出外设及功能列表。

表 3-1　GPS 卫星导航设备输出外设及功能列表

外设名称	主要功能
测深仪	将动态船位和水深数据同步显示,并可存储、打印
雷达	显示动态船位,显示雷达目标(光标)位置

表 3-1(续)

外设名称	主要功能
自动舵	实现航路点导航、航线控制
电子海图	实现航路点导航、航速标绘
VDR	记录船舶动态船位
AIS	显示 AIS 动态船位,提供 AIS 系统同步时间
IBS	显示动态船位,提供时间基准,实现航路点导航、航迹标绘、航线控制等
陀螺罗经	校正罗经纬度误差与速度误差

(二)GPS 卫星导航设备接口标准

1. 通信标准

GPS 卫星导航设备采用 RS-422 或 RS-232C 串行通信接口,前者适合近距离(15 m 以内)传输,后者适合远距离(大于几十米)传输。标准的接口如图 3-4 所示。

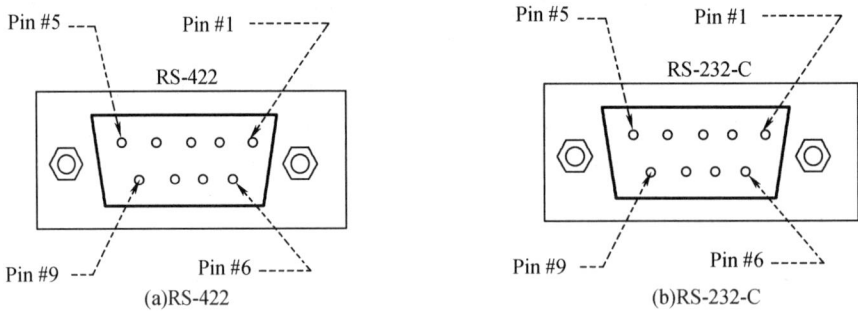

图 3-4　GPS 卫星导航设备通信接口

在 RS-422 接口的 9 针(Pin)中,有 5 针被用作 I/O 通信,如表 3-2 所示。

表 3-2　RS-422 接口定义

Pin	Pin#5	Pin#6	Pin#7	Pin#8	Pin#9
定义	ground(地线)	RX+(接收数据+)	RX-(接收数据-)	TX+(发送数据+)	TX-(发送数据-)

在 RS-232-C 接口的 9 针(Pin)中,有 3 针被用作 I/O 通信,表 3-3。

表 3-3　RS-232-C 接口定义

Pin	Pin#1	Pin#2	Pin#5
定义	RX(接收数据)	TX(发送数据)	ground(地线)

某些 GPS 导航设备并非使用 9 针标准接口。以 GP32 导航设备 RS-232-C 接口为例,串口输出信号时有两条线,一条为 TX,另一条为信号地线 SG;输入信号时也是两条线,一条

为接收 RX,另一条为信号地线 SC;收发可以共用信号地线 SG。

2.通信语句格式

GPS 卫星导航传输信号格式还必须满足美国国家海洋电子协会(NMEA)协议,GPS 卫星导航设备的接口参数为波特率为 4 800 b/s,数据为 8 位,开始位为 1 位,停止位为 1 位,无奇偶校验。

NMEA 协议所规定的通信语句都是以 ASCII 码为基础的,NMEA 的信息格式为

$$\$ aaaaa,df1,df2,\dots[CR][LF]$$

以 GPS 常用的 GGA(GPS 全球定位数据)语句为例进行说明,语句定义如表 3-4 所示。

表 3-4 GGA 语句定义

序号	语句定义
<1>	UTC 时间,hhmmss(时分秒)格式
<2>	纬度,ddmm.mmmm(度分)格式(前面的 0 也将被传输)
<3>	纬度半球,N(北半球)或 S(南半球)
<4>	经度,dddmm.mmmm(度分)格式(前面的 0 也将被传输)
<5>	经度半球,E(东经)或 W(西经)
<6>	GPS 状态:0=未定位,1=非差分定位,2=差分定位,6=正在估算
<7>	正在使用解算位置的卫星数量,00~12(前面的 0 也将被传输)
<8>	HDOP 水平精度因子,0.5~99.9
<9>	海拔高度,-9 999.9~99 999.9
<10>	地球椭球面相对大地水准面的高度
<11>	差分时间,从最近一次接收到差分信号开始的秒数,如果不是差分定位将为空
<12>	差分站 ID 号,0000~1023(前面的 0 也将被传输,如果不是差分定位将为空)

NMEA 协议对 GPS 卫星导航设备规定了若干传输数据的通信语句,主要输出语句如表 3-5 所示。

表 3-5 GPS 卫星导航设备主要输出语句列表

序号	语句名称	语句定义
1	$ GPZDA	UTC 时间
2	$ GPGGA	GPS 全球定位数据(定位时间、纬度、经度、定位质量、使用卫星数量、DOP 值等)
3	$ GPGLL	纬度和经度
4	$ GPVTG	地面速度信息(对地速度 SOG、对地航向 COG)
5	$ GPGSA	卫星 PRN(伪随机噪声)码
6	$ GPGSV	卫星状态指示(卫星编号、仰角、信噪比等)
7	$ GPRMC	推荐最小数据量的卫星 GPS 信息(UTC、定位质量、纬度、经度、对地速度、对地航向、磁差)
8	$ GPAAM	到达报警
9	$ GPAPB	XTE 偏航值、到航路点的方位

三、DGPS 卫星导航系统

(一) DGPS 卫星导航系统原理及组成

受美国 GPS 政策的影响,普通的 GPS 用户利用 CA 码定位的精度不高(无 SA 时, 20~30 m;有 SA 时,100 m),这极大地限制了 GPS 在精密导航、大地测量、精密工程测量等 众多领域的应用,因此差分 GPS(differential GPS,DGPS)导航系统得到了较快的发展。 DGPS 利用差分技术对 GPS 用户的观测量进行修正,从而获得高精度的定位结果。目前 DGPS 可以将 CA 码接收机的定位精度提高到米级、亚米级甚至厘米级。

DGPS 由 GPS 卫星网、基准站、DGPS 校正数据链及用户四部分组成,如图 3-5 所示。 DGPS 基准站的位置精确已知,基准站用 GPS 接收机定位后,与已知位置比较,计算出修正 量(伪距、位置修正量等)。一般 DGPS 用户和基准站之间距离较近(300 n mile 以内),两者 的 GPS 接收机测定位误差基本相近,基准站的误差修正数据可以被用户用来修正其观测结 果,该误差修正数据被称为差分修正数据。基准站通过数据链以广播或其他的通信方式将 差分修正数据发送给用户,对用户测量的数据进行修正,使用户获得高精度的定位结果。

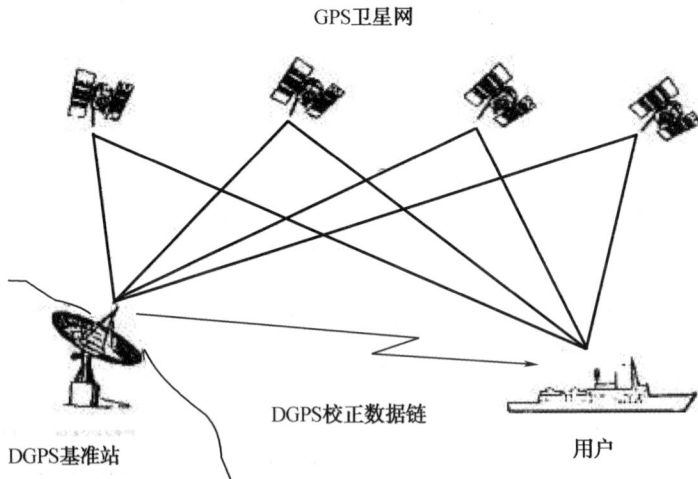

图 3-5　DGPS 组成

(二) DGPS 卫星导航系统分类

DGPS 根据修正数据的处理方法可分为位置差分 GPS、伪距差分 GPS、载波相位差分 GPS。伪距差分校正灵活,是目前广泛应用于航海的差分技术。伪距差分的基本原理是: DGPS 基准站根据其精确位置与 GPS 卫星星历,计算出 GPS 卫星到基准站的距离。此距离 与基准站用 CA 码测量的伪距之差,称为伪距修正值。基准站将每颗卫星的伪距修正值、伪 距修正值变化率等数据播发给作用区内的用户,用户利用该修正值对其观测伪距进行修 正,求出用户的位置。

DGPS 根据差分的作用范围又可分为局域差分、区域差分和广域差分。局域差分 GPS 是在区域(150 km)内设立一个 DGPS 基准站和一个监控站,位于该区域的用户根据基准站所提供的修正信息,对测量伪距进行校正,从而获得精度较高的定位结果。区域差分是在更大的区域的周边,布设若干个DGPS基准站和数个监控站,位于该区域的用户根据多个基准站所提供的修正信息,采用加权平均法或最小方差法计算处理,对测量伪距进行校正,从而获得精度较高的定位结果。广域差分系统则是伪距差分在空域上的扩展,它通过在一定区域设立DGPS基准站网,与一个或多个主控台组成广域差分网,其差分有效值可以达到1 000~1 500 km甚至更远。

任务2 船载GPS卫星导航设备的操作

一、GPS卫星导航设备的使用

(一)GPS卫星导航设备启动

根据IEC 1108-1和我国GB/T 19391标准,对GPS的启动定义了三种起动模式分别为冷启动、温启动和热启动。

冷启动(cold start):GPS接收机在不知道星历、历书、时间和位置的情况下(如用户位置变化超过1 000 km未开机或超过7天未开机)开机,需要较长时间(一般在30 min之内)才能正常定位。

温启动(warm start):GPS接收机在不知道星历,但存有历书、时间和位置的情况下(如设备掉电24 h)开机,达到正常定位的时间比冷起动短(一般在5 min之内)。

热启动(hot start):GPS接收机在存有星历、历书、时间和位置的情况下开机,达到正常定位的时间比温起动短(一般在2 min之内)。

历书与星历都是表示卫星运行的参数。历书包括全部卫星的大概位置,用于卫星预报,可缩短卫星锁定时间。历书从导航电文中提取,每12.5 min的导航电文才能得到1组完整的历书。星历是当前接收机观测到的卫星的精确位置,用于定位。

(二)卫星状态显示

航海型GPS卫星导航设备大多可以显示星空卫星状态,图3-6所示为FRUNO GP-32导航设备卫星状态显示。

图3-6左侧带有同心圆的星座图显示了可视卫星的编号及仰角分布;右侧显示所有卫星的信号强度,越过第一条竖线(25%)为可用卫星,未越过第一条竖线为不可用卫星。用户可以根据信号强度指示在GPS SETUP菜单中屏蔽不可用卫星(DISABLESV),提高接收机的定位精度。

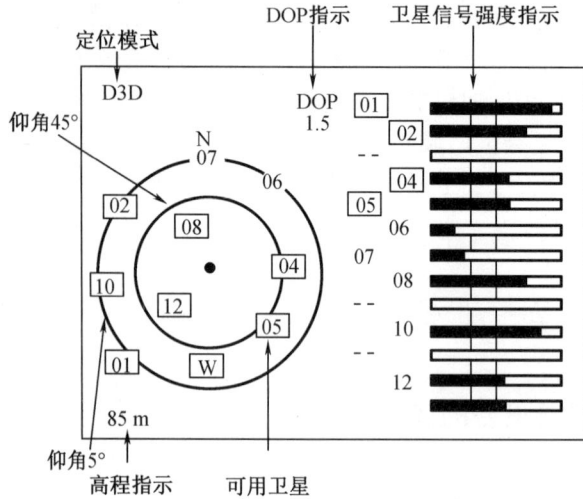

图 3-6 FRUNO GP-32 导航设备卫星状态显示

图 3-6 中间部位为 GPS 精度几何因子 DOP 指示(图中 DOP = 1.5)。DOP 值反映了 GPS 定位的几何误差,DOP 值越小,说明卫星空间分布越理想,定位误差越小。DOP≤4,位置精度较高;DOP≥9,位置精度较差,此时应引起用户警惕。

(三)定位模式选择

GPS 卫星导航设备可以选择 3D(三维)定位或者 2D(二维)定位,根据可视卫星数目自动选择定位模式,当可用卫星数目多于 4 颗时为 3D 定位,当可用卫星数目为 3 颗时为 2D 定位。2D 定位是指定的 2D 定位模式,该模式下必须准确输入定位所选定坐标系下的 GPS 天线高度。2D 定位仅适用于可视卫星数目少且 GPS 天线高度不变(载体没有高程方向的运动)的情况,船舶在风浪中航行时,天线高度变化较大,应尽量避免使用 2D 定位。

(四)坐标系选用

用户可使用 GPS 的系统初始化(SYS SETUP)菜单中的坐标系(DATUM)选择功能对 GPS 卫星导航设备的坐标系进行选择,GPS 卫星导航设备缺省的坐标系为 WGS-84(world geodetic system,1984 年美国国防部研制)坐标系。使用纸质海图时,所选坐标系应和所使用的海图测地系一致。若导航设备坐标系与用户所使用的海图测地系不同且不做坐标系修正,在海图上标注位置时会产生一定的偏差。使用设备导航时,INS 要求所选坐标系必须为 WGS-84。一般情况下系统通过接口输出的数据为 WGS-84 坐标。但有的型号陈旧的设备需要进行输出数据选择,使用时应参考说明书进行设置。

(五)时差输入

用户可使用 GPS 的系统初始化(SYS SETUP)菜单中的时差(TIME DIFF)设置功能,输入在区时(LOCAL TIME)与世界协调时(UTC)的时差量,用于将 UTC 时间转换为当地区时显示。时差的计算公式为:时差 = 区时 - 世界协调时;符号:东时区时差为 +,西时区时差为 -。如北京地区用户处于东八时区,GPS 卫星导航设备应输入的时差量为 +8:00。

二、GP150 GPS 卫星导航设备操作

按照以下步骤完成设备的基本操作。

GP150-古野 GPS 中文说明书

(一)打开和关闭电源

GP-150 第一次开机时,大约需要 90 s 来查找位置。此后每次开机,大约需要 12 s 来查找位置。

打开电源,按 Power(电源)键,控制面板如图 3-7 所示。设备将测试 PROGRAM MEMORY(程序存储器)、SRAM(静态随机访问存储器)和电池,检查这些部件能否正常工作,并将测试结果显示在显示屏上。如果配有内部信标接收器,就会在显示屏底部显示出"BEACON RCVRINSTALLED(已安装信标接收器)"。设备启动时,采用最后一次使用的显示模式,如图 3-8 所示。

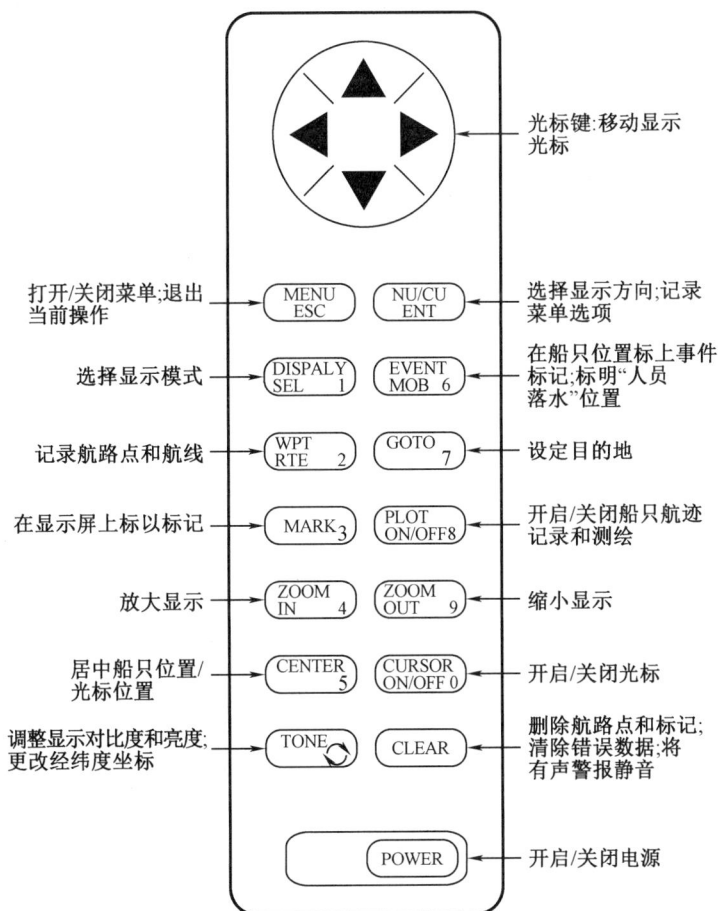

| 光标键:移动显示光标 |
| 打开/关闭菜单;退出当前操作 —— MENU ESC |
| 选择显示方向;记录菜单选项 —— NU/CU ENT |
| 选择显示模式 —— DISPALY SEL 1 |
| 在船只位置标上事件标记;标明"人员落水"位置 —— EVENT MOB 6 |
| 记录航路点和航线 —— WPT RTE 2 |
| 设定目的地 —— GOTO 7 |
| 在显示屏上标以标记 —— MARK 3 |
| 开启/关闭船只航迹记录和测绘 —— PLOT ON/OFF8 |
| 放大显示 —— ZOOM IN 4 |
| 缩小显示 —— ZOOM OUT 9 |
| 居中船只位置/光标位置 —— CENTER 5 |
| 开启/关闭光标 —— CURSOR ON/OFF 0 |
| 调整显示对比度和亮度;更改经纬度坐标 —— TONE |
| 删除航路点和标记;清除错误数据;将有声警报静音 —— CLEAR |
| 开启/关闭电源 —— POWER |

图 3-7　控制面板

```
PROGPAM MEMORY    =OK
SRAM              =OK
Internal Battery  =OK




BEACON RCVR INSTALLED
DATA 3:DATA OUTPUT
```

几秒钟后   GPS接收状况

▲ 34° 23.456′ N 135° 45.678′ E	D3D 100 m SAFE
30 [01] ☆ 40 50 ◇ 20 WGSB4 2 nm	BRG - - - - °
	COG 7°
	RNG 123 nm
	SOG 12.3 kt

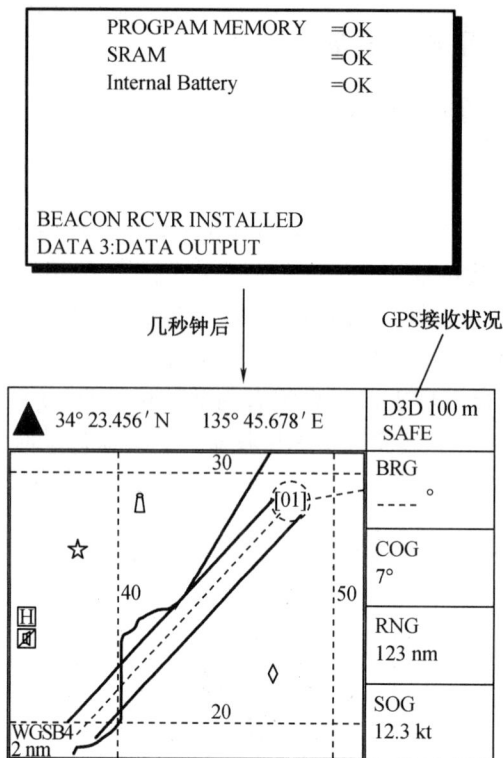

图 3-8　打开电源时的显示

打开电源 12 s 后,将显示出准确的位置(用经度和纬度表示)。

如果没有找到位置,则 GPS 接收状况窗口中将显示"NO FIX(无定位)"。如果在 3D 模式下 PDOP(位置精度衰减)值超过 6,或者在 2D 模式下 HDOP(水平精度衰减)值超过 4,则显示"DOP",表明异常定位且无法更新位置指示符。

如果能够正常接收卫星信号,则会根据设备的设置和 GPS 接收器的状态,显示如表3-6 所示的某一指示。

表 3-6　GPS 接收器指示

指示	含义
2D	2D
3D	3D
D2D	差分 2D
D3D	差分 3D
W2D	WAAS 2D
W3D	WAAS 3D

注:1. 如果在 3D 模式下 PDOP 值超过 6,则定位方法自动更换为 2D。

2. 当显示器处于演示模式时,会出现"DEMO"图标,要返回正常模式,请关闭电源,然后按住 NU/CUENT 键,再次打开电源。

按 POWER（电源）键即可关闭电源。下次打开电源后,设备将以最后一次所用的显示模式启动。

（二）调整显示对比度与亮度

（1）按 TONE（色调）键,出现如图3-9所示的屏幕显示。

（2）调整对比度,按◀或▶键。在▶键的右边显示了当前的设置值和设置范围（0~31）。

调整亮度,按▲或▼键。在▲键的右边显示了当前的设置值和设置范围（0~7）。

注意:①在按 TONE 键后的 10 s 内操作光标键,否则,对比度和亮度调整屏幕将会消失。

②如果在最低色调时关闭显示屏,则下次启动时显示屏将是空白。此情况下,请持续按住 TONE 键调整色调。

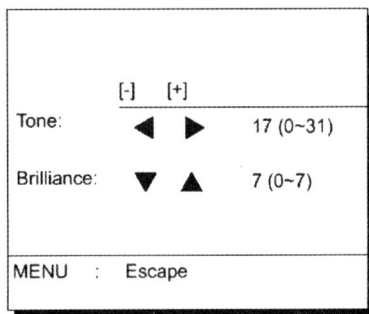

图3-9　对比度和亮度调整屏幕

（3）选择显示模式

①按 DISPLAY SEL（显示选择）键,出现如图3-10所示的屏幕显示,显示当前选择的大地测量图数据。

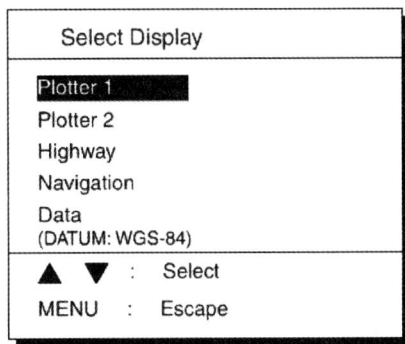

图3-10　显示选择模式的屏幕

②按 DISPLAY SEL、▲或▼键,选择显示模式。按 DISPLAY SEL 键时,显示模式依次按以下所示进行变换,所选显示模式将会出现图3-11所示。

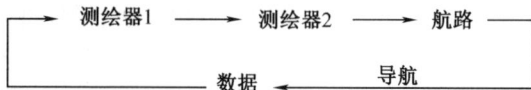

图 3-11　按 DISPLAY SEL 键时,显示模式依次进行交换

(三)导航器连接设置

除了显示位置的基本功能外,GP-150 还可以向外部设备输出各种数据。向外部设备输出数据之前,应确定外部设备需要怎样的数据,输出必要的数据,确保数据能正确地输出。

船用电子设备所发送的所有数据,都带有两个字符代码前缀,此代码称为送信(talker)。传输设备和接收设备必须用相同的送信,这样才能正确地发送和接收数据。GP-150 使用 GP(GPS 送信)发送数据,但是,它也可以使用罗兰(LC)或台卡(DE)送信发送数据。由于 GP 送信是一种相对较新的系统,早期型号的设备可能无法识别这种送信。

(四)输入输出设置

1. DATA1 输出设置

按照以下步骤完成 DATA1 的输出设置:

(1)依次按 MENU ESC、9 和 3 键, DATA1,3 OUTPUT SETUP (输出设置)菜单出现,如图 3-12 所示。

图 3-12　DATA1,3 OUTPUT SETUP 菜单

(2)按▲或▼键,选择 Data Fmt (数据格式)。

(3)按◀或▶键,选择 NMEA0183 (V1.5、V2.0、IEC 61162-1)。

(4)按 NU/CUENT 键,送信 ID 反白显示。

(5)按◀或▶键,选择 GP,LC 成 DE。

(6)按 NU/CU ENT 键。

(7)在第 1 行输入各个输出数据语句的 TX 间隔。TX 间隔可以是 00、01、02、03、04、05、06、10、15、20、30、60 和 90,单位为 s。

（8）按 NU/CU ENT 键。

（9）在第 2 到 5 行输入各个输出数据语句的 TX 间隔,设置好每一行之后,按 NU/CU ENT 键。

有关 TX 间隔的详细信息,请参阅安装手册。除非万不得已,否则不要修改设备安装厂商所输入的设置。

BWC 适用于大圆航行；BWR 适用于恒向线航行。

在图 3-11 中,用百分比显示了总数据输出。若要获得最好的结果,总数据输出不要超过 90%,增大次要数据的 TX 间隔,以便使总数据输出小于 90%。

如果外部设备无法正确显示来自 GP-150 的数据输入,就应当降低操作速率。

例如,将温度指示（temperature indicator）TI-20 的操作速率设置到 60% 以下。

2. DATA2 输出设置

按照以下步骤完成 DATA2 的输出设置操作：

（1）依次按 MENU ESC、9 和 4 键,DATA2 OUTPUT SETUP 菜单出现,如图 3-13 所示。（输出设置）菜单。

（2）遵循设置 DATA1 输出的步骤。

3. DATA3 输出设置

DATA3 接头可以输出 IEC 61162-1/NMEA0183 数据或对数脉冲（详情参阅安装手册）。对于 NMEA 0183 和 IEC 61162-1 而言,DATA1 与 DATA3 输出的数据相同。对于对数脉冲而言,根据连接的设备,选择脉冲为每秒 200 或 400。

按照以下步骤完成 DATA3 的输出设置操作：

（1）按 MENU ESC、9 和 3 键。

（2）按▲或▼键,选择 DATA3. Log Pulse（对数脉冲）。

（3）按◀或▶键,选择外部设备的对数脉冲：200 ppm 或 400 ppm。

（4）按 NU/CU ENT 键两次。

4. 将 DATA4 设置为 NMEA

DATA4 端口可连接到个人计算机、DGPS 接收器或 YEOMAN 设备上,按照以下步骤完成将 DATA4 设置为 NMEA 的操作。

（1）按 MENU ESC、9 和 5 键,DATA4 I/O SETUP（1/2）菜单出现,如图 3-14 所示。

（2）按▲或▼键,选择 level（级别）。

（3）按▲或▼键,选择外部设备的级别：RS232 或 RS422。

（4）按 NU/CU ENT 键。

（5）按◀或▶键,选择 Out（输出）。

（6）按▼键,选择 To Next Page（至下一页）,就会显示 DATA4 I/O SETUP （2/2）菜单,如图 3-14 所示。

（7）参照前面"DATA1 输出设置"的步骤。

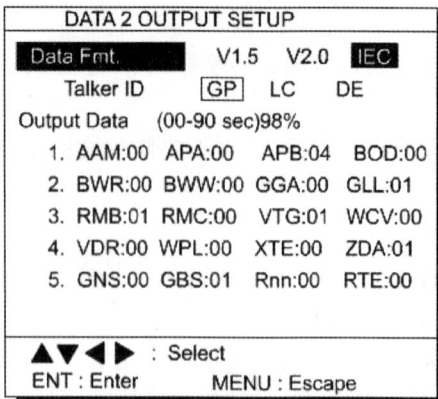

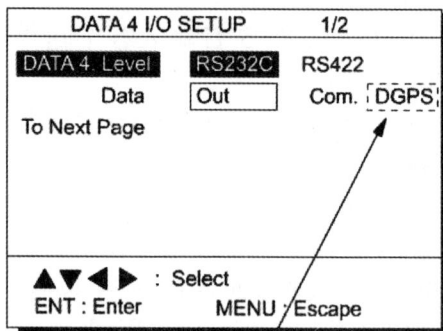

仅在使用外部 DGPS 接收器时才出现。

图 3-13　DATA2 输出设置　　　　图 3-14　DATA4 I/O SETUP(1/2)菜单

5. 从个人计算机接收数据

可通过 DATA4 接头,从个人计算机中下载航路点和航线数据,按照以下步骤完成操作:

(1)按 MENU ESC、9 和 5 键。

(2)按▲或▼键,选择 Level。

(3)按◀或▶键,选择个人计算机级别:RS232C 或 RS422。

(4)按 NU/CU ENT 键。

(5)按▶键,选择 Command(命令)。

(6)按▼键,选择 To Next Page,DATA4 I/O SETUP(2/2)菜单出现,如图 3-15 所示。

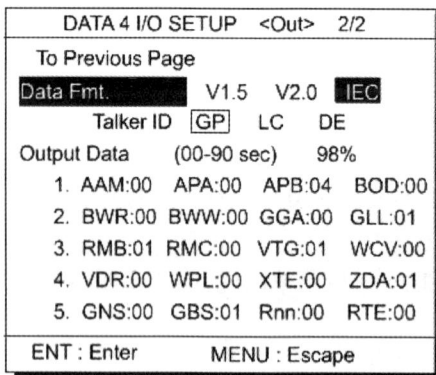

(a)

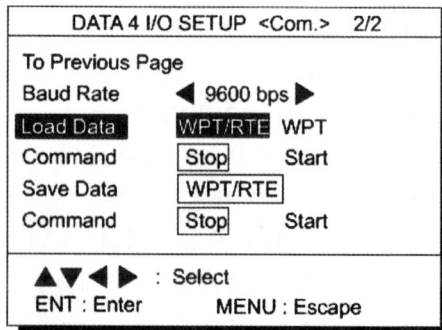

(b)

图 3-15　DATA4 I/O SETUP(2/2)菜单

(7)按▲或▼键,选择 Baud Rate(波特率)。

(8)按◀或▶键,选择波特率:4 800 bps、9 600 bps 或 19 200 bps。

(9)按 NU/CU ENT 键。

(10)按◀键,选择 WPT/RTE。

(11)按▼键,选择 Command,与"Command"同在一行中的"Stop(停止)"反白显示。

(12)按▶键,选择 Start(开始),有如图 3-16 所示消息出现。

(13)按 NU/CU ENT 键,加载数据时,如图 3-17 所示消息出现。

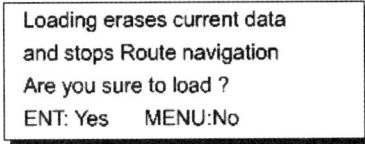

```
Loading erases current data
and stops Route navigation
Are you sure to load ?
ENT: Yes    MENU:No
```

图 3-16 消息框

```
Now loading
Waypoint/Route data !

MENU:Stop
```

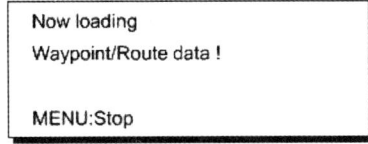

图 3-17 加载数据消息框

（14）操作计算机,输出数据,数据加载完毕,光标移动至 Stop。

（15）按 MENU ESC 键,数据加载成功后,有如图 3-18 所示消息出现。如果数据未能加载,则出现如图 3-19 所示消息。

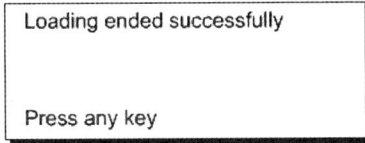

```
Loading ended successfully


Press any key
```

图 3-18 数据加载成功消息框

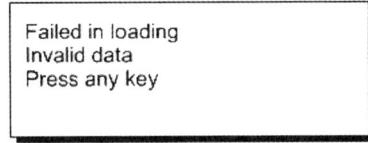

```
Failed in loading
Invalid data
Press any key
```

图 3-19 数据加载失败消息框

（16）按 MENU ESC 键,有图 3-20 所示消息出现。

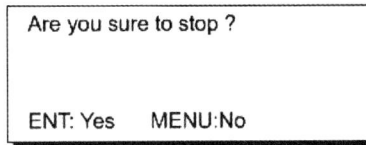

```
Are you sure to stop ?


ENT: Yes    MENU:No
```

图 3-20 选择消息框

（17）要停止加载,按 NU/CU ENT 键,光标移动至 Stop。

（18）要开始加载,选择 Start。

（19）按 NU/CU ENT 键。

任务 3 船载 GPS 卫星导航设备的调试

一、船载 GPS 卫星导航设备调试

(一)船载 GPS 卫星导航设备初始化设置

以某船用 FURUNO GP-150GPS 定位导航设备为例说明 GPS 卫星导航设备的初始化设置。

1.GPS 自检操作

（1）开启 GP-150。开机后第一项是 PROGRAM MEMORY 测试,第二项是 SRAM 测试,第三项是内部电池测试,测试完成后出现如图 3-21 所示画面。

（2）确认"OK(正常)"和"BEACON RCVR INSTALLED（已安装信标接收器）"出现在自检显示屏上。

（3）按 MENU ESC(菜单退出)、8 和 1 键。确认程序存储器 PROGRAM MEMORY、静态

随机访问存储器 SRAM、内部电池、GPS 和无线电信标 BEACON 都已经显示"OK(正常)"。

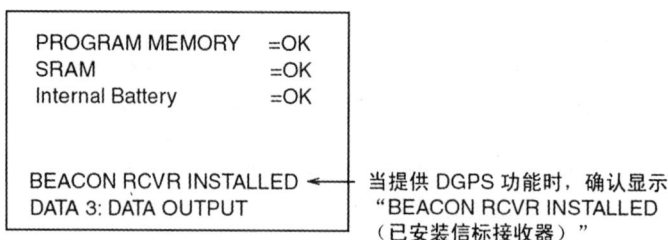

图 3-21 GPS 设备自检显示

2. DGPS 设置

DGPS 设置包括自动 GPS 设置和手动 GPS 设置。默认设置为"手动",若设置为自动,GP-150 能自动选择最佳基准台。如果在自动模式中,确定 DGPS 的位置超过 5 min,则将转换为手动模式。外部无线电信标接收机没有基准台自动选择功能时,使用手动模式。

(1)DGPS 自动模式设置

如图 3-22 所示,设置步骤如下:

①按 MENU ESC(菜单退出)、9 和 7 键,显示 WAAS/DGPS SETUP (WAAS/DGPS 设置)菜单。

②按▲或 ▼键选择 MODE(模式),并按◄键选择 INT BEACON(INT 无线电信标)。

③按 ▲或 ▼键选择 DGPS Station (DGPS 站)。

④按 ◄键选择 Auto(自动)。

⑤按 NU/CU ENT 键。

⑥按 MENU ESC 键。

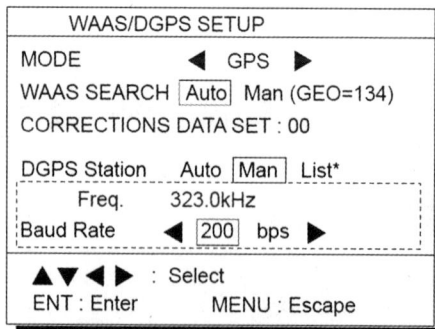

图 3-22 DGPS SETUP(DGPS 设置)菜单

(2)DGPS 手动模式设置

需要输入站的频率和波特率。

①按 MENU ESC(菜单退出)、9 和 7 键,显示 WAAS/DGPS SETUP (WAAS/DGPS 设置)菜单。

②按 ▲或 ▼键选择 MODE(模式),并按◄选择 INT BEACON(INT 无线电信标)。

③按▲或▼键选择 Ref.Station(参考基准站)。

④按▶键选择 Man(手动)。

⑤按▼键选择 Freq(频率)。

⑥输入四位数的频率(283.5~325.0 kHz)。

⑦按 NU/CU ENT 键,"Baud Rate"(波特率)反白显示。

⑧按◀或▶键选择波特率:25 bps、50 bps、100 bps 或 200 bps。

⑨按 MENU ESC(菜单退出)键。

3. DGPS 操作检查

(1)按 MENU ESC(菜单退出)和 7 键。

(2)按 ○ 键若干次显示如图 3-23 所示信息。

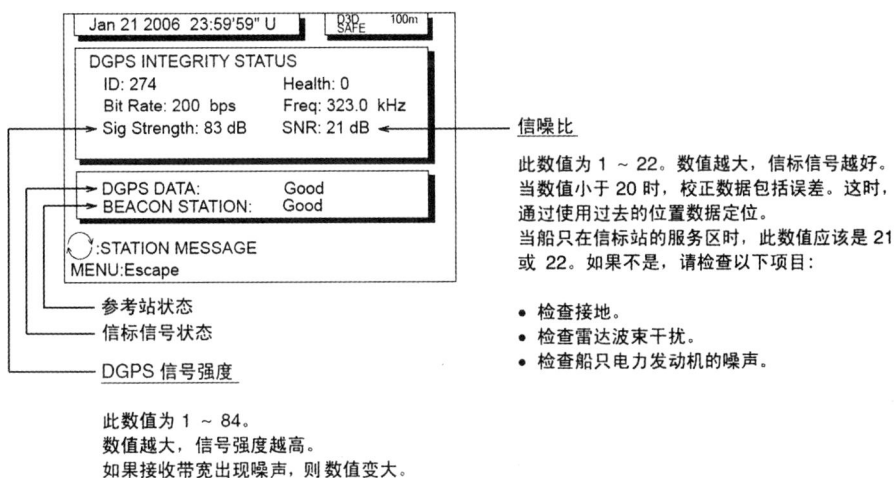

图 3-23　DGPS 操作检查

任务4　船载 GPS 卫星导航设备的维护保养

一、船载 GPS 卫星导航设备维护

1. 按照以下步骤完成设备的维护保养

(1)检查天线电缆的固定、水密性以及支架的牢固。每隔3~4个月必须检查一次天线及电缆的固定、锈蚀、水密性能等,同时检查接收机及分显示器支架固定是否牢靠,如发现有问题,应立即加以解决。

(2)对设备进行清洁除尘。保持接收机的整洁,一旦接收机溅上水,要及时擦干。接收机附近也应保持清洁,减少灰尘进入机内。定期进行机内清洁除尘工作。KGP-912型卫导仪属于封闭式接收机,可每隔1~2年清除一次。对于吸风冷却式接收机,应用吸尘器每隔3~4个月清除一次机内积尘。

(3)检查设备前后的通风空隙。接收机工作时,不得加罩,前后应留有通风空隙,保证通风冷却良好。

(4)检查机内电池。按说明书要求,定期检查机内电池,当电压值低于要求时,应及时更换。对于卫星导航设备,若长期开机使用,一般每1~2年就应该更换1次机内电池。

(5)完成设备自检。一旦发现接收机有故障,应当用机内自检功能连续自检3次,以确定故障部位及原因,若自己无法修理,应及时报修。

经修理后的接收机必须达到下列技术要求:

①使用机内自检功能,连续自检3次,应无故障信号显示;

②连续通电24 h后,应无故障信号显示;

③在24 h内,接收机对所有通过船舶上空的GPS卫星导航信号应能接收并处理,定位精度应符合该机的性能指标;

④该机具有的所有导航功能应完整、正确;

⑤显示器的数据显示应清晰、不失真,辉度和对比度分别可调;

⑥接收机面板背景照明灯应完好。

2.操作注意事项

(1)对设备进行操作之前,应详尽阅读操作说明,避免错误操作。

(2)在没有确切判断故障之前,不要自行拆卸卫星导航设备。

二、船载GPS卫星导航设备系泊和航行试验

1.系泊试验

完成调试后要进行系泊试验,具体步骤如下:

(1)登记生产厂家、产品型号、产品编号或系列号。

(2)用万用表测量供电线路的电阻。

(3)检查设备安装情况。

(4)开机后机器测试程序内存,SRAM和电池,在显示器上会显示结果。如果内部安装信标接收机,当卫星信号正常收到时,会在显示器右上角显示出状态(2D或3D)。

(5)检查单元安装,检查位置信号连接到所有需要的设备。关掉1#(D)GPS,测试所有连接设备应仍能通过2#(D)GPS显示位置信号。打开1#(D)GPS,关掉2#(D)GPS,所有连接设备应仍能通过1#(D)GPS显示位置信号。

2.航行试验

卫星全球定位系统(D)GPS在航行状态下效用试验,工作应正常。

任务5 船载GPS卫星导航设备的故障排查

SELF TESTS(自检)是船载GPS卫星导航设备常用的故障排查方法。利用自检程序,可以及时发现船载GPS卫星导航设备内部模块故障,请根据以下步骤进行设备各模块诊断,进行故障定位。

某船GPS卫星导航设备维修实例

一、船载GPS卫星导航设备诊断

1.存储器和I/O电路测试

(1)按MENU ESC和8键,显示SELF TESTS菜单,如图3-24所示。

若程序版本号显示为"××",表明较小更改,由厂商负责做出更改。

（2）按 1 键。

（3）自检结束后，按 MENU ESC 键退出，并返回至 SLEF TEST 菜单。（如未按此键，则自检继续进行。）

如图 3-25 所示，测试显示中 PROGRAM MEMQRY、SRAM 和 Internal Battery 的右边出现 OK，表示各个设备状态正常；出现 NG，表示发现异常情况。GPS 和 BEACON（信标）的右边出现 OK，表示各个设备状态正常；出现 NG（不好）和十六进制数，表示发现异常情况。DATA1 PORT、DATA2 PORT 和 DATA4 PORT 显示通信接口测试的结果，需要用特殊的测试接头来测试这些端口，如未连接测试接头，则测试结果显示为 NG。

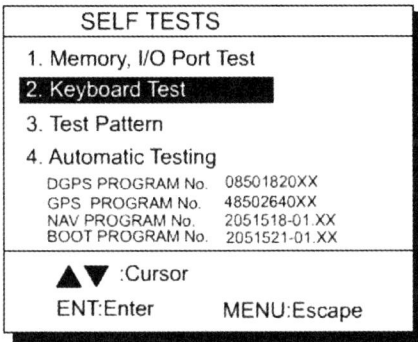

图 3-24　SELF TESTS（自检）菜单　　　　图 3-25　存储器和 I/O 端口测试显示

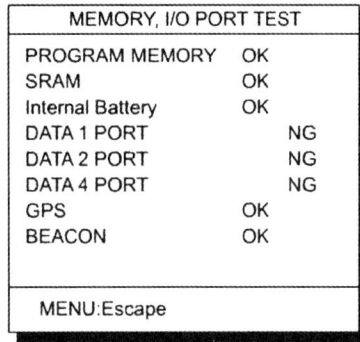

（4）按 MENU ESC 键退出。

2. 键盘测试

（1）按 MENU ESC、8 和 2 键，显示 KEYBOARD TEST（键盘测试屏幕），如图 3-26 所示。

（2）逐一按下每个按键。如果按键正常，则屏幕中该键的相应位置会反白显示。

（3）要退出键盘测试，按 CLEAR（清除）键 3 次，控制返回至 SELF TESTS 菜单。

（4）按 MENU ESC 键。

3. 显示测试

（1）按 MENU ESC、8 和 3 键，显示测试模式屏幕。

（2）要更改测试模式，按 NU/CU ENT 键，每次按▼键，就会出现如图 3-27 所示的其中一种模式。

（3）按 MENU ESC 键。

4. 自动测试

此功能连续执行所有自检。

（1）按 MENU ESC、8 和 4 键，自检就会自动连续执行。顺序：存储器测试→I/O 测试→键盘测试→显示测试模式。

（2）要停止测试，按 MENU ESC 键。

（3）按 MENU ESC 键退出测试。

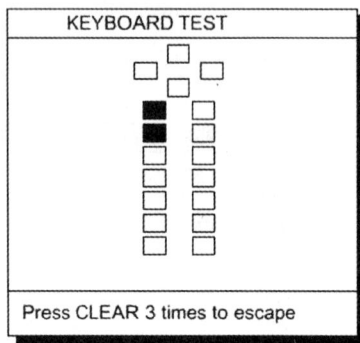

图 3-26　键盘测试屏幕

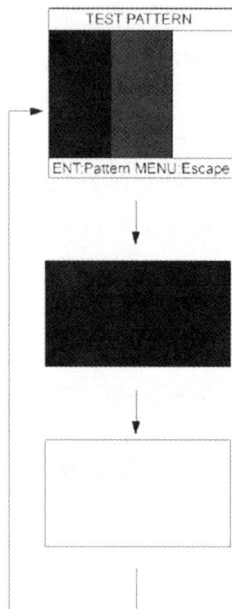

图 3-27　显示测试屏幕

二、船载 GPS 卫星导航设备常见故障处理

根据故障现象,按照以下方法进行故障排查与处理。

(1)故障现象:无法打开电源

检查电源接头,看连接是否紧固;检查船上主电源是否断开;检查保险丝是否断开。

无法开机一般是电源保险丝熔断。其主要原因:一是连续使用时间过长;二是输入电压过高,引起保护电路动作,强制保险丝熔断。

排除的方法:一是打开 GPS 卫星导航设备机体,更换同型号保险丝,注意切勿用导线直接连接,以免机体得不到有效保护而烧毁;二是检测输入电压是否正常。

(2)故障现象:无法定位

GPS 卫星导航设备无法定位,但能储存故障前已设置的所有数据,并能更新储存数据。调用 GPS 卫星导航设备卫星状态显示栏,观察搜索卫星信号质量,信号质量差或无信号,可能是导致 GPS 卫星导航设备无法定位的主要原因。一般是天线损坏、接头脱落或氧化腐蚀,馈线老化或断裂所致。

排除的方法是调用 GPS 卫星导航设备状态显示栏,观察卫星信号质量。若信号质量差,一般是天线性能不佳、馈线老化或接头氧化腐蚀所引起的,检查天线电缆是否连接紧固、是否漏水;或检测维修天线及接头,更换馈线。如果没有卫星信号,一般是天线损坏、馈线断裂、接头脱落所引起的,逐一检修排除或更换。

此外还需要检查是否禁用了功能性卫星:MENU ESC、9、6。

(3)故障现象:定位错误

检查是否输入了正确的大地测量图:MENU ESC、9、6。

对 GPS 位置进行校正:MENU ESC、9、6。

（4）故障现象:数据无法发送到外部设备

检查数据格式是否正确:MENU ESC、9-3、9-4、9-5 可参阅安装手册;TX 间隔可能被设为"0",选择适当的间隔;MENU ESC、9-3、9-4、9-5,可参阅安装手册。

检查外部设备的设置是否适当。

检查连接:GP-150 TD-A RD-A;外部设备 TD-B RD-B。

（5）故障现象:定位所需时间长。

每次切断电源再开机,GPS 卫星导航设备设置数据全部丢失,屏幕显示系统回到初始设置,出现该假性故障的主要原因是 GPS 卫星导航设备内置锂电池电量(压)不足或失压。锂电池为 GPS 卫星导航设备储存器数据供电,但 GPS 卫星导航设备系统不能对锂电池进行充电,那么,随着使用时间的延长,锂电池电量(压)就会下降。当锂电池电量(压)不足或失压时,GPS 卫星导航设备将无法完成储存记忆数据和已搜索到的星历表。GPS 卫星导航设备正常工作的先决条件是系统内部必须要建立一个完整的星历表。当有外电源不间断给 GPS 卫星导航设备供电而内置锂电池电量(压)不足或失压时,储存器仍可正常储存数据,并在系统内建立星历表;一旦外电源切断,因锂电池电量(压)不足或失压,GPS 卫星导航设备将不能有效地储存记忆数据和星历表而回到初始设置。此时,再重新开机,导航设备可能会需要 30~45 min,甚至在某些情况下可能会需要 2 h 以上的时间,导航设备才能搜索建立星历表,由于启动时间大大延长,所以使用可靠性变得很不稳定。就船舶而言,对 GPS 卫星导航设备实行不间断供电是不允许的,也不可能,更没有这个必要,那么需要经常检测 GPS 卫星导航设备内置锂电池,根据情况及时检修或更换,确保 GPS 卫星导航设备工作性能的稳定。

排除的方法是测量锂电池,若锂电池电量(压)不足,更换 3 V 锂电池(一般锂电池有效期为 5 年);若锂电池两极焊点松动或脱落导致失压而自身电压正常时,补焊松动和脱落点。

★思政小课堂:

历害了,我的国!

同学们,你们知道中国自主研发的卫星导航系统叫什么? 我国为什么要自主研发这套卫星导航系统呢? 研发过程中又发生了什么有趣的事情呢? 请扫描二维码进一步了解吧。

北斗卫星导航系统(以下简称北斗系统)是全球四大卫星导航系统之一,是中国着眼于国家安全和经济社会发展的需要,自主建设运行的全球卫星导航系统,是为全球用户提供全天候、全天时、高精度的定位、导航和授时服务的国家重要时空基础设施。令我们骄傲的是,北斗相关产品已遍布120 余个国家和地区,北斗向全球亿级以上用户提供服务。

北斗系统秉承"中国的北斗、世界的北斗、一流的北斗"的发展理念,愿与世界各国共享北斗系统建设发展成果,促进全球卫星导航事业蓬勃发展,为服务全球、造福人类贡献中国智慧和力量!

弘扬文化自信:北斗工程师与你面对面

国之重器,北斗导航:全球定位导航系统贡献"中国智慧"

前沿知识　　　　　　GPS 习题

项目4 船舶自动识别系统船载设备的操作与维护

【项目描述】

船舶自动识别系统配合全球定位系统,将船位、船速、改变航向率及航向等船舶动态结合船名、呼号、吃水及危险货物等船舶静态资料,由甚高频(VHF)频道向附近水域船舶及岸台广播,使邻近船舶及岸台能及时掌握附近海面所有船舶动静态资讯,相互通话协调,采取必要避让行动,对船舶航行安全有很大帮助。对 AIS 船载设备的维护保养是 750 kW 及以上船舶电子电气员的重要职责之一。本项目基于船舶自动识别系统船载真机设备开展项目化教学,通过认知与实践,学生能够在今后的工作岗位上自主地完成 AIS 船载设备的维护保养。

【学习目标】

知识目标:

- 能描述船舶自动识别系统的基本工作原理;
- 能描述船舶自动识别系统的结构组成;
- 能识记船舶自动识别系统船载设备的结构组成。

技能目标:

- 能正确进行船舶自动识别系统船载设备的操作与维护保养。

素质目标:

- 培养实际操作能力与解决实际问题能力;
- 增强法律意识,强化守法观念。

任务1 船舶自动识别系统的认知

一、船舶自动识别系统概述

1. AIS 的基本概念

AIS 即船舶自动识别系统,诞生在 20 世纪 90 年代,是在船舶交管系统(VTS)最初使用的工作在 VHF CH70 频道 DSC 呼叫模式的 VHF 应答器的基础上发展而来的系统。该系统是以信息技术为先导,以多门类高科技为支柱的新型航海设备和系统,通过几个国际组织,特别是国际海事组织(IMO)、国际航标协会(IALA)、国际电信联盟(ITU)积极的支持和专家组的努力,为这项既保证航海安全又提高航运效益的新技术,制定了一系列国际法规、技术标准,并指导厂家制造出规范的产品,在船舶上得到广泛的使用。国际海事组织在第73届海安会通过的 SOLAS 公约第Ⅴ章修正案中要求在 2008 年 7 月 1 日前,所有航行于国际海域大于 300 总吨的各类船舶安装船载自动识别系统。

AIS 是在甚高频海上移动频段采用时分多址接入(TDMA)技术,自动广播和接收船舶静态信息、动态信息、航次信息和安全消息,实现船舶识别、监视和通信的系统。AIS 由船载移动站、基站(岸站)及其设施、航标站、机载及搜救移动站等共同组成,是以信息技术为主导,集卫星定位技术、数字通信技术、信息处理技术和计算机网络技术等多门类高科技为支柱的数字助航系统。

AIS 的使用目的是进行船舶间的信息交换。在 AIS 系统实施之前,船舶间进行信息交换是非常困难的,要获取他船的航行信息,主要使用雷达、ARPA 等设备,而这些设备获取信息的速度慢、准确度差,其他重要信息如船位、航线、吃水、转向速度和船舶的尺寸等则必须通过 VHF 无线电话进行交流才能获得,在这方面又存在着语言障碍,往往使船舶间的信息得不到及时的交流,导致事故时有发生。

AIS 的实施,将为船舶提供一种有效的避碰措施,并极大地增强雷达和 ARPA 的功能。船舶交管系统(VTS)只须配有 AIS 基站,操作员无须逐个查询船舶,利用 AIS 系统就可以获得所有装有 AIS 船舶的完整信息。基于此,国际海事组织对它的描述性定义为:AIS 是船上改善避碰效果的一种方法;AIS 是不用雷达可以使 VTS 获得交通状态的一种方法;AIS 是船舶报告的一种方法。

对于船舶来说,给 AIS 系统进行下列定义则更为确切,即 AIS 系统是一种自主改善船舶避碰,而不依赖雷达系统自动获取航行信息、发送船舶数据的一种新型的船用助航设备。

2. AIS 的功能

(1)自动发送本船信息,包括本船静态、动态和航次信息。

(2)自动接收装有 AIS 设备的他船或 VTS 岸站的 AIS 信息。

(3)提供本船操纵信息给 VTS 或其他船舶以实现追踪或避让。

(4)实现船与船、船与岸之间的短信息交流。

(5)提供其他辅助信息以避免碰撞发生。

(6)可以与 INMARSAT 移动站、INTERNET 连接,实现信息的远距离传输和管理。

应当注意到,IMO 建议为了船舶安全,最好不要把 AIS 系统与国际 INTERNET 连接。

二、船舶自动识别系统组成

1. AIS 组成原理

AIS 是通过广播通信系统,在本船与其他一些船舶以及海岸台站之间建立导航数据交换的系统。AIS 是在一个或多个频道上工作的,由两个或更多个电台构成的无线电数据链系统,该系统设备可以是移动电台或基地台。AIS 组成如图 4-1 所示。

在通常情况下,AIS 船载设备的工作不需要人工干预,采用 TDMA 协议,使用 VHF 数字应答器,在规定的信道上自动连续发射本船静态信息(static data)、动态信息(dynamic data)、航次相关信息(voyage related data)、安全相关短消息(short safety related messages),并与其他船站、航标站、转发站和基站直接或通过网络及远程通信系统间接进行 AIS 信息交换,实现船对船、船对岸和岸对船的识别以及导航信息和航行安全相关短消息的有效交换,辅助航海人员、船务公司、港航企事业管理和海事主管部门决策,完成船舶识别与避碰、狭水道导航、引航调度、海上交通管理和海上搜救等任务。

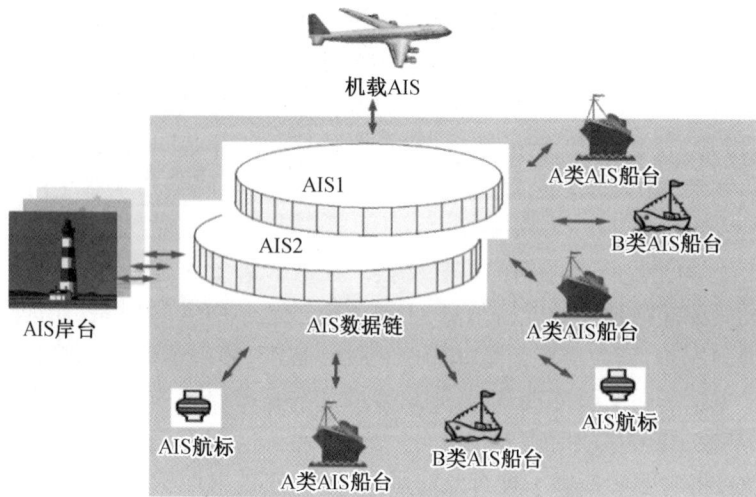

图 4-1　AIS 组成图

AIS 设备分为固定设施和移动设备两大类。固定设施主要包括基站及其设施、AIS 单工或双工转发器(AIS simplex/duplex repeater)。移动设备分为船载、机载和航标 A to N (aids to navigation)等。船载又分为 A、B 类,是自动识别系统的主体。其中,A 类是通用船载自动识别设备,采用自组织时分多址 SOTDMA 技术,满足 IMO 关于 AIS 船载移动设备的所有相关要求;B 类是采用自组织时分多址 SOTDMA 技术和载波侦听时分多址 CSTDMA 技术,是功能简化的 AIS 设备,可以不完全满足 IMO 关于 AIS 船载移动设备的配备要求,用于非 SOLAS 公约要求的船舶,目的在于使船舶能够在 AIS 网络中实现船舶互见。AIS 机载设备可应用于搜救飞机,支持海面搜救行动。AIS 航标安装在重要的导航设施上,能够有效提高导航设施的助航能力。AIS 航标设置为虚拟 AIS 航标,完成航标任务,保障船舶交通安全。

2. AIS 船载设备基本构成

典型 AIS 船载设备组成如图 4-2 所示,包括 AIS 主机和外围设备。

外围设备包括船舶运动参数传感器和显示、通信及报警设备。船舶运动参数传感器有舯向传感器,一般为陀螺罗经;船舶对地速度传感器,一般为 GPS 接收机或计程仪;船舶旋回速率传感器,一般为船舶转向计或陀螺罗经,有的船舶未配备或不能提供此数据;全球导航卫星系统

AIS 设备结构

(GNSS)接收机,目前以 GPS 接收机为主;还有其他传感器。AIS 信息可以显示在其他航海仪器的显示终端上,如电子海图显示与信息系统、雷达等。AIS 设备主机都设有便携式引航仪(PPU)接口,使之与引航员的便携引航设备或计算机连接。如果将 AIS 数据输出到 VDR 保留,则可以方便日后调查取证和研究。如果将 AIS 设备主机与远程通信终端设备(如 GMDSS 地面或卫星通信设备)连接,则 AIS 数据的传输距离可以不受 VHF 通信距离的限制,但对 B 类 AIS 设备,不要求支持远程通信;AIS 设备及功能的报警可以通过表示接口(PI)输出,触发外置报警器。

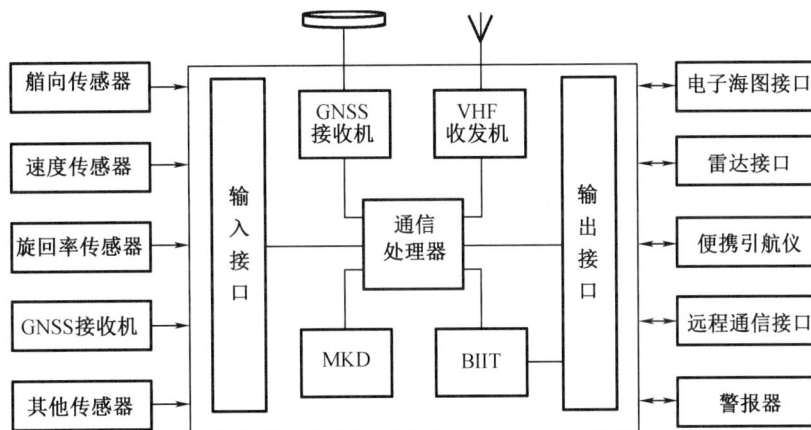

图4-2　典型AIS船载设备组成

AIS设备主机由通信处理器、内置(差分)GNSS接收机、VHF数据通信机(1台VHF TDMA发射机、2台VHF TDMA接收机和1台VHF DSC接收机)、内置完善性测试(BIIT或BITE)模块、船舶运动参数传感器输入接口、数据输出接口以及简易键盘与显示(MKD)单元等组成。

通信处理器是AIS设备的核心,组织和协调数据的处理、显示、编码和发送。根据通信处理器操作者或主管机关AIS基站的请求,控制VHF-TDMA收发机或远程通信设备选择及切换信道,完成近程或远程通信。通信处理器控制VHF发射机按照TDMA协议,将固化的静态数据、各传感器实时传送的动态数据、驾驶员事先输入的航次相关数据和随时输入的与航行有关的安全消息编码,在两个信道上交替发送AIS数据。同时,通信处理器还对接收到的来自其他AIS设备的数据解码,并按照航海人员的选择,将信息显示在MKD或其他外接显示设备上。

AIS设备都有内置GNSS接收机,用以提供本船船位、对地航速/航向以及定时基准。A类设备往往还配备外接GNSS接收机(船舶主GNSS接收机)提供以上信号,当外接设备信号中断时,则自动切换至内部接收机。为了在沿海和内河水域获得更精确的船位,通常可使用差分GNSS接收机。

MKD是AIS设备的人机交互界面,满足IMO的最低配置要求,操作者通过简易键盘可以将信息输入到AIS设备,显示屏能够显示最少三行文字信息。

BIIT能够连续监测AIS设备工作状态和数据的完善性,当BIIT监测到任何影响AIS设备正常工作或数据的完善性的因素时,显示器上能够显示报警信息,并每隔30 s通过PI重复输出报警。操作者可使用MKD或其他外接设备上对报警信息进行确认或消除报警。

B类CSTDMA设备通常只有简化的输入输出接口,可不接任何外接传感器及远程通信设备,也无简易键盘在内的输入设备,但应具有键盘输入的接口,以方便在安装设备时进行初始化输入。

此外,国际航行船舶一般还需配备美国标准水员专用电源插座和变压器(船电变为AC 110 V)。

三、船舶发送的AIS信息

船舶发送的AIS信息可分为静态信息、动态信息、航次相关信息和安全相关短消息四类,其中前三类为基本信息。A 类设备应能接收和发射所有四类信息;B 类 SOTDMA 设备可发射和接收前三类信息的主要内容,并接收与安全相关的短消息;B 类 CSTDMA 设备在系统可利用时隙不足时,只发射下述的 MMSI 和船舶位置信息。

1. 静态信息

静态信息是指 AIS 设备正常使用时不需要变更的信息。静态信息是在 AIS 设备安装的时候设定,在船舶买卖移交时需要重新设定。只有当船舶改变其名称、呼号或从一种船型转换成另一种船型等情况发生时,信息才需要改变。AIS 船载设备静态信息如表 4-1 所示。

表 4-1　AIS 船载设备静态信息

信息标称	输入方式	输入时机	更新时机
MMSI	人工输入	设备安装	船舶变更国籍买卖移交时
呼号和船名	人工输入	设备安装	船舶更名时
IMO 船舶识别编号	人工输入	设备安装	无变更（有的船没有）时
船长和船宽	人工输入	设备安装	若改变,重新输入
船舶类型	人工选择	设备安装	若改变,重新选择
定位天线的位置	人工输入	设备安装	双向船舶换向行驶时或定位天线位置改变时

海上移动业务标识(MMSI),亦称 AIS 设备的 ID 码,格式为 MID ××××××(MID 是国家区域码,××××××是船舶识别码)。MMSI 在全球是唯一的,每一艘船舶从开始建造到使用结束解题,给予一个全球唯一的 MMSI 码。AIS 设备仅在写入 MMSI 的时候,才能够发射信息。

定位天线的位置应输入 GNSS 天线到船首尾和左右舷的距离,AIS 设备一般能够提供内置和外置两个天线位置记录,当 GNSS 设备在内置和外置之间转换时,天线的信息自动更新并报告。如果本船有两个以上的外置 GNSS 天线,可转换使用或船舶换向航行时可换向,信息应及时手动报告更新。

静态信息更新报告间隔为 6 min,但有信息更新或被询问时,应立即更新并报告。

2. 动态信息

动态信息是指能够通过传感器自动更新的船舶运动参数。AIS 船载设备动态信息如表 4-2 所示。动态信息包括船位信息、UTC 时间、对地航速/航向、船首向和人工输入航行状态 [如失控(NUC)、在航、锚泊等],船舶转向速率、吃水差、纵倾与横摇。通过这些信息,能够掌握船舶的实时航行状态。

表 4-2　AIS 船载设备动态信息

信息标称	信息来源	更新方式	数值及分辨率	备注
船位	GNSS	自动	经纬度,(1/10 000)°	附精度/完善性状态信息
UTC 时间	GNSS	自动	日期与时间,s	附精度/完善性状态信息
COG(对地航向)	GNSS	自动	0°～359°,(1/10)°	可能缺失
SOG(对地航速)	计程仪或 GNSS	自动	0～102.2 kn,1/10 kn	可能缺失

表 4-2(续)

信息标称	信息来源	更新方式	数值及分辨率	备注
船首向	陀螺罗经	自动	$0° \sim 359°,(1/10)°$	
航行状态	值班驾驶员选择更改	自动		应配合号灯和号型改变
ROT	ROT 传感器或陀螺罗经	自动	左/右,$(0 \sim 708°) \cdot \text{min}^{-1}$	可不提供
艏倾角(选项)	相应传感器	自动	角度,$(1/10)°$	可不提供
纵倾/横摇(选项)	相应传感器	自动	角度,$(1/10)°$	可不提供

动态信息的更新报告间隔取决于船舶航行状态、船舶航向和对地航速的变化。动态信息更新报告按照"报告速率"规定的速率予以更新。

3. 航次相关信息

航次相关信息亦称航行相关信息,是指驾驶员输入、随航次而更新的船舶信息,具体包括船舶吃水、危险品货物、目的港/预计到达时间(ETA)、航线计划及转向点等,如表 4-3 所示。

表 4-3　航次相关信息

信息标称	输入方式	输入时机	信息内容	更新时机	备注
船舶吃水	手动输入	开航前	开航前最大吃水	根据需要	
危险品货物	手动选择	开航前	危险品货物种类	货物装卸后	主管机关要求
目的港/ETA	手动输入	开航前	港口名和时间	变化时	经船长同意
航线计划	手动输入	开航前	转向点描述	变化时	经船长同意

航次相关信息更新报告间隔为 6 min,但有信息更新或被询问时,须立即更新并报告。

4. 安全相关短消息

安全相关短消息亦称安全短消息,可以是固定格式,如岸台发布的重要航行警告、气象报告等,也可以是驾驶员输入的与航行安全相关的文本消息的自由格式。安全相关短消息能以寻址方式单独发送或群发给以 MMSI 为地址的特定船舶或船队,也能用广播的方式发给所有船舶。系统对每条消息字数有限制,寻址发送最多为 156 个字符,广播发送最多为 161 个字符。目前对消息的内容和格式还没有严格规定,但作为航海人员应遵守职业道德,发送安全相关短消息的内容应与航行安全有关。B 类 AIS 船载设备可不具有发送安全短消息的能力。安全相关短消息根据操作需要或设置进行更新。

AIS 在船舶航行过程中发送和接收信息的示意图如图 4-3 所示。

5. AIS 信息更新报告间隔

AIS 设备在自主模式工作时,周期性发布上述各种信息。在不同航行环境中,不同信息的时效不同,它们的更新报告间隔也就不同。

(1)静态信息和航次相关信息更新

静态信息和航次相关信息的更新报告间隔为 6 min,但有信息更新或被询问时,须立即更新并报告。

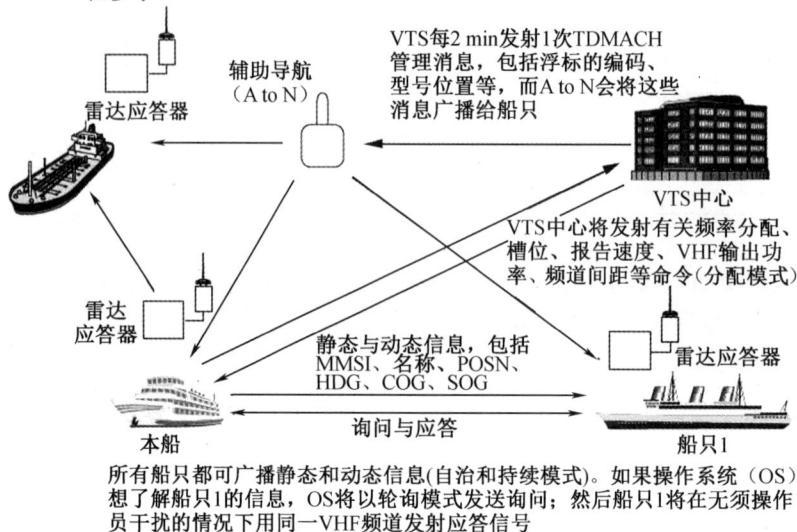

安装有AIS的A to N将以每3 min 1次或以管理部门指定的报告速度广播其身份识别、操作模式、地理位置、位移等

VTS每2 min发射1次TDMACH管理消息，包括浮标的编码、型号位置等，而A to N会将这些消息广播给船只

辅助导航（A to N）

雷达应答器

VTS中心

VTS中心将发射有关频率分配、槽位、报告速度、VHF输出功率、频道间距等命令（分配模式）

雷达应答器

雷达应答器

静态与动态信息，包括MMSI、名称、POSN、HDG、COG、SOG

本船　　询问与应答　　船只1

所有船只都可广播静态和动态信息(自治和持续模式)。如果操作系统（OS）想了解船只1的信息，OS将以轮询模式发送询问；然后船只1将在无须操作员干扰的情况下用同一VHF频道发射应答信号

图 4-3　AIS 在船舶航行过程中发送和接收信息的示意图

（2）动态信息更新

动态信息的更新报告间隔取决于船舶航行状态以及船舶航向和对地航速的变化。如表 4-4 和表 4-5 所示分别列出了不同类型 AIS 设备动态信息的更新报告间隔。

表 4-4　A 类 AIS 船载设备动态信息更新间隔

船舶状态	报告间隔
锚/靠泊/失控/搁浅船速<3 kn	3 min
锚/靠泊/失控/搁浅船速>3 kn	10 s
航速<14 kn	10 s
航速<14 kn 变向	3 s
航速 14~23 kn	6 s
航速 14~23 kn 变向	2 s
航速>23 kn	2 s
航速>23 kn 变向	2 s

（3）安全相关短消息更新

安全相关短消息根据操作需要或设置进行更新。

四、AIS 基本工作原理

国际电工委员会(IEC)和国际电信联盟(ITU)颁布的有关 AIS 的技术标准中描述了系统的基本原理,这些技术特性规定了系统及其设备的各项技术指标,包括频率使用、信道分配、调制方式、时隙划分、同步方式、工作模式、链路连接协议、工作流程、接口标准、远程通信等。

AIS 基本
工作原理

表 4-5 非 A 类 AIS 船载设备动态信息更新间隔

载体及状态			报告间隔
B 类船载设备	SO	航速≤2 kn	3 min
		航速 2~14 kn	30 s
		航速 14~23 kn	15 s
		航速>23 kn	5 s
	CS	航速≤2 kn	3 min
		航速>2 kn	30 s
搜救飞机			10 s
航标设备			3 min
AIS 基站			10 s

注:SO 指的是使用 SOTDMA 协议的 B 类 AIS 设备;CS 指的是使用 CSTOMA 协议的 B 类 AIS 设备。

1. AIS 工作信道

AIS 设备工作在 VHF 频段,能够在两个信道 AIS1(VHF87B,161.975 MHz)和 AIS2(VHF88B,162.025 MHz)上使用两个 TDMA 接收机同时接收信息,或使用一个 TDMA 发射机在两个信道上交替发射。此外,AIS 还可以在主管机关指配的区域性信道上工作。

2. AIS 信息调制

AIS 原始信息首先采用 NRZI(反向不归零)数据编码进行 GMSK(高斯滤波最小移位键控)调制,然后 GMSK 调制信号对 VHF 发射机进行调频,调频指数随信道带宽变化,在 25 kHz 信道,调频指数为 0.5,在 12.5 kHz 信道,调频指数为 0.3 或 0.5,最终完成 GMSK/FM 调制。

3. AIS 时隙划分与使用

AIS 数据传输遵循 TDMA 协议,接入 VHF 数据链路(VDL)。在 TDMA 协议中,将同步于 UTC 时间的 1 min 定义为 1 帧,每个帧被划分为 2 250(0~2 249)个时隙。AIS 工作在两个并行的信道,两个信道共有 4 500 个时隙。工作时,每台 AIS 设备在每帧内可占用一个或多个时隙,在不同的帧内使用相同的时隙发送 AIS 信息。AIS 设备工作时,首先根据信道使用情况,按照协议确定时隙选择间隔(SI),每个 SI 至少有 4 个连续的候选时隙,然后在 SI 中确定本机使用的时隙,并标明所占用的帧数。

AIS 设备工作过程的核心就是合理选择、分配和释放时隙,避免时隙冲突,保障系统连续稳定地工作。发射时隙的获得主要有两种途径,一种是自己按照 TDMA 协议在时间链上选择得到,称为自选时隙;另一种则是靠控制基站分配得到,称为指配时隙。

4. AIS 时间基准

TDMA 正常运行的前提是所有 AIS 设备应具有共同的时间基准,为了使 AIS 设备在复杂环境中能够获得有效的时间基准,AIS 将 UTC 时间作为时间基准,帧起始时间与 UTC 分钟的起始时间同步。

5. AIS 工作模式

AIS 可以工作于自主连续模式、分配模式和轮询模式。

（1）自主连续模式

自主连续模式（autonomous and continuous）为系统缺省工作状态，不需要人员操作，适用于所有海区。在此模式下，AIS 设备按照 TDMA 协议自行确定广播时隙，并自动解决与其他台站在发射时间安排上的冲突，以系统设定的信息更新报告间隔，自动和连续地播发本船的信息。

（2）分配模式

分配模式（assigned）是船舶进入负责交通监控的主管机关正在实施交通控制区域时的一种工作模式，一般通过主管机关 AIS 基站覆盖实现。在主管机关指定区域内的 AIS 设备运行的信道、收发模式、带宽、发射功率、时隙、信息更新报告间隔等都服从主管机关分配。

（3）轮询模式

轮询模式（polled）也称查询模式或控制模式。AIS 设备在收到其他船舶或管理机关询问时，在与询问台相同的信道上单独响应询问的工作方式称为轮询模式。这种工作模式的优点在于交通监控水域主管机关可通过 AIS 基站随时查询和更新所关心船舶的信息。这种工作模式还有助于提高搜救过程中通过 AIS 设备进行信息交换的效率，以及进行网络测试或软件服务等工作。

6. TDMA 时分多址协议

AIS 信息在信道中的传输，依不同的情况分别采用 5 种 TDMA 协议，即随机时分多址接入（RATDMA）、增量时分多址接入（ITDMA）、自组织时分多址接入（SOTDMA）、固定接入时分多址接入（FATDMA）和载波侦测时分多址接入（CSTDMA）。所用协议的选择取决于 AIS 运行的模式、信息本身的特性以及设备的类型。

（1）RATDMA

RATDMA 协议用于在未做预先声明时，为站点分配一个时隙，常用在数据链路网络登录过程中的第一个传输时隙的占用；或用在具有非重复特性的消息（如安全短消息等）发射时，帮助 ITDMA 帧和 SOTDMA 帧确定发射时隙。以这种方式访问 VDL，台站不考虑通信链路上当前与未来的通信状况，完全随机地选择一个时隙作为第一个发射时隙，按照统计原理，解决通信冲突问题，保证发射能成功地被其他 AIS 台站接收。

（2）ITDMA

ITDMA 协议主要用于有不重复性质的时隙分配，如在台站进入数据链路网时，RATDMA 分配第一个传输时隙后，ITDM 连续分配第一帧中的其余发射时隙；或周期报告间隔临时更改及转换；安全消息的预先声明等情形。因此，ITDMA 接入有两种方式，即在使用 RATDMA 的时隙基础上或在使用 SOTDMA 已分配的时隙基础上，分配新的未被声明的时隙。ITDMA 是 AIS 设备进入 SOTDMA 的辅助模式。

（3）SOTDMA

SOTDMA 是 AIS 设备访问数据链路的主要方式。这种方式能根据数据链路未来运行状态的先验知识，按照设定的算法，自主连续地选择发射时隙，安排位置报告的发射时间表，并预告后继 3~7 帧时隙的分配情况。SOTDMA 为系统提供了一个无须控制台干涉便可以迅速解决冲突的高效接入算法。采用 SOTDMA 接入方式的消息应具有可重复的性质。使用这类消息是为了向数据链路的其他用户提供连续更新的监视画面。SOTDMA 是 AIS 移动台站工作的基本模式。

（4）FATDMA

FATDMA 只用于基站,以一帧的开始为参照基准,按照主管机关的预先安排分配时隙,用于重复性消息的发布,这对于一个区域内有多个相邻基站的情形尤为重要,可有效地避免通信冲突。

（5）CSTDMA

CSTDMA 只用于部分 B 类移动台站,也称为 CS-AIS 设备。此类设备开启电源时,用载波侦测技术监测 AIS 网络活动情况,只有当 AIS 网络有空闲时隙时才能发射。

（6）A 类 AIS 船载设备的 3 种 TDMA 协议之间关系

AIS 缺省工作模式是以 SOTDMA 协议为主的自主连续的工作模式,RATDMA 和 ITDMA 协议是对 SOTDMA 协议的补充,为 SOTDMA 协议服务。RATDMA 协议主要是为 SOTDMA 选择发射时隙,ITDMA 协议则为 SOTDMA 信息帧预定位置报告的时隙,并在需要时插入安全或其他不重复的信息。

7. AIS 船载设备工作流程

AIS 船载设备工作流程如图 4-4 所示。

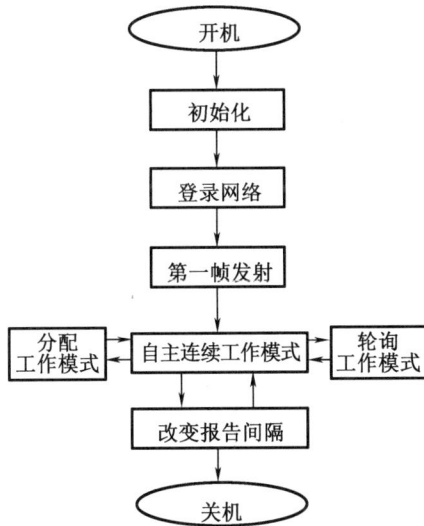

图 4-4　AIS 船载设备工作流程

（1）初始化

AIS 设备接通电源后,在两个 TDMA 信道上监听一个时帧(1 min),判断信道的活动性,搜集其他成员的 ID、掌握当前时隙的分配、其他用户的位置报告和岸台存在的可能性。在这个时期内,建立起在整个系统中运行的所有台站的动态目录,形成反映 TDMA 信道活动状态的帧图。1 min 之后,通信处理器达到帧同步,AIS 设备可以根据自己的时间表开始发射信息进入网络。按照性能标准规定,AIS 设备初始化工作应不超过 2 min。

（2）登录网络

AIS 设备选定的第一个时隙用于发射位置报告,标志着登录网络。由于事先没有预定发射时隙,因而第一个时隙发射的信息采用 RATDMA 协议,同时该时隙也在随后的自主连续模式中,按照 SOTDMA 协议被占用。随着第一个发射时隙的开始,AIS 设备的工作便进入了第一帧发射。

（3）第一帧发射

在第一帧中，AIS 设备将连续分配其发射时隙，并按照 ITDMA 协议发射位置报告。该位置报告一方面广播本船的相关信息；另一方面这些时隙也将在自主连续模式中被保留，按照 SOTDMA 协议使用。

（4）自主连续工作模式

自动识别系统正常运行时，随着第一帧发射完成，设备便进入自主连续工作模式。此时设备按照 SOTDMA 协议自主选择时隙并解决时隙冲突，在动态平衡中发射和接收信息。这些信息除了前面提到的静态信息、动态信息和航次相关信息外，还包含为相邻台站预告一幅帧图必需的所有信息。当台站关机，或者船舶报告间隔改变，或者进入分配工作模式时，这一平衡将被打破。

（5）改变报告间隔

需要改变报告间隔时，AIS 设备将在 SOTDMA 信息帧基础上重新安排 SI，重复第一帧的工作，按照 ITDMA 协议选择可用时隙发送信息，这种变化至少持续两帧，在 SOTDMA 模式下预订的时隙将在剩余信息发射结束后释放，将重新转入自主连续工作模式。

（6）分配工作模式

分配工作模式中有两种情况：一种是指定报告间隔，此时设备只需按照主管机关指定的报告间隔，保持自主连续的工作模式；另一种是主管机关为了保证某些特定 AIS 设备的发射，而指定发射时隙，此时设备按照主管机关指定的时隙发射。一旦分配工作模式结束，设备将重新返回到自主连续工作模式。

（7）轮询工作模式

轮询工作模式时，岸台或船台对船台进行寻呼并要求做出应答。应答信息按照 ITDMA 协议或 RATDMA 协议发射，此时无须考虑报告间隔等其他因素，只需要从候选时隙中按照 RATDMA 协议选择发射时隙。

除上述工作流程之外，AIS 设备还可以实现信道切换与管理、信息管理和信道阻塞自动回避等功能。AIS 设备内置一个调谐于 70 信道的专用 DSC 接收机，在不能正常使用 AIS1 和 AIS2 两个信道的地区，该接收机用于接收主管机关的信道分配信息，包括指定区域的边界及 AIS 在该区域内使用的频率信道和发射机功率水平，完成发射机应答器的转换工作。

五、AIS 船载设备连接

AIS 应具备从导航传感器接收数据的输入接口和向显示设备输出信息的输出接口。传感器包括 GNSS 导航设备、艏向传感器、对地速度计程仪、船舶旋回速率计、船舶姿态测量仪等。目前多数船舶只连接了 GPS 卫星导航设备和陀螺罗经。通过接口连接的输出设备包括显示、通信及报警设备，如 MKD、ECDIS、雷达、PPU、VDR、远程通信终端设备和报警装置等。

1. 传感器接口

（1）传感器接口

AIS 船载设备传感器接口满足 NMEA 和 IEC 61162 接口协议。对于建造年代较新的船舶，航海仪器接口通常也满足这些协议，设备安装较为简便；对于建造年代较为久远的船舶，早期的陀螺罗经可能不具有 NMEA 接口，就必须提供接口转换装置，将罗经信号转换成标准 NMEA 格式,使之与 AIS 配接。

(2)显示、通信及报警接口

显示接口通常为 RS-422 接口,用于主机与 MKD、ECDIS、雷达和 PPU 连接,传输数据波特率为 38 400 bps。当与 ECDIS 或雷达连接时,需在输出设备上根据设备安装说明书完成接口设置,确认设备通信正常。

AIS 的远程通信接口和报警接口也采用 RS-422 标准,输出数据波特率为 38 400 bps。

2. 不同吨位船舶 AIS 传感器配置标准。

根据 SOLAS 公约要求,不同吨位船舶 AIS 传感器最低配置标准有所不同。

(1)500 总吨以下船舶由 GPS 提供本船位置(L/L)、SOG、COG、Heading、ROT。

(2)500 总吨及以上但小于 5 万总吨船舶由 GPS 提供本船位置(L/L)、SOG、COG,由陀螺罗经提供 Heading。

(3)5 万总吨及以上船舶由 GPS 提供本船位置(L/L)、SOG、COG,由陀螺罗经提供 Heading,由陀螺罗经或转向速率传感器提供 ROT。

任务 2　船舶自动识别系统船载设备的操作

一、电源

船舶无论是航行锚泊还是其他状态,AIS 船载设备都应保持开机。当 AIS 设备的连续工作可能威胁船舶安全时(如在海盗出没海域航行),船长有权决定关闭设备,危险因素排除后,设备应重新开启。AIS 设备关闭时,静态信息和与航行有关的信息会被保存下来。接通设备的电源后,AIS 信息将在 2 min 之内发送。电源的开关时间通常作为安全记录被设备自动保存,并应记录在航海日志中。在港内设备的操作应符合港口的规定。

FURUNO FA-150 AIS 操作视频

FA150 AIS Operator's Manual(操作说明书)

结合设备说明书,熟悉设备的操作规程,并按照以下步骤完成操作任务。

二、按键

AIS 设备采用 MKD 键盘配置,按键非常简洁。图 4-5 所示为FURUNO FA-I50 AIS 的 MKD,设有光标位移导航键“✳”、确认键“ENT”、菜单键“MANU”、显示转换键“DISP”、快捷功能键和电源键“PWR”等。有的 AIS 设备还包括 10 个字母或数字键、“＊”键、“#”键等。在需要输入文字信息时,有的 AIS 设备可以在屏幕上显示英文软键盘。

光标位移导航键用于移动光标在屏幕上的位置;确认键用于执行光标位置所显示的操作项目或数据输入;借助对菜单键的操作可以完成设备的设置或执行各项功能;在不同的航行环境下连续循环按动显示转换键,可以选择最适合的显示方式。

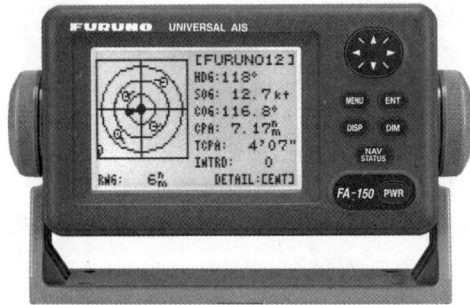

图 4-5 FURUNO FA-150 AIS 的 MKD

三、显示

AIS 设备显示器用于显示设备操作信息和本船及目标实时信息,监视系统运行状况和海上航行交通状况。显示器可采用简易显示器或任何其他合适的显示器,如计算机终端 PPU、雷达和 ECDIS 等。其中雷达或 ECDIS 能够在一定的航行背景下,以图标和字母或数字方式直观地显示 AIS 丰富的信息内容,有助于航海人员掌握全面交通态势以进行船舶避碰决策,是 AIS 信息较为理想的显示器。

1. 目标信息显示

常见的简易显示器为嵌入的 LCD 显示屏,按照国际标准,显示器对于选定的目标至少提供三行信息,包括目标的方位、距离和船名,其他信息可以滚动显示。雷达和 ECDIS 屏幕大,适合字母、数字信息的显示,通常能够同时显示多个目标的 AIS 信息,也便于信息分析与信息编辑。

2. 目标图标显示

图标显示方式亦称图示显示或图形显示方式,能够直观地显示本船周围的交通动态,有助于人员避碰操作。如图 4-6 和图 4-7 所示分别是在简易显示器雷达和 ECDIS 上的 AIS 信息图标显示画面。在图标显示器上,AIS 船载设备目标可分为激活目标(activated target)、休眠目标(sleeping target)、被选目标(selected target)、危险目标(dangerous target)和丢失目标(lost target)和轮廓目标。表 4-6 所示为 AIS 船载设备报告目标图标。此外基站一般显示为有海图标志且中心有"十字"的菱形"◈"符号;AIS 真实航标只显示为中心有"十字"的菱形"◈"符号;AIS 虚拟航标则在"十字"上再显示大写的"V",即"◈";AIS-SART 显示符号为"⊗",且显示文字信息"SART-ACTIVE"。在彩色显示器上,为了便于识别,不同类型 AIS 设备和船舶还可以用不同的色彩显示。

3. 本船信息显示

在此模式下,显示器显示本船动态信息和航次信息,并可以输入和编辑航次信息。

4. 短消息显示

当收到短消息时,屏幕会有信息提示,阅读后的消息会被保存,并可以反复调用和阅读或删除。通过按键或软键盘的操作,还可以输入、编辑和存储短消息,并以寻址或广播方式发送。寻址发送时可选择 MMSI 码、消息类型(安全或文本)、信道(自动、A 信道、B 信道和 A&B 信道等)。发射的消息通常被设备自动记录保存,发射不成功,则屏幕出现信息提示。所有已阅读和发送的消息可以按照时间列表显示。

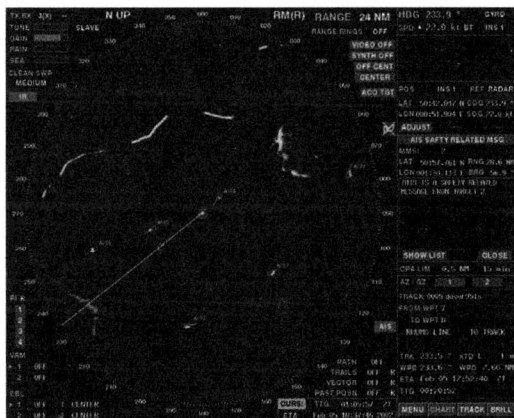

图 4-6　AIS 信息在雷达屏幕上显示

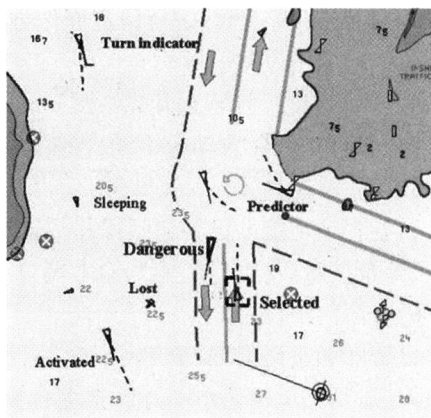

图 4-7　AIS 信息在 ECDIS 上显示

表 4-6　AIS 船载设备报告目标图标

目标类型	激活目标	休眠目标	被选目标	危险目标	丢失目标	轮廓目标
显示符号						

5. 报警信息显示

设备可以确认、显示和查询报警信息,包括内外置定位设备状态,各传感器信息报警,收发信机报警等。显示的报警信息有报警时间、报警编号、报警条件、报警确认状态、报警描述文字等内容。通过报警信息可以掌握设备的工作状态,及时了解或消除设备故障,保证系统正常运行。

四、设置

正确设置 AIS 设备是 AIS 安全可靠运行的基础。船载设备的设置包括静态信息设置、航次相关信息设置、区域设置、远程应用设置、系统设置等,设置后的信息需确认保存后才生效。

1. 静态信息设置

静态信息在设备安装结束时由安装技术人员设置。进入该设置菜单需要输入密码,在设备正常工作时,航海人员不可随意更改此项设置。

2. 航次相关信息设置

航次相关信息在船舶装卸货物后开航前或信息内容出现变化的任何时候由驾驶员设置。设置该信息时,有的设备需要密码。应注意的是,设置 ETA 和航线计划需经船长同意。

3. 区域设置

区域设置功能可以设置和管理 AIS 区域性信道。AIS 通常工作在 AIS1 和 AIS2 两个缺省的 VHF 信道,在某些区域,无法在系统缺省信道工作时,则需要听从主管机关的分配或手动设置和管理工作信道,被分配和设置的区域将记录在设备中,可以随时查看或修改。

区域设置的内容通常包括区域地理位置(矩形区域西南角和东北角的经纬度)、转换过渡区域范围、工作信道(A 或 B 或 A 和 B 或自动等)、信道带宽(25 kHz 或 12.5 kHz 或自动)、发射功率(高或低)以及信道操作方式(接收或发射或自动等)等。

4. 远程应用设置

此项功能设置远程通信端(如 Inmarsa-C 站)自动或人工响应来自远程的请求。设置选项包括操作方式(自动或手动)、答复信息(选择答复信息选项)等。

5. 设备功能设置

设备各项功能的设置包括操作界面语言设置、操作界面个性化设置、密码设置、亮度调整、报警及按键声音设置、输入输出端口设置(类型和波特率等)。

6. 安全门限设置

设置船舶避碰 CPA/TCPA 安全,应根据船舶操纵特性在航水区域开阔程度、通航密度、气象海况、驾驶员船艺水平等因素综合设置。

任务3　船舶自动识别系统船载设备的调试

一、AIS 船载设备检查调试步骤和要求

AIS 船载设备安装完成后需要按下面的程序检查和调试。

(1)检查 AIS 设备的产品证书及检验合格标志。

(2)对设备进行外观检查,确认设备外壳、接口无损坏迹象,外壳防护型应与安装处所相适应。

(3)对设备的连接线、电源装置等进行外观检查,保证电缆连接牢固可靠,无触电安全隐患,设备布置易于操作,并便于做适当的维修保养,检查 AIS 设备是否已按图纸中规定良好接地,接线布置与 AIS 系统相符合。

(4)检查 AIS 收发天线及内置和外置 GNSS 天线安装情况,确认安装位置与图所标相符,天线安装应牢固可靠。

(5)在确认系统已连接的情况下,可通电并进行下述试验:

①检查 AIS 相连接的外围设备如 GNSS、电罗经等是否工作正常。

②利用 AIS 设备内部的自检功能做自检测试,确认测试结果正常。

③确认在外部传感器具有有效输入信号时,AIS 设备应在 2 min 内正常工作并按照规定的报告速率发射本船信息。

④确认 GNSS 及电罗经等适用设备所显示的数据与 AIS 内部采集的数据完全一致,数据精确应符合前述 AIS 性能标准要求。

⑤按照提供的"AIS 初始化数据清单",确认 AIS 已正确输入本船的静态及航次有关信息,应注意核对输入的 MMSI 码、GNSS 安装位置等数据是否正确。

⑥在 AIS 正常工作情况下,开启驾驶台有关设备,建议开启中高频及雷达等设备,保证 AIS 在中高频发射时仍能正常工作。

⑦AIS 经过一段时间工作并采集信息后,将进行正常的收发工作,观察 AIS 在某显示单元的目标显示情况,同时比较雷达目标回波情况,应确认二者观察的目标相一致,必要时可通过其他通信手段对目标的确切位置予以落实。若目标存在较大误差,应进一步调查误差存在的原因。

⑧模拟人为故障,如 GNSS 丢失位置信息,此时 AIS 可在驾驶台通过外接的报警单元发

出声响报警,在显示单元中显示的报警信息应与实际故障相一致。

⑨在可行情况下,试验 AIS 的远距通信功能。

二、AIS 船载设备初始化设置

AIS 船载设备在初次安装时,由调试工程师设置 MMSI、IMO 编号、船名(NAME)、呼号(CALL SIGN),此项设置需要密码,不需要船员操作和更改。并且由调试工程师完成系统设置, 船员在操作中只可查看,不要更改,否则容易导致设置错误产生故障。

下面以日本 FURUNO 公司出产的 AIS"FA-150"设备为例,说明 AIS 安装后船舶信息的输入和设置及使用操作流程,这对其他类型的 AIS 设备的操作具有参考性。

FA-150 外形和主菜单如图 4-8 所示。INITIAL SETTINGS(初始设置)菜单用密码锁定,是安装者输入船只的 MMSI(船舶识别号)、内部和外部天线位置、船只型号和 I/O 端口设置的地方。

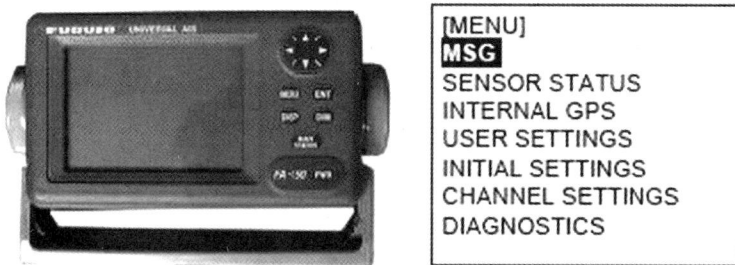

图 4-8　FA-150 外形与主菜单

1. 设置 MMSI、IMO 编号、船名、呼号

(1)按 MENU 键打开主菜单。

(2)使用 Cursor Pad ▼键选择 INITIAL SETTINGS,然后按 ENT 键,弹出"ENTER PASSWORD"(输入口令)字符界面,如图 4-9 所示。

(3)输入口令。口令通过后,弹出 INITIAL SETTINGS 窗口。

注意:口令只有供应商才有,如果口令输入错误,上图的 SET 将替换为 VIEW,只允许查看,不能设置。

(4)使用 Cursor Pad ▼键选择 SET MMSI,然后按 ENT 键,出现 SET MMSI 窗口。

(5)使用 Cursor Pad 输入 MMSI 码,要改变位使用←和→键,改变数字用▼和▲键,9 位输入完成后按 ENT 键,MMSI 设置完成。

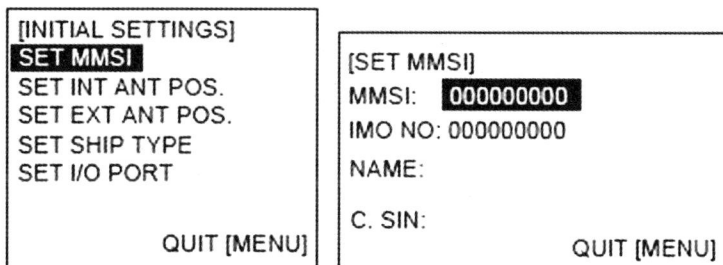

图 4-9　MMSI 设置

(6)按 ENT 键选择 IMO No. ,再按 ENT 键,用相同方法输入 IMO No. 。

注意:当船舶的 IMO No. 是 7 位时,在 7 位数字前,输入数字 00,充足 9 位数。如果没有 IMO No. ,输入 9 个 0。

(7)按 ENT 键选择 NAME,再按 ENT 键,输入不超过 20 个字母和数字字符的船名。

(8)按 ENT 键选择 C. SIN,再按 ENT 键,输入不超过 7 个字母和数字字符的呼号。

(9)按 ENT 键,再按 MENU 键保存设置。

注意:如果输入错误数字,从第一步开始重新设置。

2. 设置 GPS 天线位置(SET ANTENNA POS)

(1)按照前述设置方法打开初始设置窗口。

(2)按▼和▲选择 SET INT ANT POS(内置 GPS 天线位置设置),按 ENT 键。

(3)再按 ENT 键。

(4)使用 Cursor Pad 输入 FA-150 内置 GPS 天线的位置距离 A,按 ENT 键完成设置,A 是指船首到 GPS 天线的距离,设置在 0~511 m,如图 4-10 所示。

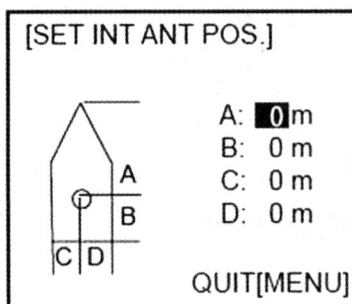

图 4-10 天线位置设置

(5)再按 ENT 键,用输入 A 的方法输入内置 GPS 天线的距离 B、C、D。

B 指的是船尾到 GPS 天线位置的距离,设置在 0~511 m;C 指的是左舷到 GPS 天线位置的距离,设置在 0~63 m,D 指的是右舷到 GPS 天线位置的距离,设置在 0~63 m。

(6)按 MENU 键返回初始设置菜单,按▼和▲键选择 SET EXT ANT POS(外置 GPS 天线位置设置),按 ENT 键。

(7)按照设置内置 GPS 天线位置的方法输入外置 GPS 天线位置的距离参数。

(8)最后,按 MENU 键保存设置。

3. 设置船舶类型

(1)在初始设置窗口,按▼和▲键选择船舶类型设置,再按 ENT 键,如图 4-11 所示。

图 4-11 船舶类型设置

（2）按 ENT 键,然后参考表 4-7,用▼和▲选择船舶类型数字,最后按 MENU 键保存设置。

表 4-7 船舶类型编号

序号	船型
1	Future use
2	WIG
3	Vessel
4	HSC
5	Special craft
6	Passenger ships
7	Cargo ships
8	Tanker
9	Other type of sip

注:表中 WIG 即 wing in ground;HSG 即 hight speed craft。

4. 设置 I/O(输入/输出)通信口(SET I/O PORT)

（1）在主菜单中选择 INIT SETTINGS,在初始设置菜单窗口中按▼和▲键选 SET I/O PORT(设置输入/输出口),再按 ENT 键,如图 4-12 所示。

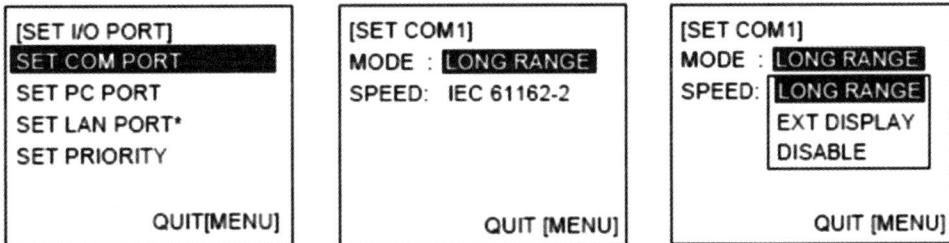

图 4-12 I/O 通信口设置

（2）选择 SET COM PORT,按 ENT 键。

（3）在 COM1～COM6 口中选择一个合适的口,按 ENT 键。下面以 COM1 口为例说明。

（4）按 ENT 键显示 COM1 口,再一次按 ENT 键显示模式设置显示窗口。

（5）按 ▼ 和▲键选择连接的设备。选项中,LONG RANGE 表示远程通信设备,如 INMARSAT C;EXT DISPLAY 表示外接显示单元,如雷达、电子海图 ECDIS、引航员接口 PPU 等;DISABLE 表示当 COM1 口不用时,根据具体接口进行设置。

（6）按 ENT 键显示速度设置窗口,按 ▼ 和▲键选择数据格式或者数据传输速率: IEC 61162-1,数据传输速率为 4 800 bps;IEC 61162-2,数据传输速率为 38.4 kbps,按 ENT 键,如图 4-13 所示。

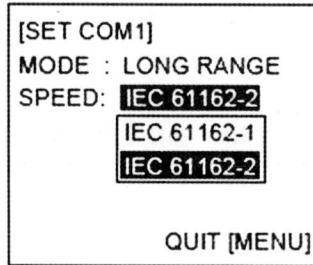

图 4-13 COM1 口设置

（7）按 MENU 键保存设置。用类似方法设置 COM2～COM6 口。COM5、COM6 口主要是传感器 SENSOR 接口，如 GPS、陀螺罗经、计程仪、回转速率计等。

（8）设置 PC 口和 COM 口方法类似。

（9）按 MENU 键保存设置。

5. 设置 I/O（输入/输出）通信口优先级

（1）在主菜单中选择 INIT SETTINGS，在初始设置菜单窗口中选择 I/O 口设置，在 I/O 设置子菜单中按▼和▲选择 I/O 通信口优先级设置，按 ENT 键，如图 4-14 所示。

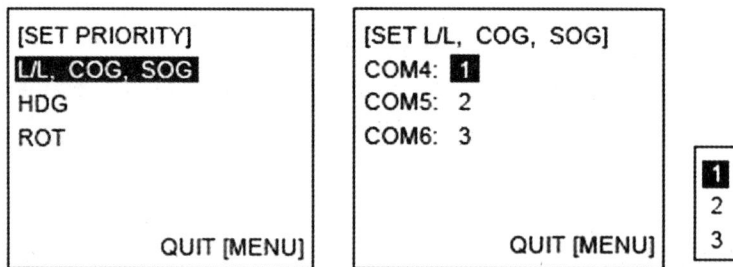

图 4-14 I/O 通信口优先级设置

（2）选择 L/L COG SOG（船位、对地航向、对地航速）项，按 ENT 键。选择 COM4，按 ENT 键出现设置窗口，选择 I/O 口 COM4（船位、对地航向、对地航速）优先等级，按 ENT 键，1 等级最高，3 等级最低。

（3）用类似的方法设置 COM5、COM6 口的优先等级。

注意不要在 COM1、COM2、COM3 中间设置相同的数字。

（4）按 MENU 键返回优先级设置菜单。

（5）按▼和▲键选择 HDG（船艏向）项，按 ENT 键。用与设置船位、航向、航速相同的方法设置 HDG 数据的优先级。

（6）按▼和▲键选择 ROT 项，按 ENT 键。用与设置船位、航向、航速相同的方法设置 ROT 数据的优先级。

（7）按数次 MENU 键保存以上设置。

除了上述设置以外，还有基本菜单操作和调整，包括亮度和对比度的调整、设置目的地港、设置航行状态、设置 CPA 和 TCPA、查看和编辑通道、设置蜂鸣器等，这里不再赘述，可参阅设备安装手册。

任务4　船舶自动识别系统设备的维护保养

一、AIS 设备检验

AIS 船载设备安装之后,电子电气员或驾驶员(二副)应对设备进行检验,并将检验结果报告船长签字确认。在营运过程中,设备应进行年度检验,并应做到每个航次或每个月(取时间较短者)对设备发送的静态信息和航次相关信息进行检验,将检验结果记录在航海日志之中。

请按照以下步骤完成 AIS 设备安装检验与设备营运检验。

1. AIS 设备安装检验

(1)检查 AIS 设备的产品证书及检验合格标志。

(2)对设备进行外观检查,确认其外表、接口无损坏迹象。

对设备的连接线、电源装置等进行外观检查,保证电缆连接牢固可靠,无触电安全隐患,设备装设位置易于操作并便于维修保养,检查 AIS 设备已按图纸中规定良好接地,接线布置与 AIS 设备系统图相符。

检查 AIS 设备收发天线及内置和外置 GNSS 天线安装情况,确认其安装位置与图纸所标及静态信息记录相符,天线安装牢固可靠。

在确认系统已正确连接的情况下,通电并进行下述试验:

①检查与 AIS 设备相连接的传感器是否工作正常。

②利用 AIS 设备内部的自检功能做自检测试,确认结果正常。

③确认在外部传感器具有有效输入信号时,AIS 设备应在 2 min 内正常工作并按照规定的报告间隔发射本船信息。

④按照 AIS 设备初始化清单,确认已正确输入本船的静态信息。

⑤确认传感器的信息与 AIS 设备采集显示的信息完全一致,数据精度符合性能标准要求。

⑥在 AIS 设备正常工作情况下,开启中高频及雷达等设备,保证 AIS 设备在其他设备发射时仍能正常工作。

⑦观察 AIS 报告目标,比较雷达跟踪目标,确认二者观察的目标一致,必要时可通过其他通信手段对目标的确切位置予以落实。若目标存在较大误差,应进一步调查误差产生的原因。

⑧模拟一人为故障(如 GNSS 丢失位置),应在驾驶台通过外接的报警单元发出声响报警,在显示单元中显示的报警信息与实际故障情况相一致。

⑨如果可行,试验 AIE 设备的远程通信功能。

2. AIS 设备营运检验

(1)年度检验

AIS 设备应结合安全设备的年度检验和定期/换证检验进行下述检验:

①对设备及连接线、引水员插座、电源变换装置等进行外观检查,确认电缆无松动、脱落或其他损坏,接地可靠有效,无触电安全隐患。

②检查 AIS 设备及连接的 GNSS 天线无过度锈蚀及外皮剥落迹象,确认天线电缆连接

处及穿越舱壁处水密性能良好。

③检查本船静态信息及与航次有关信息可正确显示,并与实际情况一致。

④确认传感器正常工作,设备显示的传感器信息与实际信息相一致。AIS 设备在开启后自检结果正常,并在 2 min 内能正常工作。

⑤对目标信息通过 VHF 或其他通信方法予以确认,或比较雷达跟踪目标。

⑥确认设备按照规定的报告间隔发射本船 AIS 信息。

⑦模拟一故障情况,检查 MKD 给出的相关报警信息是否相符。

⑧检查设备自身记录的最后 10 次不工作的记录,了解设备的工作及使用状况。

⑨若条件具备,联络 AIS 基站向本船发送询问信息,确认设备做出正确应答。

(2)航次/月检验

检验年度检验项目中的③、④、⑤、⑥项。

二、AIS 设备维护

1. AIS 设备维护保养要点

(1)了解并标识设备双路电源的控制开关位置。

(2)定期检查 AIS 的主备用电源是否能正常使用和转换。

(3)定期检查天线电缆连接及转换接头的固定和水密情况。

(4)熟悉天线及电缆转换接头的更换方法。

(5)检查引水员接口和巴拿马运河特别要求的安装符合美国 NEMA 5-15R 标准的 AC 120 V 三相电源插座,此插座需与应急电源相连接。

2. AIS 设备维护保养步骤

按照以下步骤完成 AIS 设备的维护保养,填写表 4-8 AIS 维护保养日志。

表 4-8　AIS 维护保养日志

保养间隔	检查点	检查和测量	备注

(1)接头:检查雷达应答器单元和监控器单元后面板上的所有接头连接是否紧固。

(2)电缆:检查电缆是否损坏,如有损坏,应更换。

(3)接地端子:检查监控器单元和雷达应答器单元上的接地端子是否生锈,如有需要,应进行清洁。

(4)地线:确认监控器单元和雷达应答器单元上的地线是否紧固。

(5)监控器单元与雷达应答器单元:单元上的灰尘应该用一块柔软的干布清除。LCD

应用绵纸和应答器单元 LCD 清洁剂小心擦拭,以防刮伤。要清除泥土或盐层,使用 LCD 清洁剂,用绵纸慢慢擦拭,来溶解泥土或盐分。为避免盐或泥土刮伤 LCD,应经常更换绵纸。切勿使用溶剂清洁单元,如丙酮或苯,以免损坏涂层与标记或损坏设备。

任务5　船舶自动识别系统设备的故障排查

如表4-9所示,列出了 AIS 设备常见的故障症状及纠正方法。

表4-9　AIS 设备故障排除表

症状	修复
电源无法通电	● 检查电源接头是否松脱 ● 检查电源
无法发送或接收消息	● 检查 VHF 天线电缆是否松脱 ● 检查 VHF 天线是否受损 ● 对于 TX 消息,尝试不同的 TX 频道 (操作顺序:MENU、MSG、CREATE MSG、SET MSG TYPE、CHANNEL)
可以发送消息,但发送对象错误	● 发送消息前,在 SETMSGTYPE 子菜单上,检查 ADRS TYPE 是否已选为 ADRS-CAST, MMSI 是否正确 (操作顺序:MENU、MSG、CREATE MSG、SETMSG TYPE、ADRS TYPE 和 MMSI)
无位置数据	● 检查 GPS 天线是否受损 ● 检查 GPS 天线电缆及其接头是否松脱

一、查看警报状态

警报状态日志显示最近25次触发警报的日期和时间。我们可以通过警报来查看故障,具体操作步骤如下:

(1)在标绘仪显示屏上,连续按4次 DISP 键显示 ALARM STATUS 显示屏,如图4-15所示。

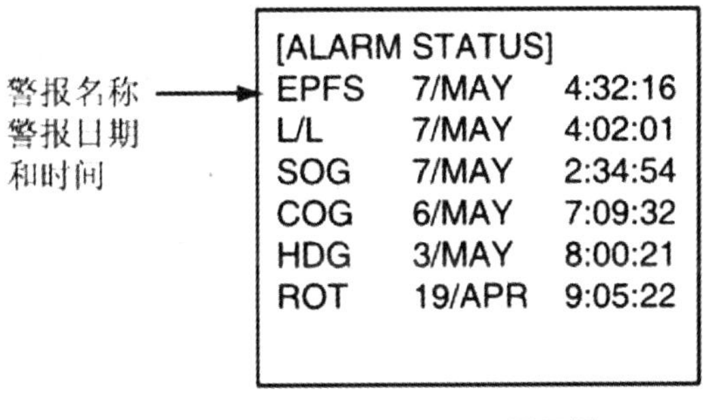

```
[ALARM STATUS]
EPFS   7/MAY    4:32:16
L/L    7/MAY    4:02:01
SOG    7/MAY    2:34:54
COG    6/MAY    7:09:32
HDG    3/MAY    8:00:21
ROT    19/APR   9:05:22
```

警报名称 ——→
警报日期
和时间

图4-15　ALARM STATUS 显示屏

（2）按▼或▲键滚动日志。

表 4-10   警报状态及其含义

警报状态指示	含义
TX	TX 故障
ANT	天线 VSWR 故障,可继续操作
CH1	TDMARXI 板故障,TX 在相应的 TX 频道上停止
CH2	TDMA RX2 板故障,TX 在相应的 TX 频道上停止
CH70	DSC RX 板故障,发射在 CH70 上停止
COG	无效 COG 数据
EPFS	没有来自外部导航员的数据,可继续操作
FAIL	一般系统故障
HDG	无效/不存在 HDG 数据
L/L	无 LL 数据
MKD	最小输入设备故障
ROT	无效 ROT 数据
SOG	无效 SOG 数据

二、AIS 船载设备自检

在 AIS 设备故障排查时,通常会通过诊断测试来判断各模块的运行状态。下面以 FURUNO FA-150 型 AIS 为例,说明通过诊断测试来检查监控器单元和雷达应答器单元是否能正常工作。按照以下步骤完成诊断测试。

1. 监控器单元测试

监控器单元测试可以显示程序编号,并检查 ROM、RAM、LCD 和控制按钮,操作方法如下:

（1）按 MENU 键打开主菜单。

（2）使用 Cursor Pad 选择 DIAGNOSTICS（诊断）,然后按 ENT 键。

（3）使用 Cursor Pad 选择 MONITOR TEST（监控器测试）,然后按 ENT 键。测试程序自动执行以下步骤,如图 4-16 所示。

①监控器测试程序步骤的第一个屏幕显示程序编号。

②显示程序编号后,会反白显示消息"PUSH KEY"。逐一按 Cursor Pad 上的每个按键和箭头。如控制按钮功能正常,按下的按键或箭头名称会出现在"KEY"旁边。

③按键测试完成后,检查 ROM、RAM 和 I/O 端口（需要专用测试接头,否则会出现"--"）。ROM 和 RAM 检查结果显示为 OK（正常）或 NG（不正常）。

④检查完项目后,对比度会自动更改,检查对比度是否更改。

⑤检查 LCD,所有 LCD 段打开 2 s 再关闭 3 s,屏幕变黑,然后再变白。

⑥重新执行测试。

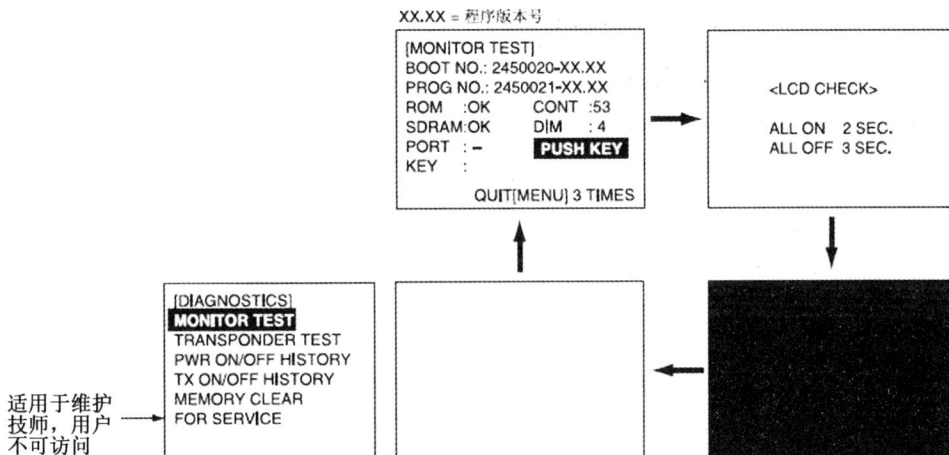

图 4-16 监视器测试界面

(4)要退出测试,反白显示 PUSH KEY 时,连续按 3 次 MENU 键。

2. 雷达应答器测试

雷达应答器测试由两个测试部分组成:存储器测试和内部 GPS 接收器测试。

(1)存储器测试

此测试可检查存储器是否正常工作,程序编码如下所示:

①按 MENU 键打开主菜单。

②使用 Cursor Pad 选择 DIAGNOSTICS,然后按 ENT 键。

③使用 Cursor Pad 选择 TRANSPONDER TEST(雷达应答器测试),然后按 ENT 键。

④使用 Cursor Pad 选择 MEMORY TEST(存储器测试),然后按 ENT 键。显示程序编号,检查 ROM 和 RAM。ROM 和 RAM 检查结果显示为 OK 或 NG,如图 4-17 所示。如果结果为 NG,咨询经销商。

⑤按 MENU 键返回 DIAGNOSTICS 子菜单。

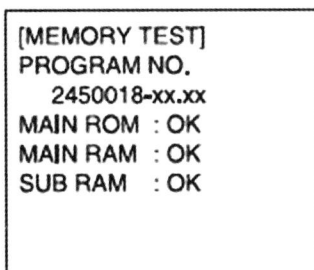

图 4-17 MEMORY TEST 显示

(2)内部 GPS 接收器测试

此测试可检查内部 GPS 接收器是否正常工作,测试步骤如下所示:

①按 MENU 键打开主菜单。

②使用 Cursor Pad 选择 DIAGNOSTICS,然后按 ENT 键。

③使用 Cursor Pad 选择 TRANSPONDER TEST,然后按 ENT 键。

④使用 Cursor Pad 选择 GPS TEST,然后按 ENT 键开始测试。程序编码和测试结果显示如图 4-18 所示。

OK:正常;

NG:不正常,NG 连同其原因一起出现;

DATA BACKUP ERR(数据备份错误):数据备份问题;

GPS COMMUNICATION ERROR(GPS 通信错误):内部 GPS 接收器错误;

PA RAMETER BACKUP ERR(参数备份错误):参数备份问题;

ROM ERROR:ROM 错误;

RAM ERROR:RAM 错误;

ANTENNA ERROR:天线错误。

⑤按 MENU 键返回 DIAGNOSTICS 子菜单。

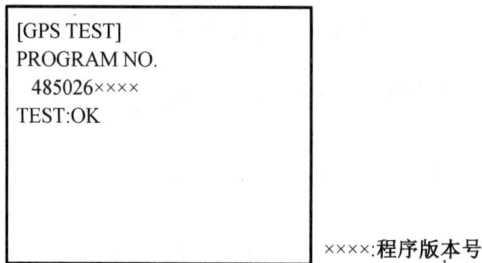

```
[GPS TEST]
PROGRAM NO.
 485026××××
TEST:OK
```

××××:程序版本号

图 4-18　GPS 测试显示屏

三、常见故障排查

**AIS 船载设备
故障案例**

1. TDMA RX 故障探测(频率错误)

接收器板上的 PLL 芯片为合成器发出锁定或非锁定信号。

MPU 监视并设置反映 ALR 语句数据的状态标记。

ID003 用于 RX1, ID004 用于 RX2。

2. DSCRX 故障探测(一般错误)

当 DSC MPU 无法接收来自 DSC 放大器数据的格式说明符时,将出现 DSC 错误(ID=005),除非 RSSI 存在时间超过 90 s。

3. 黑屏故障

如果出现黑屏现象,整机失电,首先考虑更换保险丝与重置断路器(BREAKER)。按照以下步骤进行故障排查。

(1)更换保险丝

监控器单元的电源电缆包含一条 3A 保险丝,保险丝型号如表 4-11 所示。更换保险丝防止设备过压、反极性和设备故障。

表 4-11　保险丝型号

备件	型号	编号
保险丝	FGBO-A 3A AC125V	000-549-063

注意:使用合适的保险丝,使用错误的保险丝可能会导致火灾或损坏设备。

如果电源无法打开,请检查保险丝是否断开。如果保险丝烧断,更换前请找出原因。如果更换后保险丝再次烧断,请与相关经销商联系。

（2）重新设置BREAKER

如果电源无法打开,可能是启动了雷达应答器单元后面板上的BREAKER按钮,如图4-19所示。

探测到过压、反极性和设备故障时,会弹出BREAKER按钮,防止系统受损。如果弹出按钮,按下按钮前应先找出原因,以恢复正常操作。

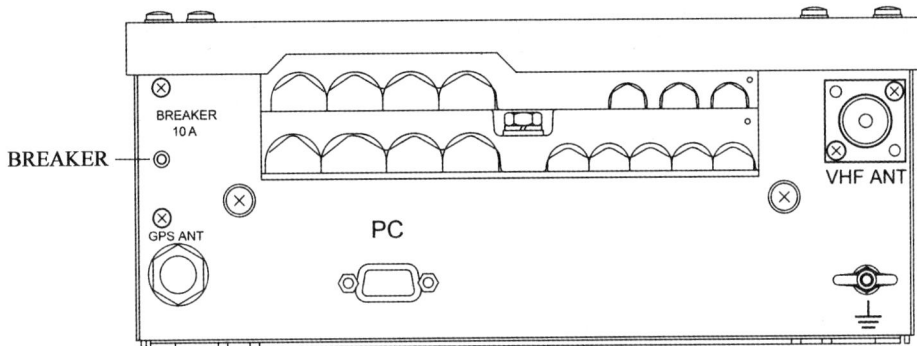

图4-19　BREAKER按钮

★**思政小课堂:**

严守法律底线　恪守海上规则

2019年2月20日,我国长江口深水航道上演了一场惊心动魄的"雷霆追击"。一艘外籍船舶在未经许可的情况下擅自进入我国内水,关闭了AIS。

吴淞海事局立即指派"海巡103"轮和"海巡012"轮上、下游拦截,同时协调海警、边检等相关单位进行联合执法。经过长达6h的追击,该轮最终在晚上8:30左右被押至横沙西锚地接受检查,并对该船人员的违法行为做出相应处罚。

吴淞海事6h长江追击"幽灵船"

前沿知识

AIS习题

项目 5　船用陀螺罗经的操作与维护

【项目描述】

船用陀螺罗经能够指示船舶的航向,是船舶重要的导航设备。许多现代航海仪器设备如自动舵、船舶导航雷达等都需要输入陀螺罗经的航向信息。本项目以船用陀螺罗经真机设备为教学基础开展教学,通过本项目的实践认知,学生能够在今后的工作岗位上自主地完成陀螺罗经的维护保养,并对一些常见故障能够进行故障原因判断及简单维修。

【学习目标】

知识要求:

- 能理解陀螺罗经的指北原理;
- 能识记陀螺罗经的主罗经结构;
- 能描述陀螺罗经电路系统结构;
- 能描述陀螺罗经误差及消除方法。

技能要求:

- 能正确使用操作陀螺罗经;
- 能对陀螺罗经进行罗经的清理换液等日常维护保养;
- 能进行罗经的电路分析和电流测量,并据此进行故障判断及工况分析。

素质要求:

- 培养学生的实际操作能力与解决实际问题能力;
- 传承中华文明,坚定文化自信。

任务 1　船用陀螺罗经的认知

一、指北原理

(一)陀螺罗经指北原理

陀螺罗经是船舶上指示方向的航海仪器。陀螺罗经的基本原理是把陀螺仪的特性和地球自转运动联系起来,自动地找北和指北。描述陀螺罗经指北原理所涉及的内容可用式(5-1)表示:

$$陀螺罗经=陀螺仪+地球自转+控制设备+阻尼设备 \tag{5-1}$$

（二）陀螺仪及其特性

1. 陀螺仪的定义与结构

凡是能绕回转体的对称轴高速旋转的刚体都可称为陀螺。所谓回转体是指物体相对于对称轴的质量分布有一定的规律，即是对称的。常见的陀螺是一个高速旋转的转子。回转体的对称轴叫作陀螺转子主轴，或称极轴。转子绕这个轴的旋转称为陀螺转子的自转。陀螺转子主轴相当于一个指示方向的指针，如果这个指针能够稳定地指示真北，该陀螺仪就称为陀螺罗经。

如图 5-1 所示，一个陀螺用一个内环（当其水平放置时，也可称水平环）支承起来，在自转轴（主轴）水平面内，与主轴相垂直的方向上，用水平轴将内环支承在外环（垂直环）上，而外环则用与水平轴垂直的垂直轴支承在固定环及基座上。把高速旋转的陀螺安装在这样一个悬挂装置上，使陀螺主轴在空间上具有一个或两个转动自由度，就构成了陀螺仪。可以看出，高速旋转的转子及其支承系统是构成陀螺仪的两个要素。

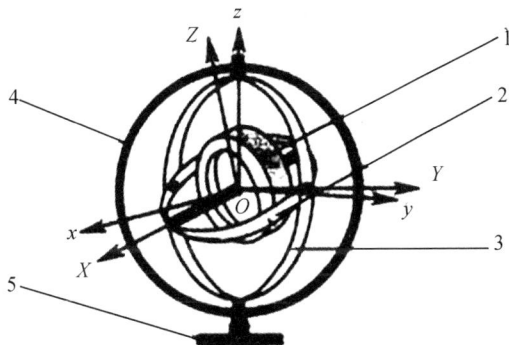

1—转子；2—内环；3—外环；4—固定环；5—基座。

图 5-1　陀螺仪结构

实用罗经中，陀螺仪转子的转速都是每分钟几千转到每分钟几万转。陀螺仪的支承系统应具有这样的特点，即它应保证主轴在方位上指示任何方向，在高度上指示任何高度，总之，能指空间任何方向。由此，我们可以将陀螺仪概述为陀螺转子借助悬挂装置可使其主轴指向空间任意方向，这种仪器就叫陀螺仪。

实用陀螺仪的转子、内环及外环等相对于主轴、水平轴以及垂直轴无论在几何形体上还是在质量上都是对称的。重心与几何中心相重合的陀螺仪称为平衡陀螺仪。不受任何外力矩作用的陀螺仪称为自由陀螺仪。工程上应用的都是自由陀螺仪。陀螺仪的转子能绕一个轴旋转，它就具备了一个旋转自由，也就是具有一个自由度。如图 5-1 所示的陀螺仪，具有三个自由度，一是转子绕 OX 轴作自转运动，一是转子连同内环绕 OY 轴（水平轴）转动，一是转子连同内环和外环绕 OZ 轴（垂直轴）转动。这种结构使转子主轴可指空间任意方向。三轴交点 O 为陀螺仪的中心点，陀螺仪的重心位于 O 点。所以此陀螺仪具有三个自由度，称为三自由度陀螺仪。

应当明确地指出，把陀螺仪定义为陀螺及其悬挂装置的总体虽是经典的定义，但是有局限性。科学技术表明，有许多物理现象可以用来保持给定的方位，并能够测量载体的转动，即能产生陀螺效应。这就是说产生陀螺效应不一定要有高速旋转的刚体。因此，广义地说,凡能产生陀螺效应的装置都可称为陀螺仪。

2.陀螺仪的特性

陀螺仪能制成指向仪器——陀螺罗经,是因为陀螺仪有着自己独特的动力学特性,即定轴性(gyroscopic inertia)和进动性(gyroscopic precession)。

(1)陀螺仪的定轴性

表明陀螺仪性能的主要物理参数是主轴动量矩 H,这个参数说明了转子高速旋转运动的强弱状态与方向。若设图 5-1 所示的陀螺仪主轴动量矩为 H,即 OX 轴正向水平指向空间某一方向,现将基座倾斜,则出现的现象如图 5-2 所示:H(即 OX 轴正向)仍指原来方向没变;如将基座旋转,也可看到同样的结果,H(即 OX 轴正向)仍然水平地指向原来的方向,没发生任何变化。这说明,当一个自由陀螺仪不受任何外力矩作用时,它的主轴将保持其空间初始指向不变,这种特性称作陀螺仪的定轴性。

(2)陀螺仪的进动性。

若图 5-1 所示的陀螺仪的转子不转,这就是一般的刚体系统了。在自转轴上,若 OX 轴正端作用一个力 F,如图 5-3 所示,(F 为清楚展示转子位置的变化,图中未画出支架系统),根据右手法则,如图 5-4 所示,F 产生的力矩应作用于 OY 轴正向,以 M_Y 表示。可以看到,转子在 F 的作用下,将绕 OY 轴转动,转动角速度为 ω_Y,与 M_Y 同向,如图 5-5 所示。这说明转子是沿着外力方向转动的,不是进动。

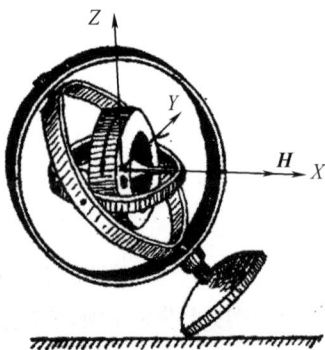

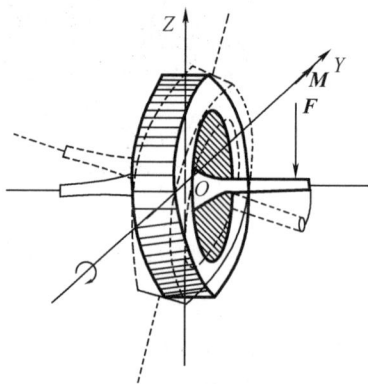

图 5-2　陀螺仪定轴性　　　　　图 5-3　对陀螺转子施加力 F　　　　　陀螺仪及其特性

使上述系统转子高速旋转,则成为真正陀螺仪。当陀螺仪受外力矩 M_Y 作用时,转子动量矩 H 矢量端点(矢端)将绕着 OZ 轴转动,转动方向符合这一规律:H 矢端指向 M_Y 矢量方向,不是沿着 270°角方向,而是沿着 90°角方向向 M_Y 转动,我们称这是以捷径向外矩 M_Y 转动,如图 5-4 所示。这种运动称为进动,这就是陀螺仪的进动性。

应当明确,陀螺仪不受外力矩作用时,相对宇宙空间是定轴的;受外力矩作用时,却不是定轴的,而产生了进动,这个运动显然也是相对宇宙空间的,不是相对其他的任意系统。对于陀螺仪的进动性有两个要点:一是受外力矩作用;二是属于相对空间运动的运动方向。

对于陀螺仪的两点特性可做如下概括。

定轴性:在不受外力矩作用时,自由陀螺仪主轴保持它的空间的初始方向不变。

进动性:在外力矩作用下,陀螺仪主轴的动量矩 H 矢端以捷径趋向外力矩 M 矢端,做进动运动或旋进运动,可记为 $H \to M$。

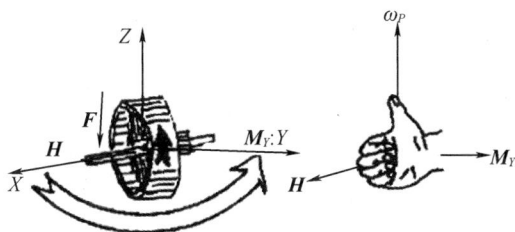

图 5-4 右手法则

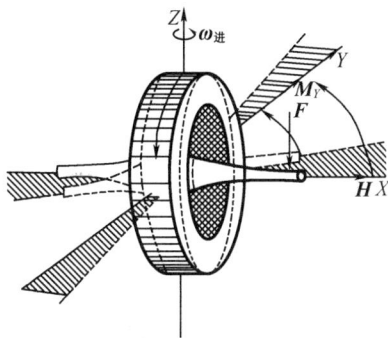

图 5-5 陀螺仪进动性

陀螺仪的定轴性和进动性是可以互相转化的,其转化条件就看有无外力矩的作用。无外力矩作用时,陀螺仪主轴相对于空间保持定轴;有外力矩作用时,陀螺仪主轴相对于空间做进动运动。在陀螺罗经中,当需要应用陀螺仪的定轴性时,则应尽一切努力设法减少有害力矩的影响;当需要应用陀螺仪按一定规律运动时,则应对它施加相应的外力矩。

(三) 自由陀螺仪在地球上的视运动

既然陀螺仪有定轴性,我们将它放到地球上,只要把转子主轴 OX 对准地球的真北,那么主轴 OX 不就保持其方向不变而一直指此真北了吗?构成陀螺罗经不是很简单吗?

实际上,在地球上的陀螺仪,它的基座随着地球一起转动,虽然它的主轴 OX 在空间所指的方向不变,但是相对地球而言是改变方向的。图 5-6 所示是地球的北半球,若将自由陀螺仪放在 A 点,使其主轴位于子午面内并指恒星 S 方向,由于地球自西向东转,经过一段时间后,它转到 B 点,因陀螺仪的定轴性,陀螺仪主轴仍将指恒星 S 方向,但相对子午面来说,主轴指北端已向东偏过了 α 角。再如图 5-7 所示,在赤道处,将陀螺仪主轴 OX 水平东西向放置于 A 点,随着地球自转,它将转到点 B、C、D…,同样由于它有定轴性,无论转到哪里,主轴都将永远保持空间原来的指向不变,但是它相对地平面来说,却在不断地变化方向,如 a 端开始时是指东,因地球自转不断抬高,6 h 后,a 端就指天顶,再过 6 h,a 端就指西了……这说明主轴相对地球不但有方位上的变化,而且也还有高度上的变化。人们在地球上看不到地球的自转,但却能看到陀螺仪主轴的这种运动,称为陀螺仪的视运动,地球自转才是真运动。人们生活中所看到旭日东升、夕阳西下,实际上是太阳视运动,也是这个道理。从图 5-7 的图例中,不难看出陀螺仪的视运动速度与地球真运动速度大小相等,方向相反。为了使陀螺仪主轴能稳定指北,应先找出陀螺仪视运动的规律,然后再采取相应措施。

1. 地球自转角速度的水平分量和垂直分量

地球自转角速度分量如图 5-8 所示。在北纬任意纬度处,如图 5-9 所示,可以将地球自转角速度分解到 ON 轴和 OZ_0 轴上,得到两个分量 ω_1 和 ω_2,在 ON 轴上的 ω_1 称为水平分量,在 OZ_0 轴上的 ω_2 称为垂直分量。显然,在北纬应为

$$\begin{cases} \boldsymbol{\omega}_1 = \boldsymbol{\omega}_e \cos \varphi \\ \boldsymbol{\omega}_2 = \boldsymbol{\omega}_e \sin \varphi \end{cases} \tag{5-2}$$

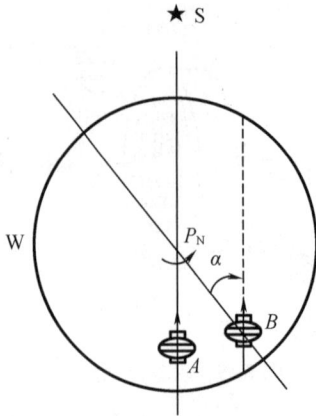

图 5-6　主轴在方位上的变化

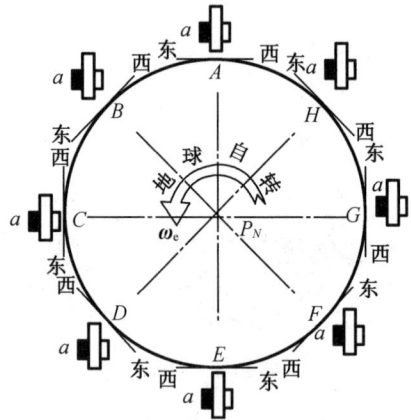

图 5-7　主轴在高度上的变化

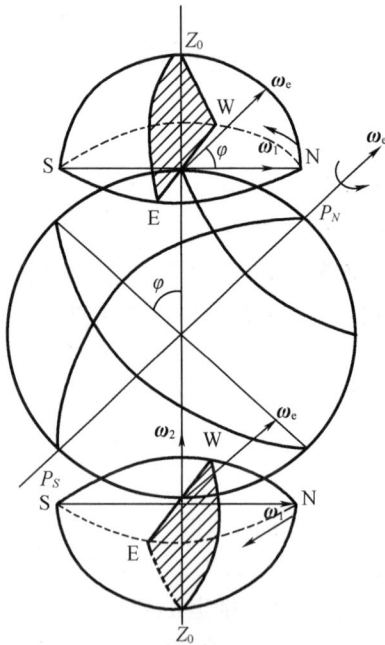

图 5-8　地球自转角速度分量

陀螺仪的视运动

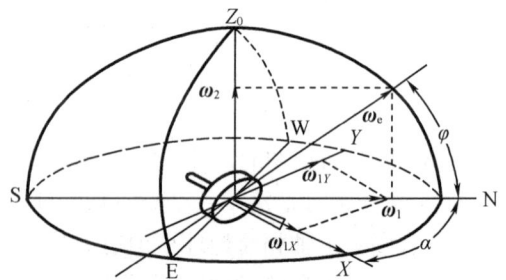

图 5-9　陀螺仪视运动

而在南纬应为

$$\begin{cases} \omega_1 = \omega_e \cos \varphi \\ \omega_2 = -\omega_e \sin \varphi \end{cases} \quad (5-3)$$

因为在南纬时分解得到的 ω_2 的矢量指向地心,即指 OZ_0 轴的负半轴,所以 ω_2 为负值。

2.陀螺仪的视运动规律

陀螺仪的视运动规律为陀螺仪主轴指北端相对子午面,北纬东偏、南纬西偏,即"北东南西",偏转速度大小为 ω_2;陀螺仪主轴指北端相对水平面是偏东上升、偏西下降,即"东升西降",升降角速度大小为 $\omega_1 \alpha$。

(四)变自由陀螺仪为陀螺罗经的方法

角速度 $\omega_1 \alpha = \omega_e \cos \varphi \cdot \alpha$,它将引起自由陀螺仪主轴指北端相对于水平面的升降视运动,其线速度以 V_1 表示。这种影响在不为 90° 的任意纬度上仅当 $\alpha \neq 0$ 时才起作用。若使 $\alpha = 0$,即使自由陀螺仪主轴指北时,$\omega_1\alpha$ 也将不产生影响。角速度 $\omega_2 = \omega_e \sin \varphi$,将引起自由陀螺仪主轴指北端相对于子午面的北纬东偏、南纬西偏的视运动,其线速度以 V_2 表示。该影响仅当 $\varphi = 0$ 时才不起作用。对航海言之,因船舶不可能只航行于赤道而不航行到其他纬度的航区,故对自由陀螺仪主轴相对于子午面的视运动影响是经常存在的。

当子午面以地球自转角速度的垂直分量 ω_2 速度不断偏转,陀螺仪主轴不能稳定指北,使陀螺主轴指北端产生方位上的视运动,在北纬,它使主轴指北端向东偏离子午面;在南纬,它使主轴向西偏离子午面。因此 ω_2 是影响自由陀螺仪不能指北的主要矛盾。

要想使陀螺仪稳定指北,必须要克服 ω_2 的影响。如图 5-10 所示,如在北纬应设法使陀螺仪主轴指北端,并以 ω_2 的速度向西偏转,跟随上子午面北半平面的向西偏转,则主轴相对子午面而言稳定在子午面内陆,也就是说这时的陀螺仪,其主轴指示地理南北方向,成为陀螺罗经了。为使陀螺仪主轴指北端向西与子午面北半平面同步偏转,自然应想到利用陀螺仪的进动特性,对陀螺仪施加一个力,产生一个力矩 M_Y,控制陀螺仪绕 OZ 轴进动,并满足式(5-4):

$$\omega_{PZ} = \frac{M_Y}{H} = \omega_2 \qquad\qquad (5-4)$$

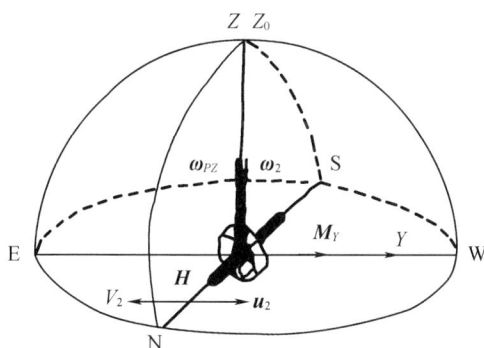

图 5-10　控制力矩克服 ω_2 的影响

变自由陀螺仪为陀螺罗经

使陀螺仪主轴稳定指北,这就是陀螺罗经指北的基本原理。在水平轴 OY 上施加的力矩 M_Y,称为控制力矩。对于控制力矩 M_Y 应有如下要求:首先它应是自动产生,根据进动的需要,大小和方向都要合适;其次,因 $\omega_2 = \omega_e \sin \varphi$ 是随纬度变化的,所以 M_Y 也应能随纬度变化,自动地进行调整,使式(5-4)始终得到满足。应用陀螺仪的视运动规律,完全可以做到上述要求。

综上所述,为克服地球自转角速度的垂直分量 ω_2 对陀螺罗经的影响,陀螺仪必须设置专门的控制设备用以产生控制力矩 M_Y。目前使用的航海罗经一般都是直接由地球重力作用获得控制力矩的,故把这种力矩称为重力控制力矩。当然有些陀螺罗经的控制力矩不是直接由地球重力作用获得的,而是利用专门电磁元件产生控制力矩,这种罗经称为电磁控制式罗经。其主要型号有英国和美国共同生产的阿玛-勃朗型,以及我国生产的 CLP 型和 DH 型。由于这些罗经采用不同结构的找北装置,因此形成了各种不同的罗经系列。

在实践中,通常有两种方法直接获得重力控制力矩,变自由陀螺仪为航海陀螺罗经。

第一种方法是重心下移法,该方法是将陀螺仪的重心沿垂直轴下移,使重心不与支架

点 O 重合。根据这种方法制成的罗经称为下重式罗经,属于这一系列的陀螺罗经主要有德国生产的安许茨型和泼拉特型、我国生产的航海 I 型等。安许茨型罗经的灵敏元件(sensitive element)包含两个陀螺仪的密封球体,此球体称为陀螺球,故这类罗经通常又称为双转子下重式陀螺罗经。

第二种方法是水银器法或称液体连通器法,该方法是在平衡陀螺仪上挂上盛有水银的液体连通器,液体连通器中注入适量的高比重液体(如水银或其他化学溶剂),构成液体连通器式罗经。属于这一系列的罗经主要有美国生产的斯伯利型和日本生产的斯伯利型、ES型等。用这种方法产生控制力矩的这一类罗经一般称为水银器罗经(mercury ballistic gyrocompass)或液体连通器罗经(liquid ballistic gyrocompass)。由于斯伯利系列陀螺罗经大多数由一个陀螺仪构成,故这种罗经也常被称为单转子液体连通器式罗经。

上述两类罗经实际上都是利用重力摆效应获得控制力矩的,前一种为正摆效应,后一种为负摆效应,因此合称为摆式罗经。

1. 下重式罗经的控制力矩

采用重心下移法的罗经是将一个陀螺仪密封固定在一个陀螺球内,即陀螺球为罗经的灵敏部分。制造时,使陀螺球的重心 G 低于其几何中心 O 约 8 mm,如图 5-11 所示。在实际中,陀螺球被悬浮在支承液体中,并能在支承液体中自由地转动。陀螺仪的动量矩 H 沿 OX 轴(主轴)指正向,即指北。

下重式罗经
指北原理

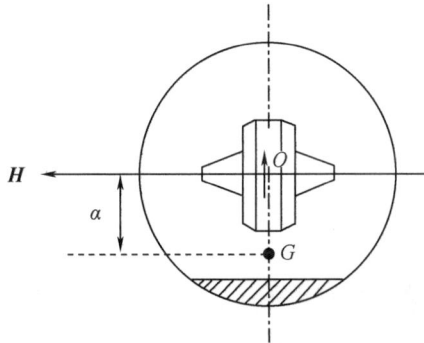

图 5-11　下重式罗经

无论下重式罗经的陀螺球主轴指北 OX 偏在子午面的哪一边,由于视运动而使罗经主轴指北端偏离水平面后所产生的重力控制力矩 M_Y 均能使陀螺球主轴指北端向子午面北端靠拢,因此下重式陀螺球具有自动找北的性能。

2. 液体连通器罗经的控制力矩

液体连通器罗经是在平衡陀螺仪主轴南北两侧挂上由两容器及连通管组成的液体连通器,容器内注有一定数量的液体(硅油)。液体连通器与陀螺转子外壳的连接点在 OZ 轴上。陀螺仪动量矩 H 沿 OX 轴(主轴)指负向,即指南。

液体连通器式
罗经指北原理

无论液体连通器式罗经的陀螺球主轴指北 OX 偏在子午面的哪一边,由于视运动而使罗经主轴指北端偏离水平面后所产生的油液差导致的重力控制力矩 $-M_Y$ 均能使陀螺球主轴指北端向子午面南端靠拢。因此液体连通器式陀螺球具有自动找南的性能。主轴的另一端(OX 反向)具有寻找北极的性能。

与下重式罗经比较,在高度角符号相同时,液体连通器产生的重力控制力矩与下重式陀螺球产生的重力控制力矩指向刚好相反,而二者的动量矩 H 指向正好相反,所以两者陀螺仪主轴指北端(OX 轴正向)进动的规律相同。液体连通器罗经又可称为上重罗经。

设 u_2 为控制力矩 M_Y 引起的主轴指北端运动线速度,则

$$u_2 = H \cdot \omega_{PZ} = H \cdot \left(-\frac{M\theta}{H}\right) = -M\theta \tag{5-5}$$

上式表明,u_2 的大小与主轴偏离水平面的高度角 θ 成正比。u_2 的变化规律如图 5-12 所示。

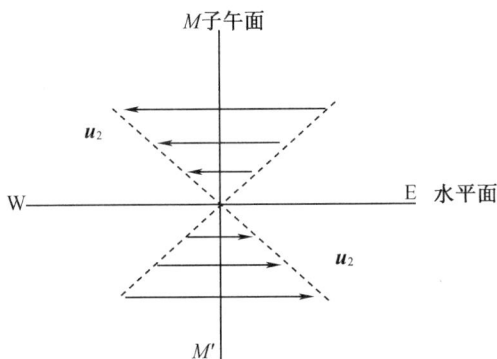

图 5-12　控制力矩产生进动线速度

施加控制力矩后的
主轴摆动轨迹分析

(五)摆式罗经等幅摆动和减幅摆动

1.摆式罗经等幅摆动

综上所述,位于北纬 φ_N 处仅有控制力矩作用的摆式罗经,在 ω_1、ω_2、重力控制力矩 M_Y 共同作用下,罗经主轴指北端将围绕真北方向做等幅摆动,主轴的摆动轨迹为一椭圆形,如图 5-13 所示。主轴指北端做椭圆摆动一周所需的时间称为等幅摆动周期(或称椭圆运动周期、无阻尼周期),其大小为

$$T_0 = 2\pi \sqrt{\frac{H}{M\omega_e \cos\varphi}} = 2\pi \sqrt{\frac{H}{M\omega_1}} \tag{5-6}$$

可见,等幅摆动周期 T_0 与罗经结构参数 H、M 及船舶所在地理纬度 φ 有关,而与主轴起始位置 α 无关,当罗经结构参数 H、M 确定后,T_0 随纬度增高而增大。

为了消除摆式罗经的第一类冲击误差,在罗经设计纬度 φ_0 上必须使 $T_0 = 84.4$ min,此时的 T_0 称为舒拉周期。

2.摆式罗经减幅摆动

由于仅有控制力矩作用的摆式罗经能够自动找北,但不能稳定地指北,因此还不是真正的陀螺罗经。欲使摆式罗经主轴能自动地返地找北且稳定指北,必须变等幅摆动为减幅摆动,当摆动的幅值为零时,主轴稳定地指北,如图 5-14 所示。在陀螺罗经中,对陀螺仪施加阻尼力矩,使主轴的方位角 α 和高度角 θ 按减幅摆动规律变化,便能自动抵达其应有的稳定位置。根据这一原理,对陀螺罗经的自由振荡可有两种阻尼方法。一种叫垂直阻尼法,即压缩椭圆短轴的方法,这时阻尼力矩应施加于陀螺仪的垂直轴上;另一种叫水平阻尼法,

即压缩椭圆长轴的方法,这时阻尼力矩应施加于陀螺仪的水平轴上。

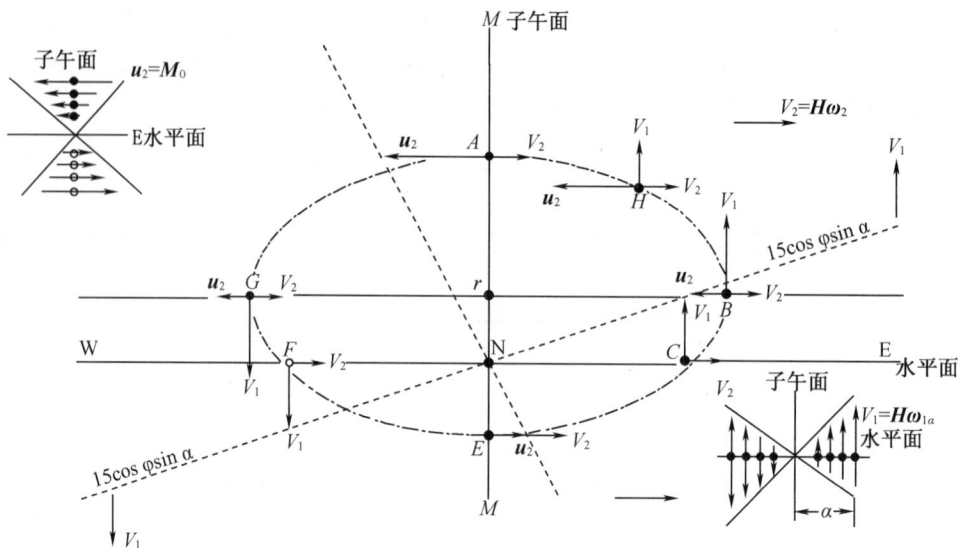

图 5-13　主轴等幅摆动运动轨迹

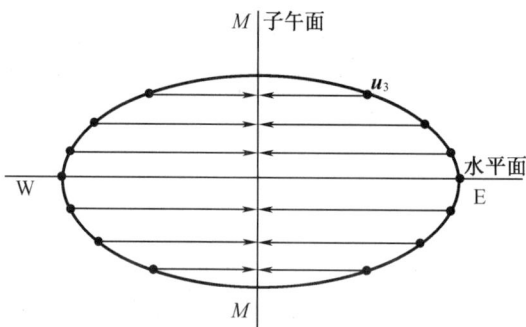

图 5-14　水平轴阻尼线速度指向子午面

罗经等幅摆动与减幅摆动

水平轴阻尼法和垂直轴阻尼法原理

（1）水平轴阻尼法（damping in azimuth 或 damping towards the meridian）

定义:由阻尼设备产生的阻尼力矩作用于罗经的水平轴 OY 上以实现阻尼的方法,称为水平轴阻尼法。如图 5-15 所示,显然,在施加于水平轴上的阻尼力矩的作用下,罗经主轴北端 OX 产生绕垂直轴 OZ 的阻尼运动。主轴指北端做阻尼运动的线速度用 u_3 表示。

正由于水平轴阻尼法的阻尼力矩相对于陀螺仪的水平轴 OY 的作用,阻尼运动线速度 u_3 表现为缩短椭圆的长半轴,与此同时相应的按比例缩短椭圆的短半轴,因此水平轴阻尼法又称为长轴阻尼法。下重式罗经均采用水平轴阻尼法。

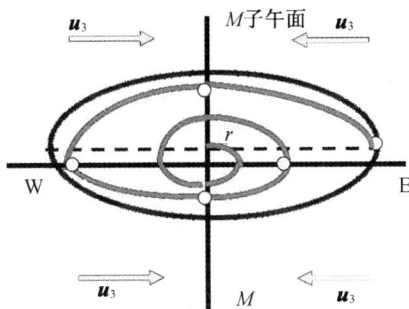

图 5-15　水平轴阻尼法的减幅摆动

施加水平轴阻尼力矩后,陀螺球主轴的新稳定位置为

$$\begin{cases} \alpha_r = 0 \\ \theta_r = -\dfrac{H\omega_2}{M-C} \end{cases} \tag{5-7}$$

(2)垂直轴阻尼法(damping in tilt)

定义:由阻尼设备产生的阻尼力矩作用于罗经的垂直轴 OZ 上以实现阻尼的方法,称为垂直轴阻尼法。显然,在施加于垂直轴上的阻尼力矩的作用下,将使罗经主轴北端 OX 产生绕水平轴 OY 的阻尼运动。主轴指北端做阻尼运动的线速度用 u_3 表示。

正由于垂直轴阻尼法的阻尼力矩相对于陀螺仪的 OZ 轴作用,阻尼运动线速度 u_3 表现为缩短椭圆的短半轴,与此同时,相应地按比例缩短椭圆的长半轴,因此垂直轴阻尼法又称为短轴阻尼法。液体连通器式罗经和电磁控制式罗经均采用垂直轴阻尼法。

施加垂直轴阻尼力矩后,陀螺球主轴的新稳定位置为

$$\begin{cases} \alpha_r = -\dfrac{M_D}{M}\tan\varphi \\ \theta_r = -\dfrac{H\omega_2}{M} \end{cases} \tag{5-8}$$

从上式可见,在北纬,陀螺仪主轴稳定时,主轴既不水平又不指北,而是偏东抬高一个角度。对于给定的罗经来说,M_D/M 是常数,稳定位置偏离子午面的角度大小只取决于罗经所在的纬度,故称之为罗经的纬度误差。

(3)阻尼运动及参数

①阻尼运动曲线

加上阻尼力矩后,陀螺仪主轴一旦偏离稳定位置,将围绕稳定位置做减幅摆动,主轴指北端描绘的轨迹是一个逆时针螺旋线。陀螺仪主轴在方位上的运动规律可以画成如图 5-16 所示的曲线。该曲线称为罗经主轴在方位上的阻尼摆动曲线,即 $\alpha \rightarrow t$ 关系曲线,它可由航向记录器记录下来,或者由驾驶员直接按时间记录方位角变化的数值后绘制而成。

a.下重式罗经阻尼摆动曲线由两部分组成,第一部分为非周期指数衰减曲线,约80 min 后达到初始值的1%,如图 5-16 的虚线部分所示;第二部分为周期性幅值衰减曲线,经4 h 后达到初始值的1%。

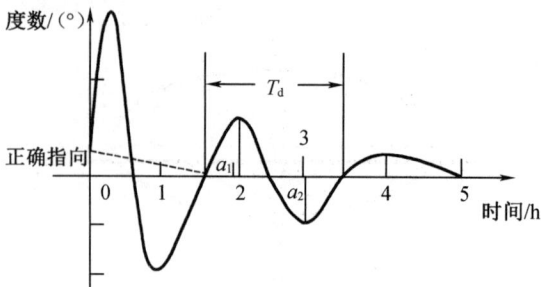

图 5-16　阻尼运动曲线

b. 液体连通器式罗经的摆动曲线幅度按指数规律衰减的周期性减幅摆动曲线。

②阻尼因数

阻尼因数 f 又称为衰减因数，它表示主轴在方位角上减幅摆动过程的快慢程度。若用 $\alpha_1, \alpha_2, \alpha_3, \cdots, \alpha_{n+1}$ 表示罗经在做减幅摆动时，主轴偏离子午面之西和相继偏东的依次最大方位角，则罗经的阻尼因数 f 可表示为

$$f = \frac{\alpha_1}{\alpha_2} = \frac{\alpha_3}{\alpha_4} = \cdots = \frac{\alpha_n}{\alpha_{n+1}} \tag{5-9}$$

通常阻尼因数 f 值为 2.5 ~ 4，一般取 3。

③阻尼周期

阻尼周期 T_d 表示罗经做减幅摆动时，主轴做阻尼摆动一周所需的时间。它与罗经的结构参数 H、M 和船舶所在纬度有关。在纬度一定时，阻尼周期 T_d 大于无阻尼周期 T。

④罗经稳定时间

从航海的角度来看，罗经稳定时间是指自罗经起动主轴经减幅摆动到其指向精度满足航海精度（±1°）要求所需的时间。稳定时间的长短不仅取决于罗经的结构参数和所在地的纬度，还与起动时罗经指北端的初始位置（方位角和高度角）有关。经分析可知，通常罗经稳定时间约为 4 h，所以船舶驾驶员一般在开航前 4 h 启动罗经。为了缩短稳定时间，有些罗经设有快速稳定装置，使主轴指北端预先接近其稳定位置。

二、陀螺罗经的结构与电路

（一）船用陀螺罗经综述

船用陀螺罗经按其具有陀螺转子的个数，可分为单转子和双转子陀螺罗经两大类；按其结构特征和工作原理，可分为下重式、液体连通器式和电磁控制式三类陀螺罗经罗经。

任何一种陀螺罗经均由主罗经及其附属仪器组成。主罗经是陀螺罗经的主要部分，具有指示船舶航向的性能；附属装置则是确保主罗经正常工作的必要部件。

主罗经在结构上可分为灵敏部分、随动部分和固定部分。灵敏部分起指北作用，由陀螺仪及其控制设备和阻尼设备组成。随动部分的作用是将灵敏部分与外接隔离，以减少对灵敏部分的干扰，同时借助随动部分跟踪灵敏部分，带动航向刻度盘上 0°~180° 的刻度线与陀螺仪主轴始终保持一致，即将陀螺仪主轴的指向反映到刻度盘上。固定部分是主罗经与船舶固定的部分，当船舶转向时，固定部分与船舶一起转动，而灵敏部分和随动部分将保持指北方向。

附属装置包括分罗经、航向记录器、罗经电源（变流机或逆变器）、电源控制装置和报警装置等。

分罗经和航向记录器是用于复示主罗经航向的装置。根据分罗经的用途，可将其分为操舵分罗经和方位分罗经，前者用于操舵，后者则用于测定物标方位。

分罗经设有手调匹配旋钮，用以将分罗经的航向调整至与主罗经航向一致。使用时，旋下分罗经外壳上方的螺帽盖，插入专用匹配手柄，用力往里按，使手调匹配器轴上的锥形齿轮与调整齿轮相啮合，同时将同步接收器整步绕组中的两相断开，转动匹配手柄，即可转动分罗经刻度盘，将主罗经的航向与分罗经航向匹配一致。

航向记录器的作用是自动按照时间用记录纸记录船舶航行中的航向以备查考。另外，可以利用航向记录器记录罗经自启动至稳定指北的航向曲线，用以检查罗经做减幅摆动的情况，判断罗经是否正常、是否稳定指北。依据阻尼曲线可以测定罗经减幅摆动周期和阻尼因数等技术数据。

罗经电源将船电转换成罗经专用电，电源控制装置和报警装置用以对陀螺罗经进行启动、关闭和监视其工作。

陀螺罗经在电路系统上可以分为电源系统、随动系统、传向系统和附属电路系统。电源系统的作用是应罗经要求将船电转换成罗经用电，其转换方式可分为交流变流机系统和直流逆变器系统。随动系统的作用是控制随动部分跟踪灵敏部分，将陀螺仪主轴的指向反映到刻度盘上。传向系统的作用是将主罗经的航向传送到分罗经和其他复示器。根据航向发送器和航向接收器的工作原理，可以将传向系统分为交流同步式传向系统和直流步进式传向系统。现代数字陀螺罗经采用了计算机数字技术，可以用数字信号形式，通过 RS232 或 RS422 等串口通信，将航向信息传送至数字分罗经或其他数字接收设备（如雷达和 ECDIS）。附属电路系统依据不同型号的陀螺罗经各自配有的特定电路系统，如安许茨 4 型罗经配有温度控制报警电路系统，斯伯利 37 型罗经配有速度、纬度误差校正电路系统等。

下重式系列陀螺罗经的典型产品有我国生产的航海型陀螺罗经，德国生产的安许茨 Standard4 型、20 型、22 型和普拉特型陀螺罗经，日本生产的横河 CMZ500 型和 CMZ700 型陀螺罗经。它们的结构特点是灵敏部分为一陀螺球，控制力矩利用降低陀螺球重心的方法获得，阻尼力矩由液体阻尼器产生。在结构上，双转子陀螺球、随动球、液体支承为该系列陀螺罗经共同特征。

液体连通器系列陀螺罗经的典型产品有斯伯利公司生产的 MK14 型、MK20 型、MK37 型和日本东京计器公司生产的 ES-11 型、ES-110TG-100 型、TG-5000 型、TG-6000 型、TG-8000 型等。它们的结构特点是早期陀螺房采用吊钢丝加导向轴承组合支承的方式，近期采用陀螺球液浮加轴承组合支承的方式；利用液体连通器的负摆效应产生控制力矩；借助与灵敏部分重心西偏产生垂直轴阻尼力矩。斯伯利公司近年生产的陀螺罗经多为下重式双转子罗经。

电磁控制式罗经简称电控罗经。它是在平衡陀螺仪结构上设置一套电磁控制装置的一种新型螺旋罗经。电磁控制罗经与下重式罗经、液体连通器罗经等机械摆式罗经相比较，根本区别在于施加力矩的方式不同。机械摆式罗经是采用机械控制方法直接给陀螺仪施加力矩，而电磁控制罗经式罗经是通过一套电磁控制装置间接给螺旋仪施加力矩的。电磁控制式罗经在储液缸东侧安装一个电磁摆，当主轴指北端自水平面上升或下降一高度角 θ 时，电磁摆也倾斜相同的高度角 θ，这将产生并输出与高度角 θ 成正比的摆信号，经方位放大器和倾斜放大器放大后分别输至水平力矩器及垂直力矩器。水平力矩器将产生与高度角 θ 成比例的作用于水平轴向的控制力矩 M_Y，$M_Y = K_Y\theta$。与此同时，垂直力矩器将产生与高度角 θ 成比例的作用于垂直轴的阻尼力矩 M_Z，$M_Z = K_Z\theta$。K_Y 与 K_Z 分别称施加于水平轴向和垂直轴向的力矩电控系数，$K_Y\theta$ 将使主轴具有找北性能，而 $K_Z\theta$ 将使主轴的摆动得到衰减。

电磁控制式罗经的主要优点：其一，其结构参数的选择不受舒勒条件的限制，并可根据需要予以改变；其二，启动时，增大施加于水平轴和垂直轴的力矩电控系数 K_Y 与 K_Z 的值，即减小阻尼周期 T_D 的值，使电磁控制式罗经工作于强阻尼状态，用以缩短其稳定时间；其三，待主轴接近其稳定位置时，再将 K_Y 和 K_Z 值恢复至正常工作的数值，使电磁控制式罗经工作于弱阻尼状态，用以提高罗经的指向精度；其四，消除 ω_2 的影响、补偿和消减有害力矩的干扰等均可用电路实现，这将有利于简化罗经的机械结构和提高指向精度。

电磁控制系列陀螺罗经的典型产品有美国阿玛公司与英国勃朗公司联合研制的 MK1-5 型、MK10 型罗经，我国研制的 CLP 型、JYJD 型、DH 型与 LH-3 型罗经等。它们的结构特点是灵敏部分采用液浮加扭丝或液浮加轴承的组合支承方式；利用电磁摆、水平扭丝或水平力矩器产生控制力矩；借助电磁摆、垂直扭丝或垂直力矩器产生垂直轴阻尼力矩。它们的电路系统的特点是具有两套随动系统，即方位与倾斜两套随动系统；由于采用电控工作方式，有的罗经结构参数可以调节，以实现快速稳定功能。

液体连通器系列陀螺罗经和电磁控制系列陀螺罗经因其灵敏部分只有一个陀螺转子故又称为单转子陀螺罗经。

(二)几种常见电罗经的结构组成和电路

目前，船上常用的电罗经有安许茨型、斯伯利型、阿玛-勃朗型等，下面对典型型号进行说明。

1. 安许茨标准 22 型罗经

(1)主要特点

①接入其他传感器数据，自动或手动校正误差。

②快速稳定功能，使找北稳定时间由 3 h 缩短到 1 h。

③数字化同步传输，自动校准分罗经，打印机代替航向记录器。

④转换装置提供多种数字和模拟信号，提供转向速率。

⑤网络连接，多接口、多数据格式输入输出。

⑥直流静止逆变器低压直流供电，减小噪声能耗。

⑦控制电路集成化，信号传输网络化，设备结构小型化。

电磁控制式罗经结构

(2)配置方式

①简化型：主罗经(master compass)、分罗经(repeater compass)及选购件的快速稳定操作单元(fast and stable operation of unit)、交直流转换器(AC/DC converter)和附加输出箱(additional output box)等组件。

②完整型：主罗经、分罗经、操作单元(operation unit)、信号分配器(signal distributor)、选购件交直流转换器和多罗经互换器(many compass exchanger)等组件。

下重式陀螺罗经的主罗经结构组成

（3）系统组成

①主罗经

安许茨标准 22 型主罗经如图 5-17 所示，包括灵敏部分、随动部分和固定部分。

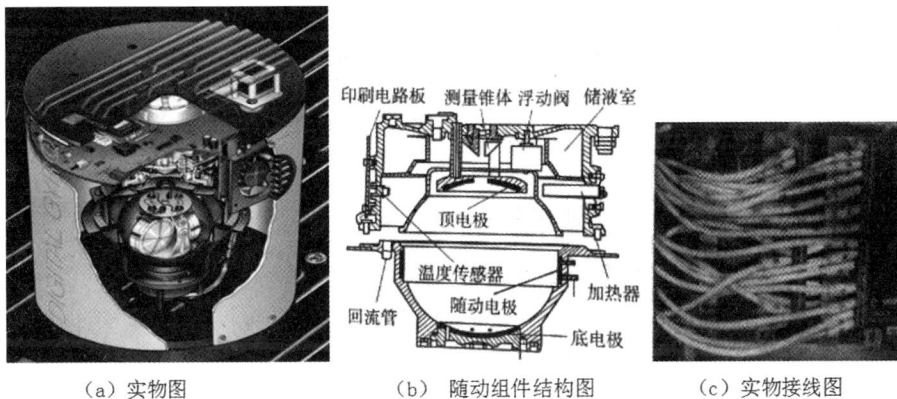

（a）实物图　　　　　　　（b）随动组件结构图　　　　（c）实物接线图

图 5-17　安许茨标准 22 型主罗经

a. 灵敏部分——陀螺球（尺寸较小）。

控制力矩：重心下移。

阻尼力矩：液体阻尼器。

球壳：顶电极、底电极和赤道电极，直径为 115 mm。

球内：双转子、无电磁上托线圈、无液态润滑油、抽真空充氢气、转速为 12 000 r/min。

支撑方式：液浮加液压辅助支撑，离心水泵代替电磁上托线圈。

离心泵作用：定中心；辅助支撑上托力，代替电磁上托线圈。

b. 随动部分——随动球组件、减振波纹管摆式连接器、方位齿轮、汇电环等。

作用：确保主罗经中的随动部分在方位上准确地跟踪灵敏部分（陀螺球）并一起转动。消除由于陀螺球相对随动球转动而引起的支撑液体与陀螺球之间产生的摩擦力。保证随动部分方位刻度盘的 0°表示陀螺球主轴的指北端，从而直接读取航向。

随动球组件：随动球、离心水泵、附件等。

随动球：充满液体密封球体。

上半球：储液室（蒸馏水，自动补给液体）、筒式加热器（在温度控制器的控制下对罗经支撑液体加温）、透明锥体—顶部（测量液面高度）、印刷电路板—球壳（过温保护装置、离心水泵移相电容、连接导流区域内的温度传感器）、顶电极（通单相交流电）。

下半球：底电极（通单相交流电）、两随动电极（对准陀螺球赤道电极）、离心水泵（导流管连接下半球导流区，循环通路随动球通过 4 个快速拆卸机构与摆式连接器相连，使随动球在船舶摇摆时保持直立状态。摆式连接器上部装有编码器，经传动皮带轮连接方位随动电机）、附件（减振波纹管摆式连接器是性能卓越的三向防振装置）、方位齿轮（与汇电环上托板固定连接）、编码器（将随动球转动的角度变为数字编码）。

c. 固定部分——支撑板、罗经箱体等。

传感器印刷电路板、方位电机、循环编码器、电风扇安装在固

下重式陀螺罗经的
电路系统

定部分上。

②电路系统

安许茨标准22型主罗经电路系统实物图如图5-18所示,由电源系统、随动系统、传向系统、温控系统、信号检测系统等组成,其元器件基本都安装在印制电路板上。

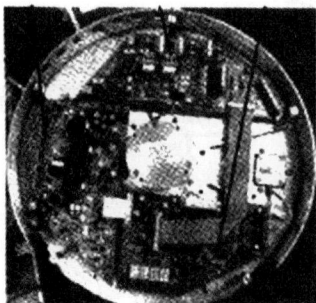

图5-18　安许茨标准22型主罗经电路系统实物图

a.电源系统

电源系统采用交流变流机系统,由数个稳压电路和逆变器(55 V/400 Hz)组成,主要作用是将船舶电源(船电)变换成陀螺罗经系统所需要的各种电源。

稳压电路的作用就是将船电变换成电子传感器所需的各种稳定的直流电。

逆变器的作用是将直流24 V船电变换成陀螺球及离心泵所需的单相55 V/400 Hz电源,将球内移相电容变换成三相电供陀螺发动机,陀螺发动机额定转速为12 000 r/min。

b.随动系统

如图5-19所示,随动系统由随动敏感元件、放大器、A/D转换器、CPU微处理器、随动电机控制器和随动步进电机等组成。随动系统控制随动部分跟随灵敏部分转动,并将关联部分指示的航向反映到航向刻度盘上。随动系统中用于检测出灵敏部分和随动部分位置偏差的器件称为随动敏感元件。敏感元件获得的偏差信号控制方位随动电机,驱动随动部分跟踪灵敏部分。当随动部分与灵敏部分位置一致时,敏感元件输出信号为零,方位随动电机停止转动。

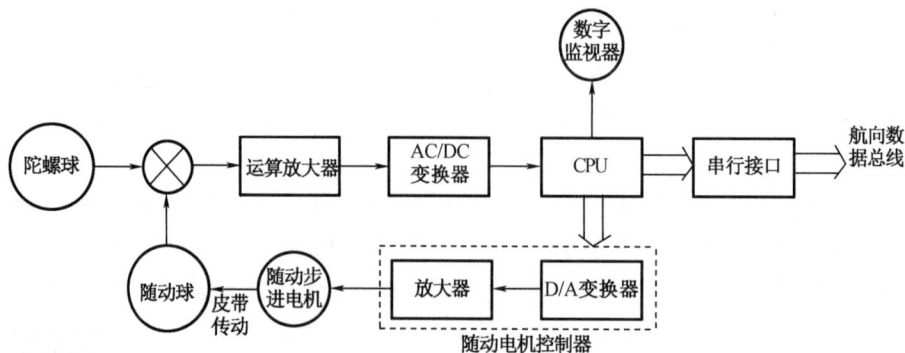

图5-19　安许茨标准22型罗经随动系统图

随动敏感元件:随动电压信号为DC0.5 V/°or ℃,为信号电桥,又叫作惠斯通电桥。

c.传向系统

传向系统中方位齿轮转动带动支撑板中央的编码器转盘转动,将随动球转动的角度变换为数字编码,送至微处理器,微处理器计算出船舶航向后,输至数字显示器显示航向,同时通过串行接口送至分配箱,分配箱变换处理后,可同时带动 5 路步进式分罗经和 8 路同步式分罗经。

　　d. 温控系统

　　温控系统由温度传感器、CPU、温度控制器、加热器、电风扇和过温保护装置等组成,如图 5-20 所示,主要作用是使支撑液体的温度自动保持在规定的工作范围内,以保持陀螺球位于正常高度。工作温度为 50 ℃±1 ℃,实际温度可随时从数字监视器上读出。

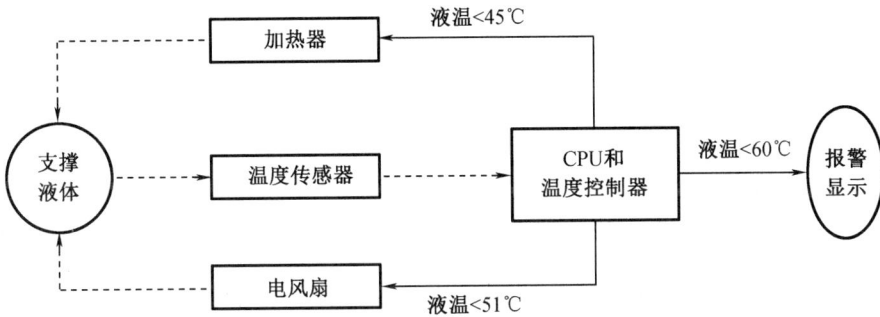

图 5-20　安许茨标准 22 型罗经温控系统方框图

　　温度控制系统的工作情况如下所述。

　　液温<45 ℃:加热器工作。

　　液温=45 ℃:随动系统工作,加热器供电电压逐渐下降。

　　液温=50 ℃:加热器停止工作。

　　液温=51 ℃:电风扇工作。

　　液温=60 ℃:数字显示器航向小数点闪烁,此时按下 B38 键显示告警符号 C3(具体按钮参见操作说明,下同)

　　液温=70 ℃:警告符号变为 E9。

　　液温≥77 ℃:温度保护装置自动切断加热器电路。

　　2. 斯伯利 MK37 型电罗经

　　(1)斯伯利 MK37 型电罗经设备组成

　　斯伯利 MK37 型电罗经整套设备由主罗经、电子控制器(electronic control unit)、速纬误差补偿器(speed and latitude compensator unit)和发送器(transmission unit)等组成。

　　主罗经:电罗经的主体,具有指示船舶航向的性能。

　　电子控制器:电源变换及开关控制,它由静止式逆变器及其控制电路组成。

　　速纬误差补偿器:用来产生速度和纬度误差校正信号,该校正信号输至主罗经,对速度误差和纬度误差进行补偿。

　　发送器:主要包括传向系统的放大控制电路,用来放大主罗经航向信号并将其传递到各个分罗经。

　　MK37 型罗经整机布置图如图 5-21 所示(以 MK37E 为例)。

　　(2)主罗经结构

　　外部:一个罗经座,它由上盖和壳体组成,盖上有观察窗,用以读取航向。

　　内部:充满硅油液体,底罩内设有波纹管,用以适应液体随温度变化而产生的膨胀或收缩；另外还有陀螺球、液体连通器、垂直环、叉形随动环、支撑板和航向刻度盘等。

液体连通器式罗经的主罗经结构组成

主罗经的结构可分为灵敏部分、随动部分和固定部分。

①灵敏部分（sensitive element）

灵敏部分由陀螺球、垂直环及其组件组成，如图 5-22 所示。

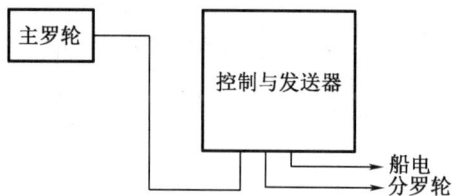

图 5-21　MK37 型罗经整机布置图

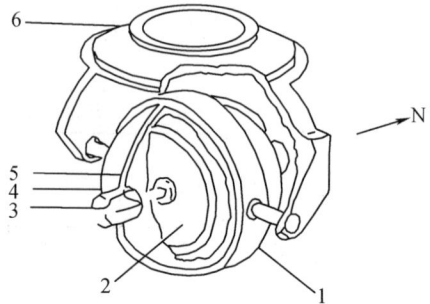

1—垂直环；2 陀螺转子；3—液体修正装置；
4—陀螺球；5—空气管；6—叉形随动环。

图 5-22　MK37 罗经灵敏部分

a. 陀螺球（gyrosphere）

外部：铝质密封球体，是罗经的指北元件，由两个半球和中间环组成，直径 165 mm，设有 8 组配重用螺钉固定在球壳表面上，供平衡之用。西侧有一方形凹槽，装有随动变压器的衔铁。

球内：充满氢气，装有陀螺电动机（陀螺发动机），是它的动量矩指南。球内底部有润滑池，用来润滑转子主轴承，电气连接部件装在中间环上。西侧装有两块阻尼重物，用以产生阻尼力矩，保持陀螺球平衡稳定。

b. 垂直环（verticalring）

垂直环是圆环形铝合金铸件，装置在叉形随动环内，连同陀螺球可绕水平轴转动，弹簧制动器安装在叉形随动环的下面。

环西侧：安装 E 型随动变压器，与陀螺球西侧凹槽内的衔铁相对应，构成罗经的随动系统的测量元件。

环东侧：安装 E 型力矩器，当速纬校正电路的信号输入到力矩器的控制绕组时，便在陀螺球产生涡流，涡流与磁场相互作用便产生沿垂直轴的力矩，用以补偿速度误差和纬度误差。

环顶部：安装电解液水准器，它用来检测陀螺球的倾斜角并产生校平信号，经放大后驱动方位电机，带动随动环和垂直环转动，对陀螺球施加垂直力矩使陀螺球主轴自动校平。

垂直环和陀螺球之间设有限动片，用以限制陀螺球绕垂直轴转动的角度在+6°之内。

c. 液体连通器（liquid ballistic）

液体连通器由两个互相连通的黄铜瓶组成，呈圆柱形，位于陀螺球的南北两端。瓶内注入部分硅油，液体连通器直接装在垂直环上。当陀螺球绕其水平轴作俯仰运动时，硅油自升高的瓶中通过液体连通管流向下降的瓶中，在下降的瓶中出现多余硅油，其重力产生相对于水平轴作用的控制力矩，将陀螺球引向子午面。采用的硅油具有较大的黏度，而且连通管口径小,硅油流动周期远大于船舶摇摆周期。因此对船舶摇摆惯性力的反应不甚敏感,从而使罗经的摇摆误差得到消减。

②随动部分(follow-up element)

随动部分如图5-23所示,主要由叉形随动环、方位齿轮和方位随动电机组成。叉形随动环通过垂直轴承在支承板上与航向刻度盘相连。叉形随动环上面的方位齿轮与方位随动电机的齿轮相啮合。在垂直环西侧安装E型随动变压器,与陀螺球上的衔铁相对应。

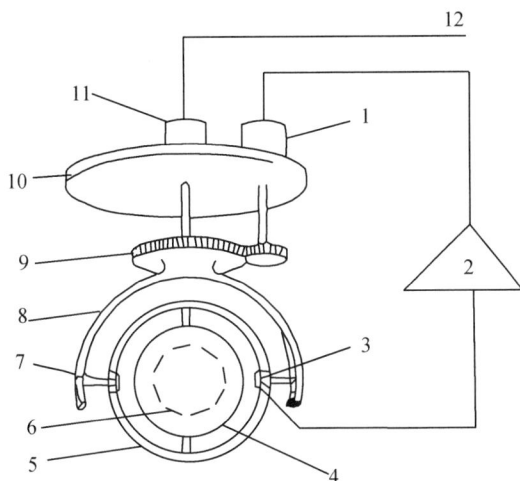

1—方位随动电机;2—随动放大器;3—随动变压器;4—陀螺球;5—垂直环;6—陀螺电机;
7—力矩器;8—叉形随动环;9—方位齿轮;10—支撑板;11—同步电机。

图5-23　斯伯利罗经随动部分

③固定部分(fixed element)

支撑板:支撑在罗经座的凸缘上,用于悬挂随动部分和灵敏部分,同时还兼作安装托架,在其上安装有方位电机、齿轮装置、光电式步进发送器、航向余弦解算装置、汇电环与电刷组件和照明灯等。

罗经座:用于支承陀螺球和垂直环组件。

(3)电路系统

斯伯利MK37型罗经电路主要包括:电源系统、随动系统、传向系统、速纬误差校正电路以及各种工作方式的控制电路等。

①电源系统

斯伯利MK37型罗经的电源系统采用静止式逆变器(static inverter),将船电变为115 V/400 Hz的单相方波,再经分相电路使其变为陀螺电机所需要的三相交流电,如图5-24所示。

**液体连通器式罗经的
电路系统**

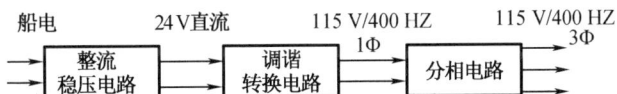

图5-24　斯伯利电源系统框图

电源系统由整流稳压电路、调谐转换电路及分相电路组成。整流稳压电路和调谐转换电路构成静止式逆变器。

整流稳压电路的作用是将船舶电源 50 V/60 Hz 单相交流电经全波整流电路变为 25 V ±3 V 的直流电,再经稳压电路变为恒定的 24 V 直流电压。

调谐转换电路由变压器 T3、开关电路和谐振电路组成。直流电压经调谐转换电路变成 400 Hz 单相交流电。

分相电路的作用是将逆变器输出的单相方波通过移相变为 115 V/400 Hz 三相交流电,向陀螺电机供电。

②随动、传向系统

随动、传向系统的作用是确保罗经的随动部分能够跟随灵敏部分一起运动,同时把船舶航向精确地传递到各个分罗经,如图 5-25 所示。斯伯利 MK37 型罗经的随动系统由随动变压器、随动放大器和方位电机等组成,其随动敏感元件是由垂直环西侧的 E 型随动变压器与陀螺球西侧的衔铁组成。斯伯利 MK37 型罗经的传向系统采用步进式传向系统,由主罗经上的步进发送器、航向发送器中的步进放大电路和步进分罗经组成。

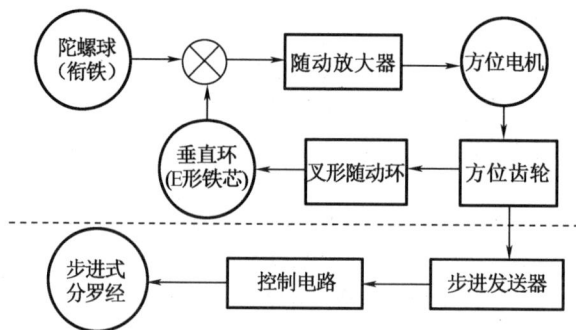

图 5-25　斯伯利随动、传向系统图

③附属电路

液体连通器系列和电磁控制系列罗经除具有速度误差外,还具有纬度误差。罗经误差校正装置由误差补偿电路、航向余弦解算器和力矩器组成。误差校正信号由主罗经中航向余弦解算器和速纬误差补偿器中的误差校正电路依据设定的船速和纬度而产生,控制力矩器产生合适的误差补偿力矩,控制主轴回到子午面内,从而消除速度误差和纬度误差。

3.阿玛-勃朗 10 型罗经

(1)整机组成

阿玛-勃朗 10 型罗经由主罗经、直流静止逆变器[早期为变流机(motor and generator)]、分配箱(distribution box)、分罗经和警报器(alarm)等组成。

主罗经:灵敏部分能够自动找北并稳定指北,刻度盘指示主罗经航向。

逆变器:将船电转换为罗经工作电源。

开关接线箱:控制保护变流机和控制分罗经工作。

分配箱:向各分罗经分配主罗经航向信号,可以连接 20 个分罗经。

分罗经:方便地读取船舶航向和测量物标方位。

警报器:当罗经电源发生故障时以音响和灯光形式报警。

（2）主罗经结构

阿玛-勃朗 10 型罗经的主罗经由灵敏部分、随动部分和固定部分组成,实物如图 5-26 所示。

电磁控制式罗经的
主罗经结构

图 5-26　阿玛-勃朗 10 型罗经的主罗经实物图

①灵敏部分

灵敏部分的结构如图 5-27 所示,包括单转子陀螺球、浮动平衡环（gimbal ring）和扭丝（torsion fibre）等。

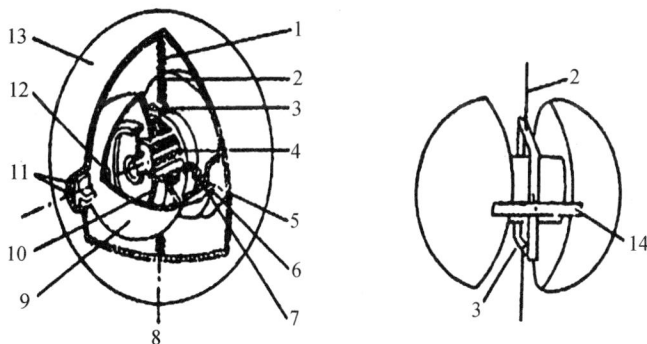

1—柔软银质导线;2—垂直扭丝;3—浮动平衡环;4—陀螺电机;5—水平轴;6—水平扭丝;7—柔软银质导线;
8—垂直轴;9—陀螺球;10—陀螺转子飞轮;11—陀螺球位置敏感线圈;12—电磁铁;13—贮液缸;14—扭丝支架。

图 5-27　灵敏部分结构图

陀螺球:哑铃状密封金属球体。球壳由南北两个紫铜的空心半球组成,并用短筒连接为一体。球内装有陀螺电机,转速为 12 000 r/min,动量矩指北。转子直径为 2.2 cm,两端装有直径为 7.6 cm 的飞轮以增大转子的转动惯量。陀螺球内充入氢气,以利于散热和防锈。

浮动平衡环:陀螺球采用液浮和扭丝组合支撑,在陀螺球壳中间位置的凹槽,装有浮动平衡环,其平面与陀螺电机转子轴相垂直。陀螺球在其东西方向上有两根水平金属扭丝,支撑在浮动平衡环与陀螺球东、西边的支架上,构成陀螺球的水平轴。陀螺球与浮动平衡环之间有一定的间隙,容许陀螺球相对于浮动平衡环做小角度的运动而不会触及浮动平衡环。浮动平衡环本身又有上下两根垂直方向的金属扭丝,固定在贮液缸上下内壁构成了陀螺球的垂直轴。

水平扭丝是一种直径约为 0.3 mm 的铍青铜丝,其作用为:

a. 作为无摩擦轴承,产生陀螺球的水平轴。

b. 用于在液缸内通过浮动平衡环,内定陀螺球左右的中心位置。

c. 起水平力矩器的作用。当陀螺球相对于浮动平衡环在倾斜方向存在角位移时,水平金属扭丝受扭,产生的沿水平轴向的扭力矩作用于陀螺球。

垂直扭丝也是一种直径约为 0.1 mm 的铍青铜丝,其作用为:

a. 作为无摩擦轴承,产生陀螺球的垂直轴。

b. 用于在忙液缸内通过浮动平衡环,内定陀螺球上下的中心位置。

c. 起垂直力矩器的作用。当陀螺球连同浮动平衡环一起相对于贮液缸在方位上存在角位移时,垂直金属扭丝受扭,产生的沿垂直轴向的扭力矩作用于陀螺球。

②随动部分

随动部分由贮液缸、倾斜平衡环(tilt gimbal ring)、方位随动电机(azimuth motor)、倾斜随动电机(tilt motor)、方位平衡环(azimuth gimbal ring)、刻度盘、汇电环等组成,如图 5-28 所示。

贮液缸:呈灯形,通过其南北轴支撑在倾斜平衡环上,可绕南北轴运动。南北轴又可绕东西轴作俯仰运动。同时贮液缸又与倾斜平衡环、方位平衡环和刻度盘一起绕垂直轴转动。贮液缸的主要作用一是起支撑液体容器的作用,通过支撑液体支撑灵敏部分;二是跟踪并保持与陀螺球相对位置一致,将陀螺球航向传到刻度盘,便于读取航向,位于贮液缸西侧的电磁摆,间接检测陀螺球主轴的高度角产生摆信号,启动罗经时使陀螺球主轴近似指示真北和水平,达到快速启动罗经的目的;三是相对陀螺球在倾斜上和方位上产生角位移,使水平扭丝和垂直扭丝受扭,对陀螺球施加水平力矩和垂直力矩。

倾斜平衡环:由倾斜随动电机通过倾斜齿轮驱动,带动贮液缸工作。

方位平衡环:由方位随动电机通过方位齿轮驱动,带动贮液缸工作,同时带动固定在方位平衡环上端的主罗经刻度盘,使刻度盘的"0"度始终与陀螺球主轴方向完全一致。在方位平衡环下端的垂直轴装有汇电环,由汇电环上的电刷向随动部分和灵敏部分供电。

③固定部分

固定部分由罗经箱体、操作面板、航向步进发送器、余弦解算器及电子器件等组成。

罗经箱体:由底座、中部箱体和顶盖组成,其中中部箱体和顶盖在修理时可以拆装。

操作面板:如图 5-29 所示,操作面板上设有主罗经电源开关(power)、旋转速率旋钮(slew rate)、方位按钮(azimuth)、倾斜按钮(tilt)、速度旋钮(speed)、纬度旋钮(latitude)和照明旋钮(illumination)。

航向步进发送器:其转子由方位随动电机通过方位齿轮驱动,信号绕组产生的主罗经航向信号,控制分罗经步进接收机工作,使分罗经复示主罗经航向。

余弦解算器:相当于同步航向发送器,其转子也是由方位随动电机通过方位齿轮驱动,信号绕组产生的航向信号控制速度误差力矩器,产生与航向成余弦规律变化的校正力矩。

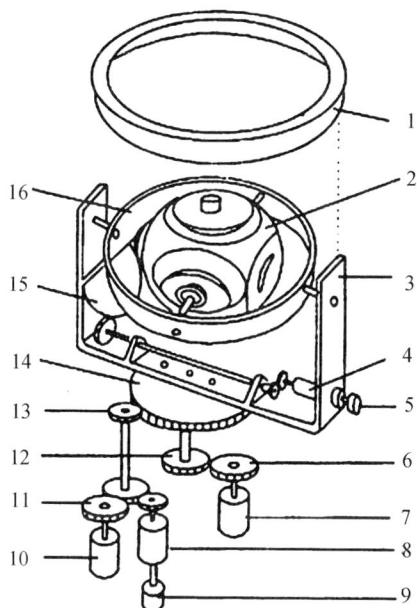

1—刻度盘;2—贮液缸;3—方位平衡环;4—倾斜随动电机;

5,9—黏性阻尼器;6—1∶1同步齿轮;7—航向发送器;8—方位随动电机;

10—余弦解算器;11—36∶1同步齿轮;12—可调小齿轮;13—方位齿轮;

14—可调齿侧间隙小齿轮;15—扇形倾斜齿轮;16—倾斜平衡环。

图 5-28　随动部分结构图

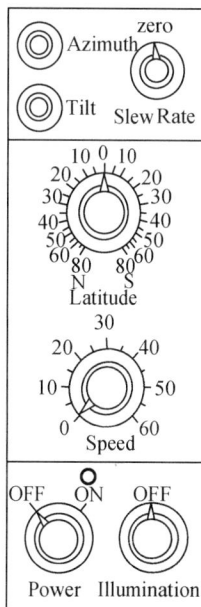

图 5-29　操作面板图

（3）电路系统

罗经电路系统包括电源系统、随动系统、传向系统和附属电路。

①电源系统

罗经电路系统目前大都采用直流静止型逆变器。

②随动系统

随动系统包括倾斜随动系统和方位随动系统。随动系统由电磁铁和陀螺球位置敏感线圈（包括倾斜敏感线圈和方位敏感线圈），倾斜随动放大器和方位随动放大器,倾斜随动电机和方位随动电机等组成。

倾斜敏感线圈:产生倾斜随动信号。

方位敏感线圈:产生方位随动信号。

随动敏感元件:位于储液缸南北端的缸壁处分别装有两组陀螺球位置敏感线圈,与陀螺球壳上的电磁铁相对应,构成随动信号敏感元件。

倾斜随动放大器:放大倾斜随动信号。

方位随动放大器:放大方位随动信号。

倾斜随动电机:在放大后的倾斜随动信号控制下,使贮液缸南北轴保持与陀螺球主轴相同的倾斜状态(高度角 θ 相等)。

方位随动电机:在放大后的方位随动信号控制下,使贮液缸南北轴保持与陀螺球主轴相同的方位状态(方位角 α 相等)。

方位随动系统的随动原理框图和倾斜随动系统的随动原理框图如图 5-30、图 5-31所示。

电磁控制式罗经的
电路系统

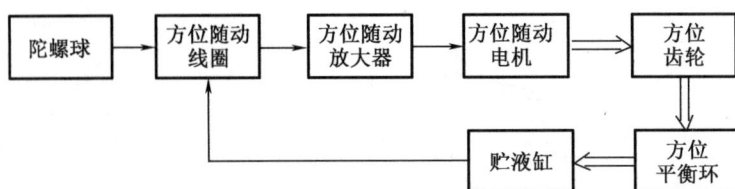

图 5-30 方位随动系统的随动原理图

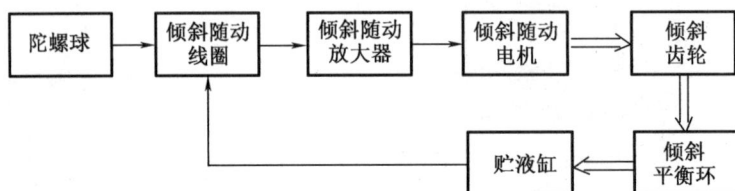

图 5-31 倾斜随动系统的随动原理图

除了随动信号控制随动系统工作,使贮液缸南北轴在倾斜上和方位上保持与陀螺球主轴一致外,控制随动系统工作的还有以下几点。

电磁摆产生的摆信号:作用是控制随动系统,使贮液缸在倾斜上和方位上分别产生位移,水平扭丝和垂直扭丝受扭,产生沿陀螺球水平轴向的控制力矩和沿陀螺球垂直轴向的阻尼力矩。

旋转速率旋钮、方位按钮、倾斜按钮及电路产生的旋转速率信号:作用是启动罗经时、控制随动系统,通过贮液缸使陀螺球主轴水平和主轴近似指示真北,进行快速启动。

纬度旋扭及电路产生的纬度误差校正信号:作用是控制倾斜随动系统,使贮液缸在倾斜上产生位移,水平扭丝将受扭,产生沿陀螺球水平轴向的纬度误差校正力矩,消除纬度误差。

速度旋钮及电路产生的速度误差校正信号:作用是控制方位随动系统,使贮液缸在方位上产生位移,垂直扭丝将受扭,产生沿陀螺球垂直轴向的速度误差校正力矩,消除速度误差。

有关电路产生的倾斜偏压信号:作用是控制倾斜随动系统,使贮液缸在倾斜上产生位移,水平扭丝将受扭,产生沿陀螺球水平轴向的附加控制力矩,用以补偿陀螺球沿其主轴存在某一固定的不平衡所引起的作用于水平轴向的干扰力矩,以使陀螺球能恰如其分地补偿地球自转角速度 ω_2 的影响。

有关电路产生的温度补偿信号:作用是控制倾斜随动系统,使贮液缸在倾斜上产生位移,水平扭丝将受扭,产生沿陀螺球水平轴向的补偿力矩,消除由于支撑液体的温度变化(正常工作时在 25~85 ℃变化)而使灵敏部分的重心、浮心和中心不重合引起的干扰力矩的影响。

以上各种信号均输入各随动系统的放大器,经放大后控制随动系统工作。

③传向系统

罗经采用直流步进传向系统,由航向步进发送器(step-by-step transmitter)、控制电路(controlling circuit)和直流步进接收机(D. C step-by-step motor)(分罗经)组成。

航向步进发送器安装在主罗经箱内底板上,其转子由方位随动电机通过方位齿轮带动旋转,信号绕组产生主罗经航向信号,控制传向系统的控制电路工作,控制电路又再控制分罗经直流步进接收机的工作,使分罗经航向与主罗经航向相等,将主罗经航向传到了分罗经。传向系统的工作原理如图5-32所示。

方位齿轮 → 步进发送机 → 控制电路 → 步进式分罗经

图5-32　传向系统工作原理图

④附属电路

附属电路有稳压电路、压降保护电路和摆信号控制电路和速纬误差补偿电路等。

稳压电路由稳压电路板上的电子元件组成。其主要作用有两个:一是为随动系统放大电路提供稳定的 DC 40 V 电压,二是为压降保护电路提供 DC 55 V 工作电压。

压降保护电路由压降保护电路板上的电子元件组成。其主要作用是在罗经刚启动时,陀螺电机转速低,压降保护电路自动控制随动系统不投入工作。大约 10 min 后,陀螺电机转速正常,压降保护电路便使随动系统自动地投入工作,使罗经自动地找北指北。压降保护电路对罗经起到保护的作用。

摆信号控制电路用来对输入到倾斜随动系统和方位随动系统的摆信号大小进行控制。

速纬误差补偿电路与液体连通器系列罗经工作原理一致。

三、陀螺罗经的误差校正

陀螺罗经的主轴在方位上偏离地理真北方向的角度称为陀螺罗经误差。陀螺罗经误差也是船舶真航向与陀螺罗经航向之间的差值或真北与陀螺罗经北之间的差角。陀螺罗经误差有纬度误差、速度误差、冲击误差、摇摆误差和基线误差。

(一)纬度误差(latitude error)

在之前的章节中讨论具有阻尼重物的液体连通器单转子式陀螺罗经时指出,在北纬 φ 处的静止基座上稳定位置为

$$\begin{cases} \alpha_r = -\dfrac{M_D}{M}\tan\varphi \\[2mm] \theta_r = -\dfrac{H\omega_2}{M} \end{cases} \tag{5-10}$$

由(5-10)式可见,位于北纬 φ 处的具有阻尼重物的水银器式罗经,稳定后罗经主轴并不恰好位于子午面内,而是偏离子午面一个角度 α_r,当罗经的结构参数 M、M_D 确定后,α_r 角仅与地理纬度 φ 有关,故称为纬度误差,如图5-33所示。

产生纬度误差的原因是由于了采用垂直轴阻尼法。那么,纬度误差是采用垂直轴阻尼法罗经特有的误差;它属于垂直轴阻尼法陀螺罗经固有的特性。

为了提高陀螺罗经的使用精度,应想方设法对纬度误差进行补偿,最好完全予以消除。实践中,对纬度误差

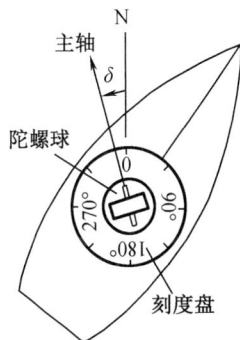

图5-33　纬度误差

的补偿方法有两种,外补偿法和内补偿法。

(1)外补偿法是利用一套解算装置,根据误差公式计算出误差的大小和符号,从罗经的航向读数中扣除误差的方法。可通过转动基线或罗经刻度盘,使基线与转动的角度等于误差值,或罗经刻度盘使其转动的角度与纬度误差 $\alpha_{r\varphi}$ 等值反向,从罗经刻度盘上读取的航向即为不包含误差的真航向。需强调指出,外补偿法仅从罗经刻度盘中扣除误差值,并未改变罗经主轴的稳定位置。

(2)内补偿法也称力矩式补偿法是利用一套解算装置,计算并输出与误差相关的补偿力矩,抵消引起误差的力矩,使主轴可稳定在子午面内,从根本上消除误差的方法。

(二)速度误差(speed error)

在之前的章节中所讨论的陀螺罗经稳定位置都是建立在罗经基座为静止状态的。但是一部罗经总是要随船运动,即基座不是静止的。基座的运动会使罗经主轴的牵连运动速度发生变化,结果必然引起罗经稳定位置发生变化,使罗经产生了新的误差——速度误差。船舶以恒向恒速运动时,陀螺罗经主轴的稳定位置与航速为零时主轴的稳定位置,二者在方位上的夹角称为速度误差。速度误差是与船舶速度、航向和地理纬度有关的指向误差。需要注意的是速度误差仅指船舶作恒向恒速运动时出现的指向误差,不考虑任何加速度的影响。

速度误差的公式为

$$\alpha_{rv} = \frac{\dfrac{V\cos C}{R_e}}{\omega_1 + \dfrac{V\sin C}{R_e}} = \frac{V\cos C}{R_e \omega_e \cos \varphi + V\sin C} \tag{5-11}$$

其简化公式为

$$\alpha_{rv} = \frac{V\cos C}{R_e \omega_e \cos \varphi} \tag{5-12}$$

1. 速度误差的特性

从式(5-11)看出速度误差具有下列特性(图5-33):

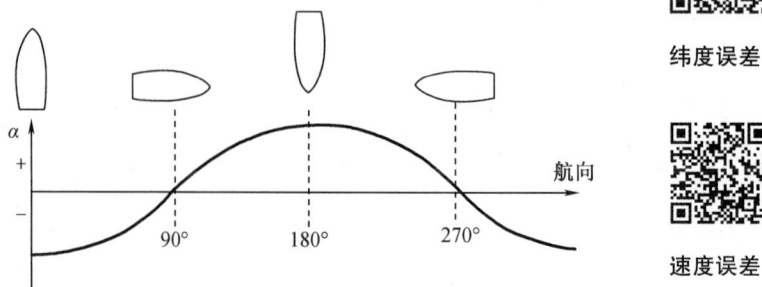

纬度误差

速度误差

图 5-33　速度误差特性

(1)速度误差仅与船舶航速 V,航向 C 及所在地纬度 φ 有关,与罗经结构参数无关,因此只要船舶运动,任何类型罗经都有这种误差,是一原理性误差,是所有陀螺罗经的共性之一。

（2）速度误差随船速而变化，船速 V 越大，速度误差越大；反之亦然。

（3）由于 $\cos \varphi$ 随纬度 φ 的增高而减小，因此 φ 增高时，速度误差增大；若 φ 高过 $70°$ 时，$R_e \omega_e \cos \varphi$ 变得很小，与 $V \sin C$ 可以比拟，简化公式（5-11）计算精度降低，应采用完整公式（5-10）计算速度误差。

（4）速度误差随船舶航向 C 而变，在 $0°$ 和 $180°$ 航向上，即正北和正南时，速度误差最大；在 $90°$ 和 $270°$ 航向上，即正东和正西时，速度误差为0；在 $0° \sim 90°$，$270° \sim 360°$ 时，即偏北方向航行时，速度误差的符号为正，偏西误差（W）；在 $90° \sim 270°$ 时，即偏南方向航行时，速度误差符号为负，偏东误差（E）；这里的正负号是按我们所选择的坐标而确定的，与航海上所采用的坐标符号正好相反，希望读者注意。

2. 速度误差的消除

当船舶航速变化较大（如 5 kn）或航行纬度变化较大（如 5°）或航向变化较大（如 15°）时，需对航速误差进行消除。其消除方法如下所述。

（1）速度误差校正表

把 α_{rv} 按不同的航速 V 航向 C 和地纬度 φ 计算后绘成表格或图表的形式，以便使用罗经时查用。注意误差符号与航海习惯一致。使用时，先根据船舶航速、罗经航向和所在地纬度，在表中查取速度误差值；再根据罗经航向确定符号；根据公式：真航向 = 罗经航向 + 速度误差，确定船舶真航向。若表中无对应的航速、罗经航向和纬度时，则利用内插法求之。

（2）外补偿法

外补偿法是在下重式罗经中，利用外补偿法来消除罗经的速度误差。通常在主罗经上设置速度误差校正器，用机械方法按照速度误差的表达式算出 α_{rv} 值并在航向读数中予以扣除。

（3）内补偿法

内补偿法是利用施加补偿力矩来补偿误差的方法，通常忽略船舶航速东西分量 V_E 的影响，采用向垂直轴施加速度误差补偿力矩 $\boldsymbol{M}_{ZV} = \boldsymbol{H} \dfrac{V_N}{R_e}$ 的方法消除误差。

（三）冲击误差（ballistic error）

船舶做机动航行（变速变向航行）时，所出现的惯性力对罗经的影响引起的误差，称为冲击误差。惯性力作用在陀螺罗经重力控制设备上而产生的冲击误差，称为第一类冲击误差（ballistic deflection error）；惯性力作用在阻尼设备上而产生的冲击误差，称为第二类冲击误差（ballistic damping error）。

凡是摆式罗经其等幅摆动的周期 $T_0 = 84.4$ min 时，在船舶机动航行时间内，主轴将由机动开始时的旧稳定位置非周期地过渡到机动终了时的新稳定位置去，而不产生第一类冲击误差。该非周期过渡条件是由德国数学家舒拉（Sohuler）于 1923 年首次导出的，故又称之为舒拉条件或称舒拉周期（Schuler period），其对应的纬度叫作设计纬度。

一般说来，第一类冲击误差在船舶机动终了后经 1 h 左右即可消失，因此船舶驾驶员在机动期间或机动终了后约 0.5 h 内读取罗经航向时应考虑该误差。第二类冲击误差在船舶机动终了时较小，其最大值约在机动终了后经 1/4 阻尼周期时出现，经 1 h 左右即可消失，故船舶驾驶员在机动期间或机动终了后约 45 min 内读取罗经航向时应考虑该误差。

对于结构参数不能随纬度进行调整的陀螺罗经而言，纯粹的第二类冲击误差 B_{II} 仅仅

发生在设计纬度 φ_0 上(因为在 φ_0 处, $B_{\mathrm{I}}=0$),当船舶在其他纬度上做机动航行时,将使罗经同时产生 B_{I} 和 B_{II},即总冲击误差为 B。

经分析知道,对于摆式罗经,第二类冲击误差 B_{II} 有如下特点:当船舶所在纬度低于设计纬度时,第二类冲击误差和第一类冲击误差的符号相反;当船舶所在纬度高于设计纬度时,第二类冲击误差和第一类冲击误差的符号相同。

船舶机动时,总的冲击误差为第一类冲击误差和第二类冲击误差的和,即 $B=B_{\mathrm{I}}+B_{\mathrm{II}}$。当 $\varphi<\varphi_0$ 时, B_{I} 与 B_{II} 符号相反,总的冲击误差减小,一般不做处理;当 $\varphi>\varphi_0$ 时, B_{I} 与 B_{II} 符号相同,总的冲击误差增大,所以在机动时,应关闭阻尼器,如图5-34所示。

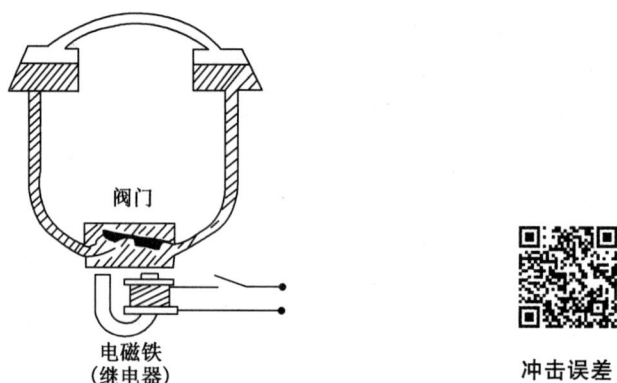

图5-34 关闭阻尼器,消除第二类冲击误差

(四)其他误差

1. 摇摆误差(rolling error)

船舶在风浪中摇摆是周期性的,摇摆时会有周期性惯性力出现,这种惯性力作用在罗经上,使罗经产生的误差叫作摇摆误差。陀螺罗经的摇摆误差是指船舶摇摆时呈周期性变化的惯性力作用于陀螺罗经的重力控制设备而产生的指向误差。罗经的摇摆误差与罗经的结构参数、罗经的安装位置、船舶摇摆姿态、船舶所在纬度和船舶摇摆方向等参数有关。特别是船舶沿隅点航向(045、135、225、315)航行且横摇时,摇摆误差最大。

船用陀螺罗经均在结构上采取了有效措施成功地消减了摇摆误差。各系列陀螺罗经采用消减摇摆误差的方法如下。

①安许茨系列陀螺罗经:方法是在陀螺球内安放两个陀螺转子。两个转子的动量矩合成有北向动量矩,东西动量矩合成为零,与单转子陀螺球具有相同的特性。

②斯伯利系列陀螺罗经:方法是采用调整液体在连液体通器内的流动周期远远大于船舶摇摆周期,从而有效地消减了摇摆误差。

③阿玛—勃朗系列陀螺罗经:方法是在其用于敏感主轴高度角的电磁摆内充满黏性很大的硅油,对摆锤进行强阻尼,使电磁摆不随船舶摇摆。

2. 基线误差

陀螺罗经的主、分罗经上都有用来读取航向的基准线,称为基线(lubber line)。安装罗经时,应使罗经的基线与船首尾线平行,否则将产生基线误差。基线误差的大小及符号不随时间变化,是一种固定误差。当基线向船舶右舷偏开时,罗经方位读数大于真方位,此时为西误差,用 W 表示;当基线向船舶左舷偏开时,罗经方位读数小于真方位,这时的基线误差为东误差,用 E 表示。

通常基线误差(图5-36)大于 0.5°时,应予以校正。

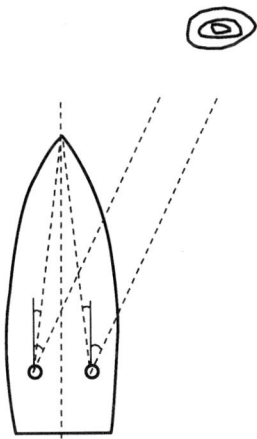

图 5-36　基线误差

任务2　船用陀螺罗经的操作

一、三大系列罗经的开关机

(一)安许茨系列罗经开关机

1. 罗经开机前的检查与准备

(1)从罗经桌注液孔测量贮液缸液面高度,液面到注液孔上沿的距离不应大于 4~5 cm,否则液体数量不够,应添加液体。

(2)检查并调整各分罗经航向与主罗经航向相等。

(3)检查变压器箱上的"电源开关"和主罗经箱上的"随动开关"应放在"OFF"位置。

(4)检查各接线板、插头插座、保险丝应无损坏并接触良好。机械转动部分的转动应正常。

(5)检查并调整航向记录器的记录笔所在记录纸上的航向等于主罗经航向,时间等于船钟时间。

(6)检查主罗经及各分罗经的照明灯及调节应正常,并调节适当亮度。

2. 开机步骤

(1)接通变压器箱上的"电源开关"(main witch),并做如下检查:

①三个三相电流指示灯较亮;

②从罗经箱观测窗口观察陀螺球开始缓慢转动,说明陀螺电机三相电已接通,陀螺球已工作。

(2)20 min 后,接通主罗经上的"随动开关"(follow-up switch),并做如下检查:

安许茨系列罗经
开关机

①再次检查并调整分罗经航向与主罗经航向相等;

②约 30 min,三相电流指示灯亮度变暗,其中第一相电流指示灯最亮、第二相电流指示灯亮最暗、第三相电流指示灯亮度适中,说明三相电流已达到正常值;

③当支承液体温度达到 52 ℃,陀螺球稳定指北时,检查陀螺球高度是否符合要求,检查陀螺球高度时罗经桌应水平。

3.罗经读数

读出航向刻度盘上的航向数据(精确到 0.5°)

4.关机

(1)关闭"随动开关"。

(2)关闭"电源开关"

(二)斯伯利系列罗经开关机

1.开机前检查

(1)船电开关、控制与发送器箱上的"转换开关"和"电源开关"是否位于"OFF"位置。

(2)校对分罗经的航向与主罗经的航向一致。

2.开机步骤

(1)接通电源开关。

(2)将电子控制箱上的电源开关接通,指示灯亮。

(3)将方式转换开关置于"旋转"(SLEW)位置。

(4)调整旋转开关使主罗经刻度盘的指示与船舶航向 15°的位置。

(5)将方式转换开关置于"启动"(START)位置,等待 10 min,让发动机转速达到 12 000 r/min 后再继续操作。

(6)将方式转换开关置于"自动校平"(AUTOLEVEL)位置,等待 30 s,停止摆动后再继续操作。

(7)将方式转换开关置于"运转"(RUN)位置,罗经自动找北。

(8)接通发送器电源开关;校对分罗经的航向与主罗经一致;接通分罗经开关。

(9)调整维度旋钮到船舶所在的航行纬度上,纬度变化 5°调整一次。

(10)调整速度旋钮到船舶所在的航速上,航速变化 5 kn 调整一次。

3.关机步骤:

(1)置转换开关于"OFF";置电源开关于"OFF";

(2)置发送器上所有开关于"OFF"。

(三)阿玛布朗系列罗经开关机

1.开机步骤

(1)检查船电是否正常。

(2)接通电源箱上的电源开关,电源指示灯亮。调节罗经亮度。电源开关接通后,所有的复示仪器亦进入工作状态。

(3)检查主罗经控制面板上的电源指示灯是否亮,若亮则表示电源已输至主罗经。

(4)等待 5 min,当陀螺发动机达到额定转速,随动系统自动投入工作。此时需将电源故障报警器上的开关接通后,方可进行下述操作。

（5）按下旋转按钮(Slew)并转动旋转速率按钮(Rate),使主罗经方位刻度盘指示尽可能接近真航向。顺时针转动旋转速率按钮,罗经航向读数增大;逆时针转动航向读数减小。当达到真航向时,必须注意将旋转速率按钮转回到其中心位置上后,方可松开旋转按钮;将速度误差校正旋钮置于与航速相应的位置上(与航速相差不超过 5 kn),船静止时应将旋钮置于零。

（6）将纬度误差校正旋钮置于船舶航行纬度上(与船舶所在纬度相差不超过 5°)。

（7）根据需要转动照明灯旋钮,调节主罗经方位刻度盘照明灯的亮度。

（8）查所有的复示仪器,如需要可重新匹配校准。

2. 关机步骤

（1）切断电源箱上的电源开关。

（2）切断电源故障报警器上的开关。

（3）切断船电开关。

二、安许茨标准 22 型罗经的操作

（一）安许茨标准 22 型罗经的操作面板

安许茨标准 22 型罗经的操作面板如图 5-37 所示。

接通电源后,显示屏上显示罗经的航向信息;若连接多个电罗经则显示选定的罗经。操作单元分为数据显示区和 6 个软按键,如图 5-38 所示。

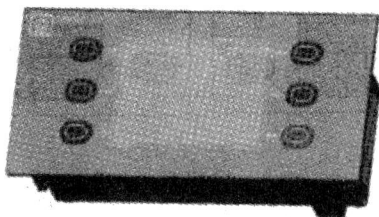

图 5-37　罗经操作面板

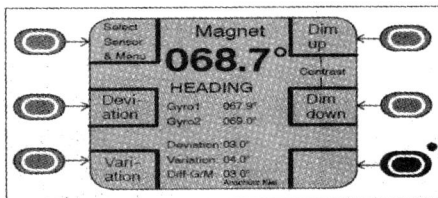

图 5-38　操作单元示意图

如图 5-39 所示,其中右下角的数据显示区为报警显示,对应的软按键上面的小点为一个双色发光二极管,当有意外情况发生时,二极管的作用是指示数据传送和闪射红光报警。

图 5-39　操作单元中的二极管

　　快速稳定操作是通过方位电机带动随动球转动产生的摩擦力来推动陀螺球向减小方位角的方向转动,直至最小。由于摩擦力较小,推动能力有限,故此操作只适用于前次关机和本次期间没有改变航向的情况。(快速稳定功能可使加热阶段和稳定阶段减小到 1 h)。

　　如前面所述,安许茨标准 22 型罗经分为完整型和简化型,下面分别对其操作做出说明。

(二)完整型安许茨标准 22 型罗经显示单元的快速稳定操作

　　(1)亮度调整:如图 5-40(a)所示,Dim Up 或 Dim Down,使屏幕变亮或变暗。

　　(2)对比度调整:如图 5-40(b)所示,同时按 DimUp 和 Dim Down 键,转换为(b),按动 Contr. Up 或 Contr. Down 使显示屏幕对比度发生变化。

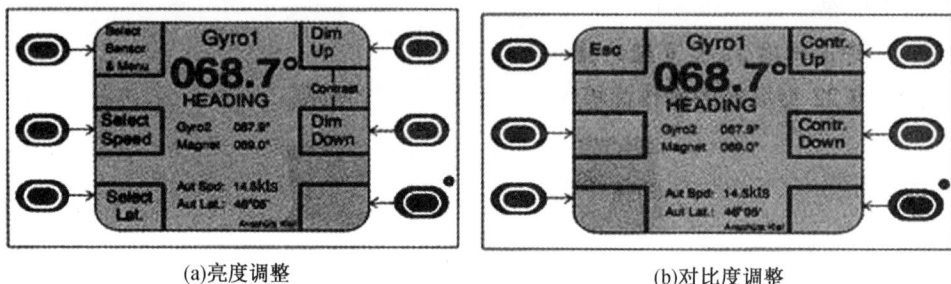

(a)亮度调整　　　　　　　　　　　　　　(b)对比度调整

图 5-40　亮度和对比度调整

　　(3)当前传感器选定:如图 5-41(a),按 Select Sensor & Menu 键,传感器依次出现在显示屏顶端,选择传感器,按 Set 键确认。

　　(4)指示灯测试:按住 Lamp Test 键大约 3 s,进入测试状态,底部显示"Lamp Test",二极管发光如图 5-41(b)所示,逐渐增大亮度,同时发声。

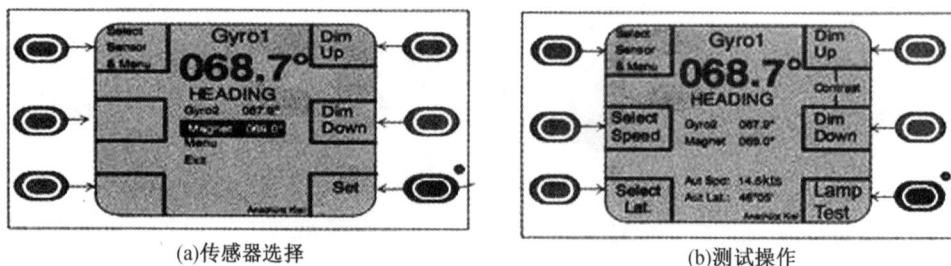

(a)传感器选择　　　　　　　　　　　　　　(b)测试操作

图 5-41　传感器测试操作图

　　(5)航向显示分为加热阶段和稳定阶段如图 5-42 所示。

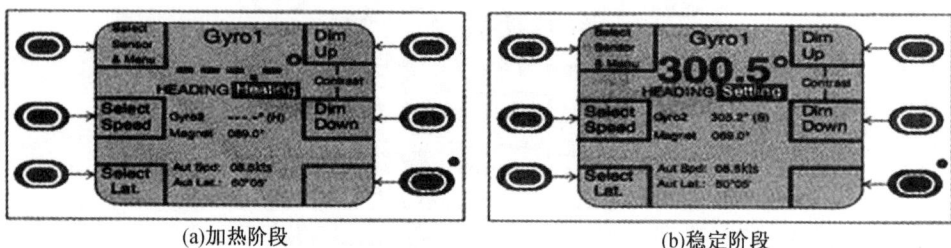

(a)加热阶段　　　　　　　　　　　　　　(b)稳定阶段

图 5-42　航向显示

（6）速度输入：如图5-43所示，按Select Speed键选择手动输入"Man Spd"，发光二极管黄色光闪烁，按Up或Down键改变数值，按Set键确认，闪光熄灭。

（7）纬度输入：如图5-44所示，按Select Lat键选择手动输入"Man Lat"，发光二极管黄色光闪烁，按Up或Down键改变数值，按Set键确认，闪光熄灭。（系统接受输入的纬度和速度数值后，按此计算速度误差并消除之。）

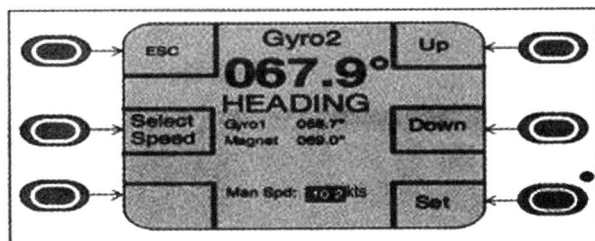

图5-43　速度输入　　　　　　图5-44　纬度输入

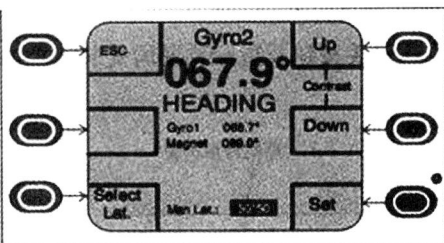

（8）快速稳定激活操作：启动后，选定航向信息下出现"QS-possible"，必须立即按下Select Sensor & Menu键，选择"Menu"项，按Set键确认进入下级菜单；按Select Menu键，选择"Quick-Settling"项，再按Set键激活快速稳定功能；此时显示"Gyro X QS SET"，选择"Exit"退出。

（三）简化型安许茨标准22型罗经显示单元的快速稳定操作

如图5-45所示，快速稳定操作器启动后，快速稳定按钮闪烁持续2 min，在此期间按下此钮激活快速启动功能；若3 min内没有激活则正常启动。

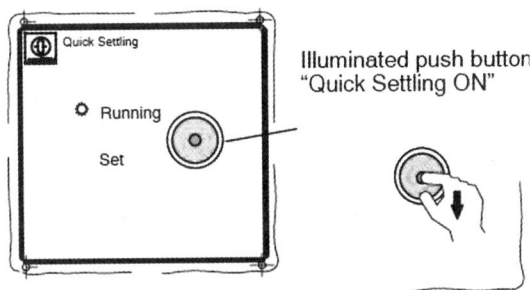

图5-45　快速稳定操作器图示

任务3　船用陀螺罗经的调试

一、安许茨标准22型电罗经的调试

（一）安许茨22型罗经的检查

罗经安装完毕后进行相关检查和设置。检查电罗经设备的产品证书及检验合格标志。对设备进行外观检查，确认其外壳、接口无损坏迹象，其外壳防护型应与安装处所相适应。

对设备的连接线、电源装置等进行外观检查,保证电缆连接牢固可靠,无触电安全隐患,设备布置易于操作,并便于做适当的维修保养,检查按图纸中规定良好接地,接线布置与罗经系统相符合。传感器输入接口设置应由服务工程师根据船舶特定的条件进行配置,操作者无须进行相关操作。传感器输入设置菜单为操作者提供设置满足 IEC61162-1 规范或 NMEA-0183 规范的标准设备连接情况,涵盖了陀螺罗经系统各项功能必需的船上各种设备的可能连接,包括 GPS/DGPS、主罗经、分罗经、磁罗经等。

1.电源检查

测量罗经的供电电源电压在允许的范围之内(DC 18~36 V)。如图 5-46 所示测量端子在接线板 L1 上,电压最低不能低于 DC 18 V,最高不能超过 DC 18 V。

2.罗经上微动开关 DIP 设置检查

检查微动开关 DIP 都在 ON 的位置。如图 5-47 所示,使用微动开关 B37、按键 B38 和 B39 进行校正和设置,主要包括航向和数据校正,功能性检查的设置以及数据格式和传输速率设置。

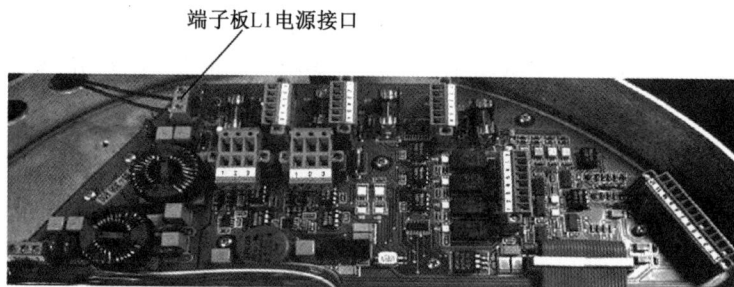

图 5-46　源电压测量

图 5-47　微动开关 DIP 设置

3.设置罗经零点

罗经安装完成后,在安装过程中,罗经 0 刻度线没有对齐船首尾线引起的误差,要根据其安装位置进行对中。罗经的零点设置通过微动开关 B37 DIP switch、按键 B38 和按键 B39 完成。操作必须在罗经运行 5 h 之后或者在船停泊 5 h 后进行。如果试图在 5 h 之内进行设置,将会在按下键 B38 或 B39 后出现如下信息"AL. no"。

按照如下程序进行设置罗经零点:

(1)松开 5 个"十"字螺钉,拆卸罗经的外罩。

(2)拨动微动开关 B37 DIP Switch 第一个开关拨到 OFF 位置,如图 5-48 所示。

(3)数字显示器显示"AL Er"安装误差校正,"AL Er"= Alignment Error。

(4)按下铵键 B38 或 B39 改变艏向,按键 B38 减小数值,按键 B39 增大数值,直到显示所需要的艏向,保持按住按键,变化的速度会加快。

(5)拨动微动开关 B37 DIP switch,第一个开关回到 ON 位置,保存设置。

4. 安许茨 22 型罗经安装误差读取

对于安许茨 22 型罗经来说,有多种信号检测传感器可对罗经的工作状态检测和监测。

图 5-49 所示为通过数字显示器查阅工作状态及参数、故障信息和告警信息。

安装误差必须记录在罗经罩内侧的表中。读取方法如下:

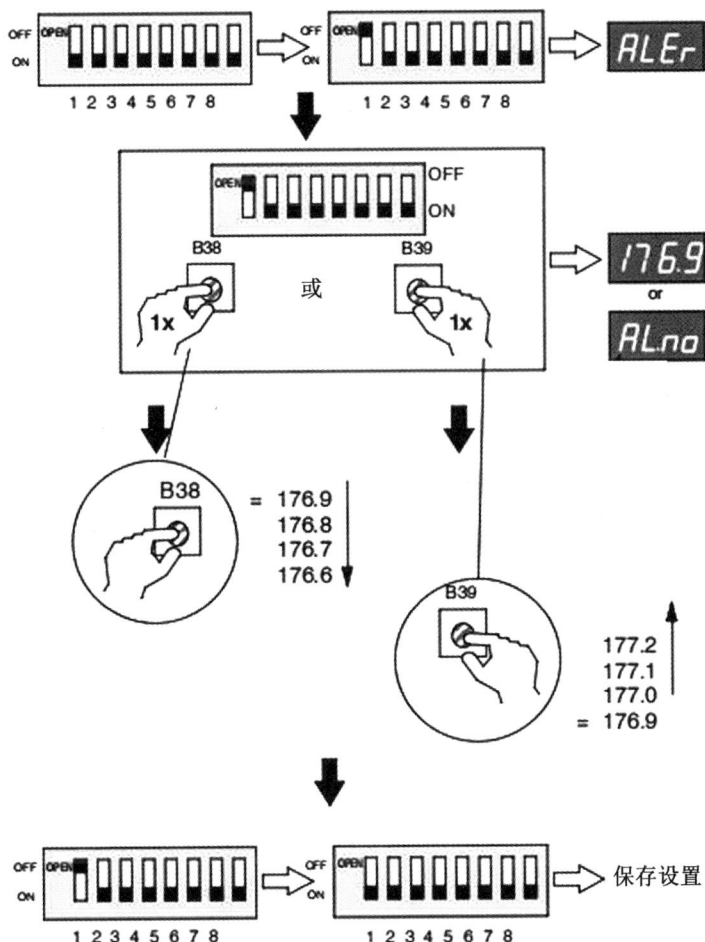

图 5-48 罗经零点设置

（1）松开 5 个十字螺钉,拆卸罗经的外罩。

（2）微动开关 B37 第 8 个开关拨到 OFF 位置。

（3）按下铵键 B38 显示"AL Er"。

（4）按下按键 B39 显示具体数值。

（5）微动开关 B37 第 8 个开关拨到 ON 位置,罗经处于可用状态。

（6）罗经罩装好,旋紧螺钉。

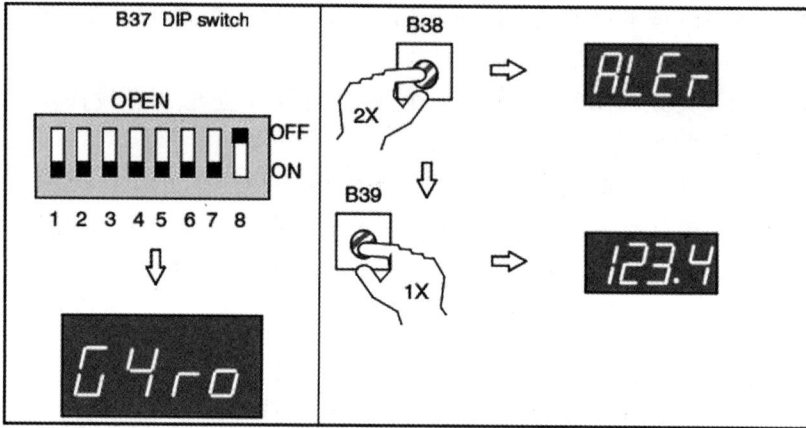

图 5-49　读取安装误差

（二）CAN 总线地址设置

在陀螺罗经系统中,每个单元都需有各自的 CAN 总线地址,地址可以通过微动开关 DIP 设置。表 5-1 所示为罗经系统中各单元或传感器的地址。

表 5-1　罗经系统中各单元或传感器的地址

设备	CAN 总线地址
操作单元	01—09
传感器（GPS-罗经）	10—13
传感器（陀螺罗经）	14—19
分配器单元	20—29

CAN 总线地址设置如图 5-50 所示。

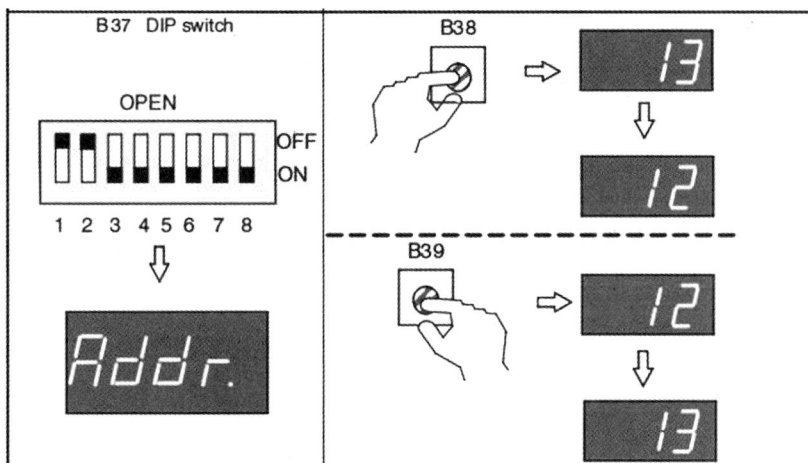

图 5-50　罗经系统 CAN 总线地址设置

(三) 罗经运行模式调整

松开并卸下罗经外罩,利用微动开关 B37 和按钮 B38、B39 进行调整。具体设置项目有艏向数据传输速率、旋转速率 ROT 功能、速度误差校正功能,罗经运行模式设置初始状态如图 5-51 所示。

1. 艏向数据传输速率调整

艏向数据传输调整步骤如图 5-52 所示。

1——艏向数据传输速率每秒 1 个报文;

10——艏向数据传输速率每秒 10 个报文。

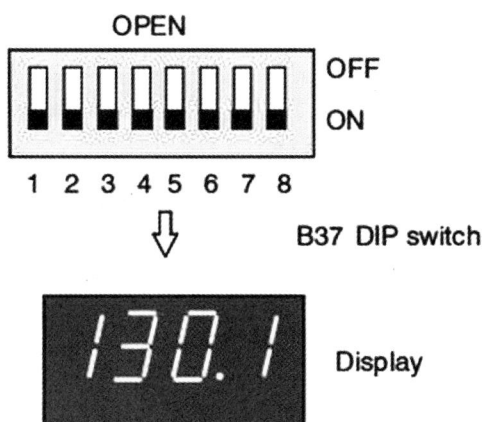

图 5-51　罗经运行模式设置初始状态

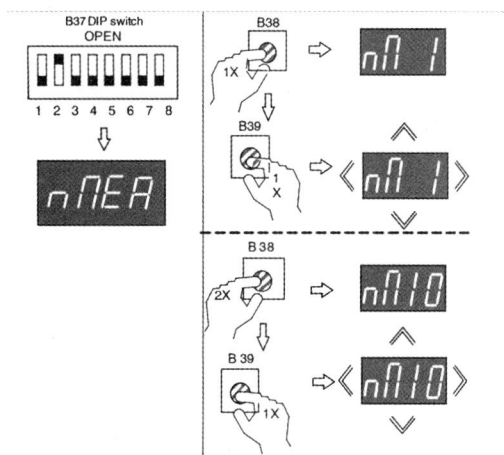

图 5-52　艏向数据传输速率调整

2. ROT 功能设置

图 5-53 所示为设置 ROT 功能的设置步骤。"HE. ro"表示艏向带有 ROT 功能,"HE. --"表示仅有艏向功能。

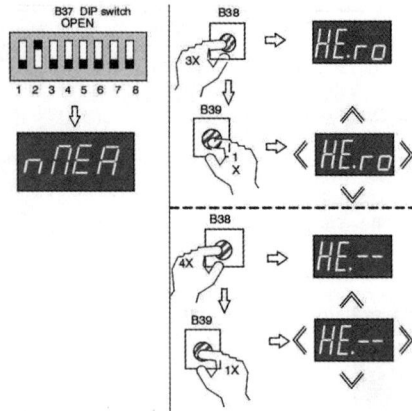

图 5-53　ROT 功能设置

3. 速度误差校正

图 5-54 所示为设置速度误差校正设置步骤。"SECY"表示艏向数据有速度误差校正，"SECn"表示没有速度误差校正。"oELY"表示有油剩余误差的速度误差校正，推荐设置；"oELn"表示无油剩余误差的速度误差校正。

4. 数据分配器单元设置

数据分配器单元设置方法如图 5-55 所示。"ddUY"表示系统具有数据分配器单元；"ddUn"表示系统没有数据分配器单元。

NMEA 协议输出设置包括是否具有 SEC 速度误差校正，nMSY—NMEA 输出不具有 SEC，nMSn—NMEA 输出具有 SEC，如图 5-56 所示。

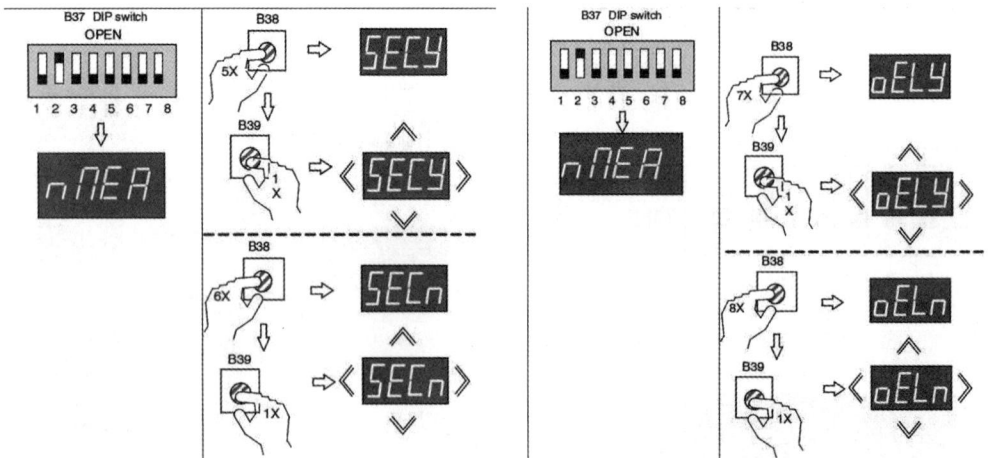

图 5-54　速度误差校正设置

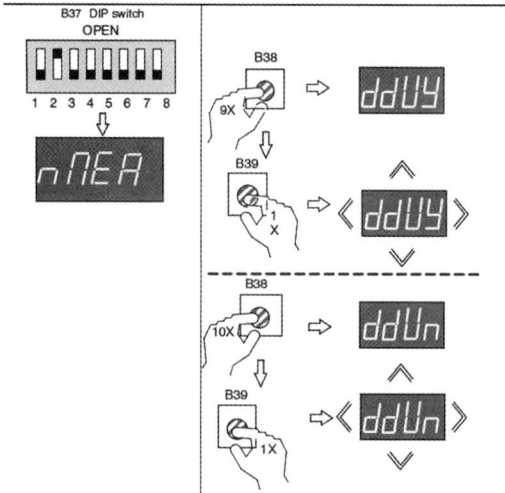

图 5-55 数据分配器单元设置

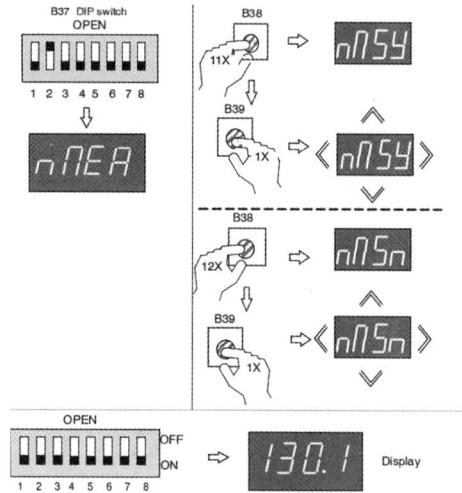

图 5-56 NMEA 输出设置

（四）航向接收机功能检查，转回率功能检查

利用显示器、开关 B37 和按键 B38、B39 进行航向接收机和 ROT 功能检查，其过程如图 5-57 所示。注意转回率 ROT 指示需连接到分配器单元。

（1）将开关 B37 的第六个开关置于 OPEN 位置，显示"-FU-"。

（2）按下按键 B39，随动球顺时针旋转，显示器显示值下降。

（3）按下按键 B38，随动球逆时针旋转，显示器显示值上升。

（5）按下按键 B39 或 B38，显示出传输误差数值。

（4）最后将 B37 的开关置于 ON 位置。

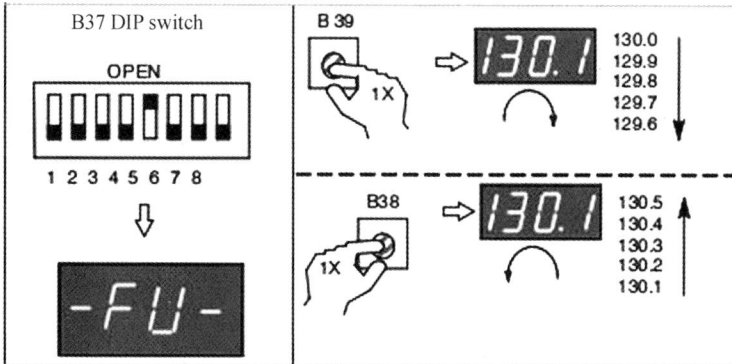

(a)

图 5-57 航向接收机功能和 ROT 功能检查

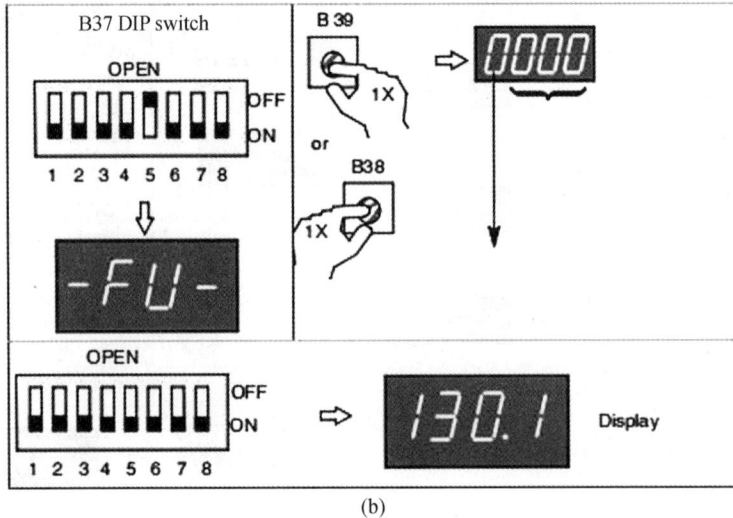

(b)

图 5-57(续)

任务 4　船用陀螺罗经的维护保养

一、日常检查

(1)经常检查罗经的各项参数(三相和单相电压、三相电流、陀螺球高度、支承液体温度、支承液体液面高度、分罗经航向)是否正常。

(2)航行中若有速度误差,观测的航向和方位应通过查表计算消除速度误差。

(3)当报警器报警时,必须对支承液体采取降温措施。当支承液体温度达到 60 ℃时,罗经已不能正常工作,应关闭罗经。

(4)按要求定期清洁主罗经汇电环、变流机汇电环,保证其接触良好。

(5)对机械转动部分应按要求定期进行清洁并加润滑油,保证其转动灵活。

(6)当罗经不工作时,避免大幅度摇动主罗经,以免因陀螺球不工作而无聚中力,与随动球碰撞损坏。同样,罗经不工作时若船舶摇摆较大,应启动罗经使其工作,避免损坏陀螺球。

二、维护保养任务

1.更换支撑液体

支撑液体应每年更换一次,若发现支撑液体已变质,应及时更换。

按照以下步骤更换罗经支撑液体。

(1)将贮液缸内的旧液体清除,并用蒸馏水冲洗干净。

(2)用量杯量取 5 L(也可适当多量几杯)蒸馏水倒入贮液缸内。

(3)用量杯量取 1 L 甘油倒入贮液缸内,再用量杯量取 3 L 蒸馏水冲洗量杯后倒入贮液缸内。

(4)用量杯量取 1 L 蒸馏水放在量杯内,用天平称出 10 g 苯甲酸(也可用 18 g 硼砂代替)放在烧杯内,倒入约 100 mL 蒸馏水,放在酒精灯或电炉上加热到苯甲酸完全溶解后,倒入贮液缸内。用量杯内剩余的蒸馏水冲洗烧杯倒入贮液缸内,最后再用量杯量取 1 L 蒸馏水倒入贮液缸内。

（5）用玻璃棒充分搅拌贮液缸内的液体,将其搅拌均匀后,用 1 L 的大量杯盛满一杯,放入比重计,测量支撑液体的比重应符合要求。待主罗经桌装好后,再将盛出的液体从贮液孔注入贮液缸内,直到缸内液体数量符合要求,剩余部分装在塑料瓶内备用。

注:支撑液体的比重可根据温度查"支承液体比重曲线图"。

2. 陀螺罗经的检测与调整

按照以下步骤完成陀螺罗经的检测与调整任务。

（1）主罗经三相电流的检测与调整

主罗经三相电流的大小,由罗经箱上的三个电流指示灯的亮度表示。

三个电流指示灯灯座上两电极的电压应为 0.9~1.65 V,三相电流为 0.6~1.1 A。

支持液体的导电率调整调整方法:加入 1 g 苯甲酸(或 2 g 硼砂),三相电流增加 0.1 A。若三相电流超过正常值,应先从贮液缸内抽出液体,再加入蒸馏水与甘油按比例配成的同数量液体。

（2）陀螺球高度的检测与调整

条件:支撑液体温度正常,陀螺球稳定指北和罗经桌水平。

用手电筒照明,从主罗经观测窗观测陀螺球高度,首先使眼睛看随动球赤道带玻璃上的两条水平标志线重合为一条线后,然后看陀螺球赤道线应高 2 mm±1 mm,否则为不正常。

陀螺球高度不正常是支撑液体的比重不符合要求引起的,应向支撑液体内加入甘油或蒸馏水。

（3）微动开关的检查与调整

微动开关三个触点工作的温度与温度表指示的支撑液体温度不一致时,应进行调整。

有一个或两个触点不正常时,通过调整不正常机械触点的下接触螺钉与上接触点之间的间隙,使其工作正常;三个触点工作的温度都不正常时,应调整微动开关的弹簧调节螺钉,改变三个机械触点之间的间隙,使其工作正常。

任务 5   船用陀螺罗经的故障排查

表5-2列举的故障排除方法的出发点是:先把仪器的故障原因归结为线路板或电子元器件的失效,用更换线路板或元件的方法进行原因分析。更换后若故障消失,则认为原线路板或元件失效。若更换后故障仍然存在,则可能是电机、机械运动、陀螺球出现问题或其他一些原因,需要进一步具体分析。

安许茨 22 型陀螺罗经故障检修实例

表5-2   列出陀螺罗经常见故障的检查与排除方法

序号	故障现象	常见原因	检查与排除
1	主罗经电源指示灯不亮,同时中频电源箱电压没有指示	中频电源箱故障	检查供电情况,检查应急电源箱快速熔断丝情况;按中频电源故障检查及排除

表 5-2(续)

序号	故障现象	常见原因	检查与排除
2	中频电源箱电压指示偏低	①中频电源箱故障 ②负载电流过大	①中频电源故障检查及排除 ②断开负载,检查中频电源输出是否正常
3	延时指示灯亮后,主罗经航行刻度迅速旋转,或不跟踪	随动系统故障	检查随动放大器输入和输出情况,更换放大器板再检查
4	方位仪状态工作误差大	补偿系统故障,陀螺球的漂移增大	检查纬度补偿开关旋钮位置;检查参数调节线路、不平衡量补偿情况,再调整
5	罗经误差增大或长时间不能稳定	参数调节线路或陀螺球上调整配重故障	检查罗经阻尼参数回路,排除陀螺球配重故障
6	主罗经与同步发送箱航向刻度不一致	同步系统故障	更换同步放大器板再调试
7	延长灯长时间不亮	①陀螺球寿命已到 ②指示灯坏 ③控制板坏 ④中频电源仅通两相	①更换陀螺球 ②调换灯泡 ③更换元件或控制板 ④检查中频电源
8	同步系统不跟踪	同步线路板坏;精、粗发送机或接收机损坏;执行电机损坏;无直流电源;有关电缆、连接插头故障	更换或维修有关元、部件
9	同步箱跟踪主罗经误差大	①精通道信号故障 ②放大板损坏	①检查精发送器和接收机,以及有关接线 ②更换同步放大板

　　陀螺罗经的常见故障大多由电子元件失效而引起,较易检查排除,机电元件故障率相对较低,但存在误差。因此,控制补偿系统是罗经精度的重要保障系统之一,其由控制系统回路和补偿系统线路组成。系统经手动或自动装定航行纬度、航行速度及航向数据,控制补偿系统能对罗经和方位仪的原理性误差及制造、装配工艺上的误差进行精确补偿,使罗经的使用精度显著提高。

控制补偿系统故障
分析思维导图

　　陀螺罗经的电源故障、随动系统故障和传向系统故障按照以下步骤进行排查。

一、陀螺罗经电源故障

　　陀螺罗经在电路系统上分为电源系统、随动系统、传向系统和附属电路系统。

　　电源系统的作用是应罗经要求将船电换成罗经用电,其转换方式分交流机系统和直流逆变器系统。陀螺罗经需要中频电源供电,故应设置将船舶电源变换为罗经用中频电源的转换器。电源转换器现有两种形式:同轴变流机型和静止逆变器型。

电源系统主要由过电流保护开关、电磁保护开关(继电器)等组成,由船电 220 V/50 Hz 输进,经过静态变流器分出 55 V/400 Hz 供给陀螺和水泵,115 V/400 Hz 供给磁放大器,50 V/50 Hz 供给同步发送器,25 V/400 Hz 供给信号电压、温度过高指示,提供 50 V/50 Hz 照明。

1. 检查陀螺球及同步发送器的电压

造成电压不正常的原因可能是陀螺球损坏或支撑液体密度和陀螺球高度不正常。

2. 检查陀螺球的电流

陀螺球电流应在 0.6~1.1 A,过大或航向误差很大,说明可能是陀螺球损坏;太低可能是支撑液体的密度不正常,应校正液体的密度。

3. 主罗经 400 Hz 供电电源

检测电源转换器输出是否正常。电源转换器分为两大类,早期为旋转式变流机,后来均为静止型逆变器。对于旋转式变流机,先检查电动机部分运转是否正常,再检查发电机部分工作是否正常。重点检测变流机启动电路,对于静止型逆变器,先检测整流稳压值是否正常,再用示波器检测调节转换电路中的振荡波形是否正常,最后检测开关电路的 400 Hz 逆变输出是否正常。

二、陀螺罗经随动故障判断

随动系统由随动球、蜘蛛架、中心导杆、水密接线盒、方位齿轮及方位刻度盘组成。陀螺罗经的随动系统的作用是控制随动部分跟踪灵敏随动系统部分,将陀螺仪主轴的指向反映到刻度盘上。

随动系统的工作原理为船舵转向导致随动球与陀螺球失配,从而使信号电桥产生随动信号,之后晶体管将随动信号放大,以驱动方位电机带动齿轮传动,从而带动随动球和航向刻度热转动,直至恢复随动球原始位置,此时信号电桥平衡随动电压为零方位电机停转。

1. 检查随动系统的灵敏度

若灵敏度不够,随动系统出现缓慢或偶然性的停转现象,大部分是机械故障,也可能是随动电桥电路断路出现故障、放大器损坏,应检查电子管的电压是否正常。

启动电压决定于方位齿轮是否易于转动和所接分罗经的数目及其转动情况。

2. 检测随动系统是否正常

做随动速度的检查时,主罗经航行刻度盘回转 90°,所需时间不应超过 20 s,若不正常,检测随动系统信号电桥、随动放大器和方位执行电机。因为陀螺罗经的陀螺球浮液悬挂支承,其垂直轴上引起的摩擦力矩甚小,其随动信号的放大部分原则上可以不要,所以去掉随动放大的信号,直接把信号电桥产生的随动信号加到方位执行发动机的信号绕组上,此时随动系统若正常工作,说明故障在随动信号的放大部分。若方位执行电机上激磁电压和信号电压均正常,且机械传动部分亦正常,说明该执行电机坏,需更新。

三、陀螺罗经传向故障判断

陀螺罗经传向系统的作用是将主罗经的航向传送到分罗经和其他复式器。根据航向发送器和航向接收器的工作原理,可以将传向系统分为交流同步传向系统和直流步进式传向系统。现代数字陀螺罗经采用计算机技术,可以数字信号形式,通过 RS-232/RS-422 等串口通信,将航向信息传送到数字分罗经或其他数字接收设备(如雷达和 ECDIS)。

故障1:当船舶大角度转向时,出现分罗经与主罗经失步,分罗经刻度盘左右抖动。

请进行故障排查,分析故障原因。

故障 1 排查步骤
与原因分析

故障2:船舶的 2#罗经出现卡盘、罗盘不转现象,陀螺球转动声音过大,响声不停,主罗经与全船所有分罗经失去匹配。

请进行故障排查,分析故障原因。

四、陀螺罗经指向不稳故障

故障 2 排查步骤
与原因分析

1. 更新已变质或已使用一年左右的支撑液体

按照步骤完成如下项目的检测和修理。

(1)用专用工具拆开主罗经,吸出支撑液体,从随动球中取出陀螺球放到托架上。

(2)清洁贮液缸、随动球,同时检查其表面是否光滑,有无微突或裂纹,随动球紧固件是否松动,这类现象会导致与陀螺球相碰使主罗经指向不稳、产生不定误差。清洁陀螺球。

(3)检测顶电极、底电极、赤道电极导电情况并加以维护。电极导电性能不佳会使陀螺球得不到稳定供电,陀螺球的工作电压、电流不正常,因而产生不定误差。

(4)检测两随动电极导电情况并加以维护。电极导电性能不佳会使随动信号输出减弱,随动系统无法正常跟踪,导致罗经指向不稳。

(5)检测陀螺球外壳是否光滑、完整。若存在翘起、裂缝或老化腐蚀产生小孔,会导致陀螺球内填充的氢气或氮气跑掉,陀螺转子工作环境变坏,并且使支撑液体渗入球内,陀螺球变重无法正常悬浮,必须更新。

(6)全部清洁后,注入新支撑液体,重新装好主罗经。先检查支撑液体是否适量,再观测陀螺球在支持液体中的状态和位置,若存在过分倾斜或球的高度过低,说明陀螺球已损害必须更新。

(7)主罗经装好后,启动罗经,记录陀螺球的启动电压和电流。

启动罗经时听陀螺电机加速声音为"嘟哪"声,一般 15 min 左右启动加速过程结束,此时陀螺电机已抵达额定转速会听到清晰的"嗡嗡"声,此时陀螺球的电流下降到正常工作电流,因而其电压应上升至正常工作电压,否则陀螺球有损坏的可能。

启动加速过程后,因为均在陀螺球内安放盛有黏性较大的甲基硅油的液体阻尼器,此液体流动的迟滞作用产生阻尼力矩,所以陀螺罗经应做减幅摇动,即使由于某种原因使罗经主轴偏离稳定位置,仍然会自动地返回稳定位置。

一般启动后 4~5 h,经过 2~3 个阻尼运动周期后,罗经应在正确的方向稳定下来。间隔 20 min 左右记录一次罗经指示度数,从而绘制出该罗经阻尼运动曲线,如图 5-58 所示。

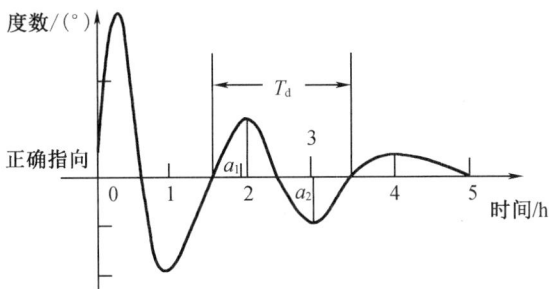

图5-58 陀螺罗经阻尼运动曲线

因阻尼液体的有规律延缓流动,一般须待主轴摇动80 min后方可建立起来,其后主轴才能进行周期性的或幅振动,所以从绘制的该罗经阻尼运动曲线中,测取计算阻尼周期T_d和阻尼因数$f=a_1/a_2$,应从启动罗经80 min后进行,正常阻尼周期T_d值为60~150 min,阻尼因数f为2.5~4,若实测值与正常值相差较大,说明陀螺球性能降低。

2. 主罗经故障

主罗经的任意一个组成部分不正常,都会导致罗经不稳并产生误差。因陀螺罗经的灵敏部分陀螺球工作于支撑液体中,陀螺球的供电和方位失配信号的产生、输出都离不开支撑液体,并且支撑液体又容易变质,一年左右必须更新,所以先检测支撑液体是否变质或到期。支撑液体未变质或没到期,检查主罗经工作温度是否正常。因支撑液体特性随其温度改变而产生较大变化,所以温度偏差过大,使灵敏部分陀螺球工作条件不正常而产生指向不定误差。工作温度不正常时,应检测其温控系统。

3. 检查陀螺球的高度

因陀螺球与随动球的上下间隙是有限的,如Anschitz IV型罗经的间隙仅为6 mm。若陀螺球的高度偏差过大,导致陀螺球与随动球相碰使主罗经指向不稳而产生不定误差,并且常常在船舶做转向航行时出现误差,而停航或航向固定时不出现,因此观测陀螺球高度必须认真仔细。例如,对于航海I型,必须是主罗经已稳定、罗经桌水平、支撑液体温度为39 ℃±2 ℃(或46 ℃±2 ℃),从贮液缸的观察窗观察时,使眼睛和随动球上有机玻璃内外表面的两条红刻线位于同平面内,以此为基准,观测陀螺球的赤道红刻度线应与随动球上的红刻度线重合,偏差允许范围是±2 mm。陀螺球的高度不正常时,用密度计测试支撑液体的密度,若密度正常,检测陀螺球电磁上托线圈工作是否正常。

★思政小课堂:

同学们,你们都知道中国的四大发明吧?那么对于中国古代四大发明之一的指南针,你又了解多少呢?请扫描二维码学习吧。

华夏文明
文化瑰宝
博大精深
源远流长

中国四大发明之一:
指南针

前沿知识

陀螺罗经习题

项目6 船用测深仪的操作与维护

【项目描述】

船用测深仪是重要的船舶导航设备,可以给航行船只提供水深信息,有助于船舶的安全行驶和导航,对该设备的操作与维护是 750 kW 及以上船舶电子电气员工作的重要职责之一。本项目基于船用测深仪真机设备开展项目化教学,通过本项目的认知与实践,使学生在今后的工作岗位上能够自主地完成船用测深仪的维护保养。

【学习目标】

知识目标:

- 能描述船用回声测深仪的基本工作原理;
- 能描述船用回声测深仪的结构组成。

技能目标:

- 能正确进行船用回声测深仪的操作与维护保养。

素质目标:

- 培养学生的实际操作能力与解决实际问题能力;
- 培养操作人员求真务实、严谨细致的工作作风。

任务 1 船用测深仪的认知

一、船用测深仪基本工作原理

(一)船用测深仪主要功能

按照 SOLAS 公约第五章的要求,所有 300 总吨及以上的船舶和不论尺度大小的客轮,应配置 1 台船用回声测深仪,其主要用途是:

1. 在情况不明的海域或浅水航区航行时,测量水深以确保船舶航行安全。
2. 在其他导航设备失效的特殊情况下,可通过测量水深辨认船位。
3. 用于航道及港口的测量,提供精确的水文资料。
4. 现代化多功能的船用测深仪还可实现水下勘测、鱼群探测跟踪等功能。

(二)船用测深仪工作原理

船用回声测深仪(echo sounder)是利用超声波在水中传播的物理特性测量水深的水声

导航设备。船用回声测深仪测量水深的基本原理是通过测量超声波自发射经水底反射至接收的时间间隔,从而确定水深。如图 6-1 所示,在船底龙骨下方安装有用于发射与接收超声波的换能器 T。发射时,换能器 T 以脉冲方式向水下发射频率为 20~200 kHz 的超声波脉冲,声波经海底 O 反射后部分能量被换能器 T 接收。只要测出声波自发射至接收所经历的时间,就可由式(6-1)求出水深。

$$H = D + h = D + \frac{1}{2}Ct \qquad (6-1)$$

式中,H 为水面至海底的实际水深;D 为船舶吃水;h 为测量水深;C 为声波在海水中的传播速度;t 为声波自发射至接收所经历的时间。

通常取声波在海水中的标准声速为 1 500 m/s,则测量水深 h 可表示为

$$h = 750 \, t$$

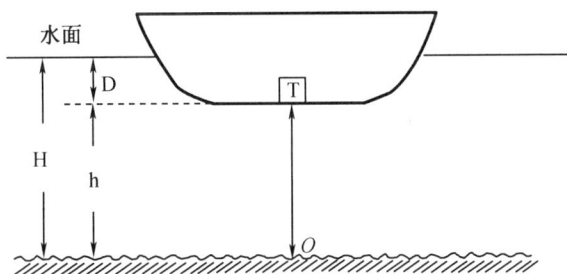

图 6-1　回声测深仪工作原理

(三)船用测深仪水声处理相关技术

1. 水声换能器

换能器(transducer)是实现电能与声能相互转换的器件,如图 6-2 所示。用于将电振荡能量转换为声能向水下发射超声波的换能器称为发射换能器,将海底反射回来的超声波声能转换为电振荡能量的换能器称为接收换能器。发射换能器和接收换能器可以分开,也可合二为一。

换能器按材料可分为两种:一种是以镍或镍铁合金为材料的磁致伸缩换能器;另一种是以钛酸钡或锆钛酸铅等压电陶瓷为材料的电致伸缩换能器。

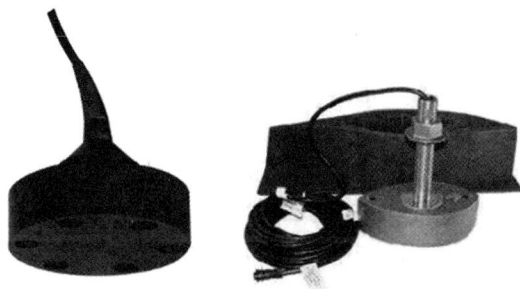

图 6-2　换能器

2. 换能器的安装

换能器的安装直接关系到测深仪的测量精度,换能器的安装要求如下所述。

(1)确定换能器安装位置时主要考虑使气泡影响最小,且船舶在最小吃水和最大摇摆时,换能器始终保持在水下部位。为了避免产生气泡或涡流干扰,换能器在船底的安装位置应选择船底平坦、周围杂声干扰小的地方;应尽量远离机舱、螺旋桨和船首侧推器,也不能靠近船首;应避开排水口、海底阀及其他有碍水流平顺的凸出物。换能器一般安装于船底龙骨距离船首 1/3 ~ 1/2 船长处。

(2)换能器应安装在多普勒计程仪换能器之后,且不能位于多普勒计程仪波束发射的方向上。

(3)换能器的工作面应力求与水平面平行,换能器平面与水平面的最大倾角应不大于 7°。

(4)换能器的安装不能降低船体结构强度和水密性能。换能器安装于船底,无论是开启或密封式安装,均须在船底开洞,因此应在开洞处采用法兰盘进行加固;同时,在安装换能器的舱室内,应增设便于维护的水密舱,以保证船舶安全和防止渗漏。

(5)换能器的工作面不得涂敷油漆。油漆对声能吸收很大,将使回波信号显著减弱,甚至使测深仪不能工作。若发现换能器表面有油漆或其他油污,应清除干净。

(6)换能器的引出电缆应使用屏蔽电缆;换能器的两根引导线之间应有良好的绝缘,屏蔽层与钢管应良好接地。

(7)换能器安装完成后应按要求进行气密性试验。

3. 换能器维护保养

换能器的维护和保养一般在坞内进行,包括如下内容。

(1)检查换能器的表面,使用木片或砂纸清洁换能器表面的附着物。

(2)清洁完毕,涂上牛油以防止油漆喷到换能器的工作表面。

(3)换能器钢罩可用砂纸砂干净后涂上防锈漆。

4. 声速修正

声波在海水中的传播速度受到海水的温度、含盐量及静压力三个因素的影响,一般情况下,温度越高、含盐量越大、静压力越大,声速越快。如温度每上升 1 ℃,声速将增加 3 m/s,可见声速并非恒定值。设计制造测深仪时取 1 500 m/s 为标准声速是为了简化起见,实际声速和标准声速不一致必然导致误差。现代测深仪可以通过相关传感器测量海水参数获得准确声速,也可以通过手动声速设置来校正测量误差。

5. 时间门跟踪技术

声波在海水中传播会受到大量气泡、浮游生物、鱼群等的干扰,形成复杂的干扰杂波,为了有效地去除这些干扰、识别真正的海底,测深仪采用了时间门(time gate)跟踪技术,如图 6-3 所示。

测深仪相邻两次测深之间的时间间隔(脉冲重复周期 T)一般较短,约为 0.1 s,在这段时间内海底的变化一般是平缓的,水深变化不会太大,我们假定第二次测深的变化为第一次测深值 D 的 ±10%,则以上次正确回波值 D 所对应的声波传播时间 $t(t = 2D/C)$ 为中间值,以 $t±10\%$ 为时间门,只有在时间门内的回波才被认为是有效的回波(海底),不在时间门内的回波则被视为干扰予以滤除。一旦时间门内无任何回波,则系统自动放弃时间门,开启全程搜索,直到重新捕获真正的回波为止。

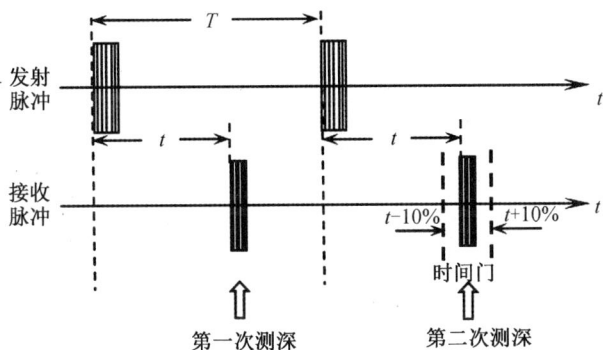

图6-3 回声测深仪时间门跟踪原理

6.时变增益控制技术

声波在海水中传播过程中因反射、折射、散射和吸收等现象,会使来自声源的能量随着时间和空间的推移而逐渐减弱,这种声能减弱的现象称为传播损耗。为了弥补声能的传播损耗,测深仪接收系统采用了时变增益(time varied gain-TVG)控制电路,其原理如图6-4所示。测深仪接收系统的增益随传播时间增加而逐渐增加,对较深的海底弱回波有效地实施补偿。同时,对于浅水区近距离的强干扰,由于TVG控制使得其增益较小,所以对干扰的抑制效果也十分明显。

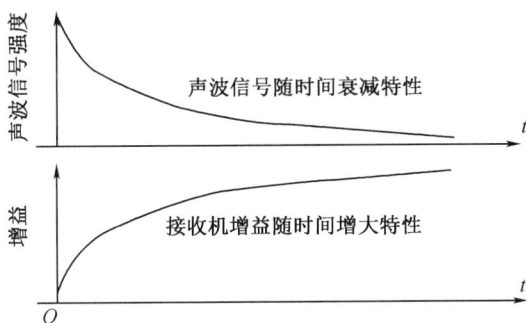

图6-4 回声测深仪 TVG 增益原理

（四）船用测深仪的组成及工作过程

回声测深仪的组成如图6-5所示,显示器是整机的中枢,作用是控制协调整机工作,测量声波往返时间并换算成水深加以显示。发射系统将显示器的发射指令转变为具有一定宽度、频率和输出功率的电振荡脉冲推动发射换能器工作。

回声测深仪整机结构

发射换能器将电振荡信号转变为机械振动信号,即将电能转换为声能,形成超声波信号向海底发射。接收换能器的作用与发射换能器正好相反,它将从海底反射来的声波信号转变为电振荡信号,即将声能转换为电能。接收系统将来自接收换能器的回波信号适当放大、选择和处理,变换为适合显示器需要的回波脉冲信号。电源设备将船电变换为机器所需电源。现代的回声测深仪,除换能器安装在船底龙骨附近外,其他各部分均安装在同一机箱内,形成测深仪的主机部分。

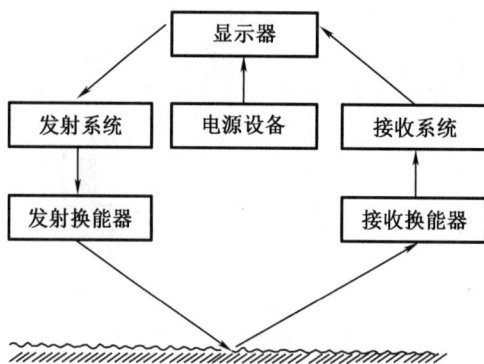

图6-5 回声测深仪组成

一艘船舶上可以安装一个以上的换能器和相应的收发系统,如使用多个换能器,应能分别显示来自不同换能器的深度,并应提供当前使用的换能器的清晰指示。

(五)船用测深仪主要技术指标

回声测深仪能够提供船舶龙骨下可靠的水深信息,对于引航水域,特别是浅水区域尤为重要。按照 IMO MSC.74(69)回声测深仪性能标准规定,在航速从 0 至 30 kn,船舶横摇达±10°和/或纵摇达±5°时测深仪应能正常工作,其主要技术指标如下所述。

回声测深仪主要技术指标

1. 工作频率

测深仪的工作频率是指回声测深仪发射超声波的频率,范围在 20~200 kHz。

2. 脉冲重复频率

脉冲重复频率指每秒钟发射的脉冲数,它的值在深水区不应低于 12 p/min,在浅水区不应低于 36 p/min。

3. 量程

测深仪至少提供 2 个量程刻度,即 20 m 的浅水量程和 200 m 的深水量程。在通常的传播和海床反射条件下,能够测量传感器下 2~200 m 的任何水深。

4. 最大测量深度

最大测量深度是测深仪能测量到的最大深度。适用于远洋船舶的测深仪最大测量深度为 400 m;沿海船舶的测深仪最大测量深度为 100~200 m。最大测量深度与发射功率、换能器效率和工作频率等因素有关。

最大测量深度还受脉冲重复周期 T 的限制,T 应略大于最大测量深度所需的声波往返时间 t,即 $T>t$。

5. 最小测量深度

最小测量深度是测深仪能测量出来的最小深度。发射脉冲宽度 τ 是决定最小测量深度的主要因素。测深仪实际能测出的最小深度应大于 τ 所对应的深度。

适用于远洋船舶的测深仪的最小测量深度一般为 1~2 m,而浅水测深仪的最小测量深度可达 0.2~0.3 m。

6. 测量误差

测深仪的误差包括声速误差、时间电机转速误差、基线误差、零点误差等,基于水中声波速度 1 500 m/s,测深仪误差在 20 m 量程为±0.5 m,在 200 m 量程为±5 m,或指示水深的±2.5%,取大者。

7. 数据存储

测深仪应能够记录最近 12 h 所测量的深度数据和对应的时间,并能回放记录的数据。

8. 显示方式

记录式显示方式为测深仪必须具备的显示方式。数字式显示方式在现代测深仪中应用较多。测深仪常用的显示器有 LED、CRT 或 LCD。无论何种显示方式均应能显示当前深度和可视的测深记录。显示的测深记录时长至少为 15 min。

任务 2　GDS 101 型测深仪的操作

目前常见测深仪主要有以下型号:SKIPPER 电气公司的 ED161HE、ED 162 和 GDS 101 型,JRC 公司的 JFE - 570S 型,FURUNO 公司的 FE 700、F-851D 型,Ocean Data 公司的 IES-10 型等。下面以船用回声测深仪的典型产品 GDS 101 型测深仪为例,介绍船用回声测深仪的功能、结构、接口、操作面板、操作界面与基本操作方法。

GDS 101 说明书

一、GDS 101 型测深仪主要特点

GDS 101 型测深仪由美国 Raytheon 集团下属的挪威 SKIPPER 电气公司生产,它是一种大屏幕、高分辨率 LCD 显示的船用测深仪,其主要特点如下:

(1)采用先进的数字处理技术,通过软件控制超声波的发射和接收,使用高清晰度的 LCD 显示器和菜单式人机交互界面,通过键盘操作控制整机工作。

(2)显示器可连续提供回波图像、数字深度显示、深度报警、吃水调整等信号,还可借助其他导航信号的接入,显示测量时的时间、船位、SOG、COG 等导航信息。

(3)硬盘可保存 24 h 的数字深度、回波图像和相应的导航数据,并可随时调出或打印这些历史数据。

(4)通过 RS-232 或 RS-422 串行接口可向其他外设输出 NMEA 0183 标准的深度信号。

(5)接收机可在较宽的动态范围内实现自动增益(AGC)和时变增益(TVG)控制,并对杂波干扰进行滤除。

(6)可以连接工作频率为 50 kHz 和 200 kHz 的两种换能器,适用于不同的水深条件。

二、GDS 101 型测深仪设备及其接口

GDS 101 型测深仪与外设连接示意图如图 6-6 所示。主机对整机的工作进行控制,产生发射脉冲,接收并处理回波脉冲,在显示器上显示回波图像及水深数据。主要的操作及控制通过面板按键和功能菜单完成。主机电源由交流 220 V 或直流 24 V 电源提供。换能器通过接线盒与主机相连,其功能是完成电能与声能的互换。

主机可外接 GPS 卫星导航设备及计程仪,在显示器上显示相应的导航信息,外接打印机可实时打印水深数据。此外,主机通过 RS-232 接口与计算机相连,可实现数据的共享。

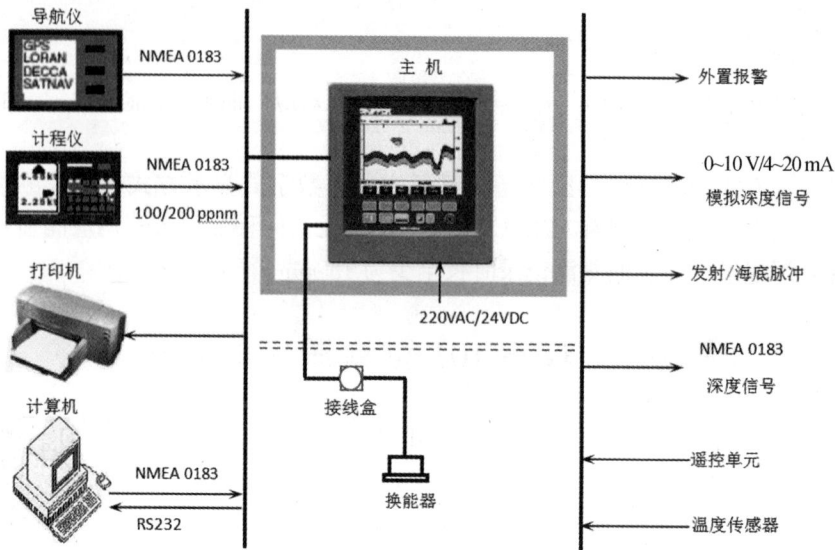

图 6-6　GDS 101 型测深仪设备及其接口示意图

输出接口/信号包括发射机/海底脉冲输出;0～10 V/4～20 mA 模拟深度信号输出;NMEA 0183 格式深度信号输出;外置报警输出;外置打印机输出。

输入接口/信号包括计程仪 100/200 PPnm 输入;NMEA 0183 格式 GPS 船位、罗经、速度等输入;发射机遥控和同步控制输入(可选);温度传感器输入(可选)。

船用测深仪能够将水深信息以数字方式提供给其他设备,包括远程数字显示器、航行数据记录仪和航迹控制系统,输出接口符合 IEC 61162 协议。测深仪的主要输出外设及实现功能如表 6-1 所示。

表 6-1　船用测深仪输出外设及功能列表

输出外设名称	主要功能
打印机	打印历史水深(数字或回波图像)
VDR	记录船舶实时水深数据
电子海图	显示实时水深、检查水深安全与报警
IBS	显示实时水深、检查水深安全与报警、提供 IBS 统一的水深基准
计算机	借助专用软件实现水深显示、机器检测与调试
分显示单元	实现模拟或数字信号的水深显示

三、GDS 101 型测深仪操作面板

GDS 101 型测深仪操作面板显示界面如图 6-7 所示。显示器左侧为数字深度指示,右侧为回波图像;显示器顶部显示时间、船位、船速、航向及换能器位置;显示器下方为固定功

能按键(Fixed-Key)与软功能按键(Soft-Key),测深仪的主要操作由这些按键完成。

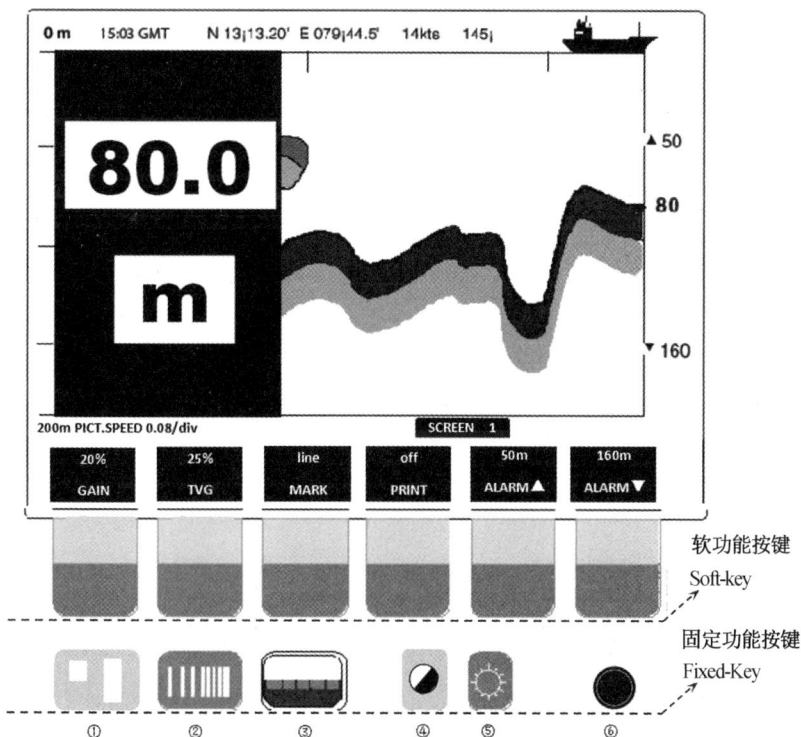

图6-7　GDS 101型测深仪操作面板显示界面

1. 固定功能按键(Fixed-Key)

如图6-7所示,固定功能按键中①~⑥功能如下。

①Depth Range Setting:深度量程设置,量程的范围为10~1 600 m。

②Display Speed Setting:回波图像平移速度设置,可输入的平移速度范围为20 s/幅~5 min/幅。

③Menu Select Button:菜单选择按键。

④Day/Night Vision:白天/夜间显示屏对比度调整。

⑤Screen Backlight:显示屏亮度调整。

⑥ Encoder Knob:编码旋钮,与其他固定功能按键(Fixed-Key)配合,可以连续地设置有关输入参数,或变换操作界面(Screen 1~10)。

2. 软功能按键(Soft-Key)和操作界面(Screen 1~3)

按固定按键 Menu Select Button(③),可以在显示屏上变换显示 Screen 1~3 三个操作界面。

(1)Screen 1

①GAIN:增益调整。

②TVG:时变增益调节(Time Variable Gain),用于浅水抑制杂波。

③MARK:固定标志线,用于产生固定时间标志线。

④PRINT:打印机开关控制(ON/OFF)。

⑤ALARM▲:浅水报警深度设置,0~100 m。

⑥ALARM▼:深水报警深度设置,0~1 600 m。

（2）Screen 2

①DIGITAL：off/small/large（关闭/小窗口/大窗口），选择数字深度显示窗口的模式。

②FREQUENCY：38/50/200 kHz，选择测深仪的工作频率。

③MARK：固定标志线。

④SYSTEM：OFF 为关闭显示器，按此键后测深仪并未断电，按面板上任意键将再次打开显示器。

（3）Screen 3

①POWER：发射功率调整。

②DRAUGHT：吃水调整，−100~100 m。负的吃水调整用于校正换能器安装位置与龙骨的距离差。

③SOUND：声速调整，1 400~1 550 m/s。

④AUTORANGE：自动量程开关控制，用于测深仪自动调整量程。

⑤PING：回波信号处理的滤波方式选择。

四、其他型号测深仪的操作

DS 1068−1 型测深仪操作

DS 1068−1 型测深仪说明书

任务 3　FURUNO FE−700 型测深仪的调试

FURUNO FE−700 型测深仪由显示器、换能器、适配器单元匹配盒等组成，回波测深数据会显示于高亮度的 6.5 英寸彩色 TFT（薄膜晶体管）液晶显示屏上。各组成部分相互连接关系如图 6-8 所示。

FURUNO FE−700 型测深仪说明书

FURUNO FE−700 型测深仪使用超声波脉冲探测海床及其他水底物体。显示单元包含所有的基本电子电路和逻辑处理单元。电脉冲在安装于船体上的传感器中转换为声能。处理器测量脉冲在海床与传感器之间传输的时间，并以图形形式或其他形式显示水深。传感器有一个关于工作频率的特定波束宽度，50 kHz 或 200 kHz。高频率有一个窄波束可防止船只向后航行或在恶劣天气航行时受到所产生曝气的影响。低频率有一个宽波束，测深能力更强大。

一、测深仪调试

测深仪安装完成后需要进行下述检查调试。

1. 换能器的检查

（1）应在换能器的接线盒处对换能器进行直接测量。

（2）换能器的测量应使用万用表电阻档的 10K 档进行测量，两芯线之间的阻值应无穷大，两芯线与地之间的阻值应无穷大。

（3）不可使用摇表测量绝缘阻值。

2. 系统参数设置

测深仪安装完成后需要进入系统菜单进行必要的参数设置。系统菜单应在安装后进行设置且无须经常调整。以 FURUNO FE-700 型测深仪为例进行说明。

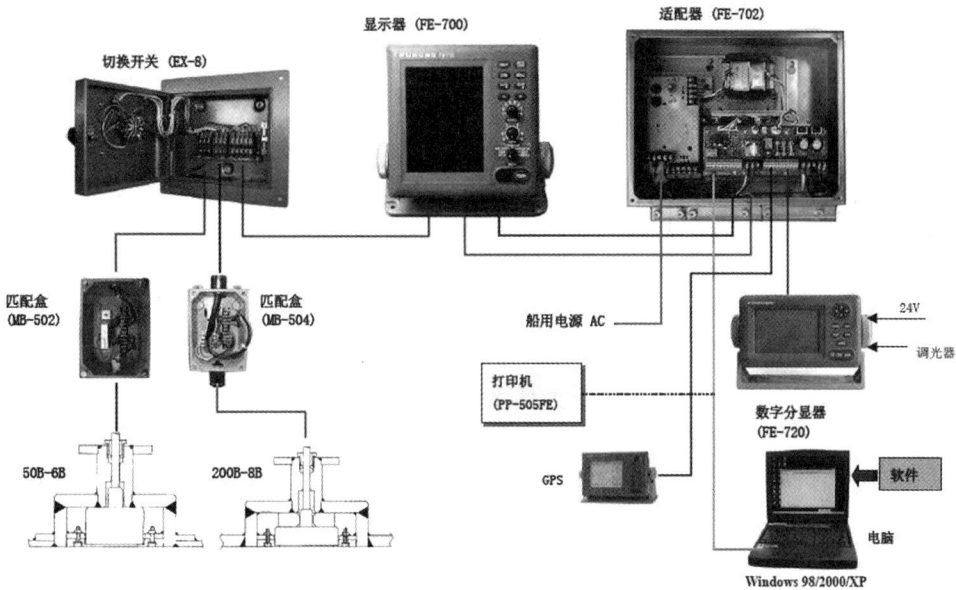

图 6-8　FURUNO FE-700 型测深仪组成

FURUNO FE-700 型测深仪有三个菜单。系统菜单的进入方法：使用 MODE 选择器选择 MENU（菜单）→连按几次 [▼] 键，显示窗口→根据提示进行操作→按 [+] 键选择 YES →出现确认消息"ARE YOU SURE?"→再次按 [+] 键→出现系统菜单 1→使用光标选择 MENU SELECT（菜单选择）→操纵 [-] 或 [+] 键选择所需系统菜单 1,2 或 3。

菜单 1 包括深度单位、速度单位、航向信号来源、水底丢失报警开启和关闭、GPS 报警开启和关闭、外部设备接口 I/O 信号格式、报警声响形式、本船数据显示模式、报警蜂鸣器开启和关闭等设置。

菜单 2 包括时间调整和时差调整设置。

菜单 3 包括开启或关闭指定量程刻度、趋势显示时间设置。

FURUNO FE-700 型测深仪安装后需进行传感器设置，具体步骤如下所述。

（1）关闭设备。

（2）按任意键的同时按 POWER 开关。出现 EXTENSION MODE 显示时，请释放此键。

（3）在 EXTENSION MODE 显示屏上按 [+] 键，出现 TRANSDUCER SETTING 设置窗口。

使用 [▲] 或 [▼] 选择项目，使用 [+] 或 [-] 设置选项。

①如果只安装了一个传感器，根据实际的安装，将 XDR FORE 区域设置为 50 kHz 或 200 kHz，将 XDR AFT 区域保留为"N/A"。

②如果通过开关盒 EX-8 安装了两个传感器，根据实际安装，将 XDR FORE 区域和 XDRAFT 区域设置为 50 kHz 或 200 kHz。

(4)重置电源。

TRANSDUCER SETTING 窗口的默认设置为 N/A。安装后第一次开启电源时,会出现设置传感器的窗口。

当 KEEL DIST 设置不为 0.0 节时,DPT 语句中的"Offset from transducer"(传感器补偿)将会是负值。

当在 DEPTH(BELOW)行选择 TRANSDUCER 时,深度显示为传感器以下深度(DBS 模式除外);当选择 KEEL 时,深度显示为龙骨下深度。

当 TRANSDUCER SETTING(传感器设置)菜单更改时,Shallow Depth Alarm(浅水位警报)自动重置为 20 m(默认),务必重新输入浅水位警报值。

3. 水底回波电平调整

如果回波电平设置太低,测深仪可能无法区别水底和鱼群,而且深度指示也不稳定,如果电平设置太高,则无法出现深度显示。当调整了控制面板,深度指示仍不稳定或无法稳定显示海床,可以调整水底回波电平,具体步骤如下所述。

(1)在设备电源关闭情况下按任意键的同时按 POWER 开关,进入 EXTENSION MODE 显示模式,在 EXTENSION MODE 中按三次 MUTEALARM 键。出现启动屏幕,此后片刻出现 BOTTOM LEVEL 显示屏。

(2)根据所用频率,显示 200 kHz 或 50 kHz,使用[+]或[-]键设置电平,默认电平为 80。

(3)按 POWER 开关完成调整,等待约 5 s,然后再次开启电源。

4. 时变增益设置

TVG(时间变化增益)可补偿超声波的传播衰减,削弱水面噪讯,以提供平滑显示。TVG 会在脉冲发射时降低接收器的灵敏度,而灵敏度会随着时间逐渐增大,因此,不同深度的相同反射物体在显示屏上所显示的强度或颜色相同。TVG 在 200 kHz 系统上的工作深度约为 150 m,而在 50 kHz 系统上则为 350 m。超出该范围的来自海床和鱼群的所有级别的回波都会被接收。

设置步骤如下:

(1)在 EXTENSION MODE 显示中按三次 DRAFT 键。出现 TVG SELECT 窗口。

(2)使用[+]或[-]设置 TVG 曲线,默认级别为 5,衰减补偿曲线为 20LogR 曲线。

(3)按 POWER 开关完成调整,等待 5 s,然后重新开启。

5. 回波补偿设置

回波补偿功能可补偿太弱或太强的回波电平。如果屏幕上的回波电平太弱或太强并且无法使用 GAIN 控制按钮进行调节时,可进行回波补偿设置。

设置步骤如下:

(1)在 EXTENSION MODE 显示中按三次 DIM 键,出现 ECHO OFFSET 屏幕。

(2)使用[+]或[-]设置补偿,默认值为 0。

(3)按 POWER 开关键完成调整,等待大约 5 s,然后重新开启。

任务4　船用测深仪的维护保养

一、影响测深仪工作的因素

1. 船舶摇摆对测深仪工作的影响

当船舶发生横摇时,发射换能器也随之倾斜,其发射的主波束的方向也随之改变。若倾斜角度不大,主波束的反射回波仍可被接收换能器接收;当倾斜角大于某个极限值时,将可能产生回波信号"遗漏"现象,严重时,回波信号全部消失,测深仪无法工作。

2. 水中气泡对测深仪的影响

海水中的气泡对测深仪工作的影响主要体现在两个方面:一是水中气泡对声能有削弱作用;二是大量气泡会引起声的混响,从而严重干扰测深仪正常工作。

3. 船速对测深仪的影响

当船舶高速航行时,船体产生剧烈振动,水流猛烈冲击船体,致使干扰噪声增加。同时,海水的空化现象也明显增加,致使回波信号削弱。严重时回波信号将被干扰信号"淹没",致使测深仪工作困难,甚至无法工作。选择适当的换能器安装位置将有助于减小这种影响。

4. 换能器工作面附着物的影响

换能器表面的附着物对声能有着较强的吸收作用,尤其是长期不用的换能器表面会有大量海生物生长,对换能器工作影响较大。所以,应及时清洁换能器工作面。还要注意的是换能器的工作面不能涂敷油漆。

5. 换能器剩磁消失的影响

对于磁致伸缩换能器,剩磁因时间长久会逐渐消失,这将影响测深仪的灵敏度,所以,应定期对磁致伸缩换能器进行充磁。

6. 海底底质和坡度的影响

不同的海底底质对声波的反射能力差异较大,岩石最强,砂底次之,淤泥最差。为了达到显示器的最佳显示效果,应根据不同的海底底质调整测深仪的灵敏度大小。

另外,不平坦的海底底质和海底坡度将使反射回波先后抵达接收换能器,从而在显示器上出现较宽的信号带。为了保证船舶航行安全,此时应以信号带前沿读取水深为宜。

二、测深仪使用注意事项

1. 接通显示器面板上的"电源与增益开关",整机工作。

2. 根据需要调节"照明"按钮,使显示器照明合适。

3. 根据需要选择显示方式和量程。

4. 适当调节电源和增益旋钮,使记录水深标志清晰而不出现多个水深标志。

5. 检查记录零点是否正确,若零点标志不在"0"刻度,应调整正确。

6. 如果使用记录纸记录信息,则应根据记录需要选择记录纸速度。

7. 根据需要设置深度报警功能和深度报警数据。

三、测深仪日常维护工作

请按照以下步骤,完成测深仪的日常维护:

(1)做好测深仪内部的清洁工作,去除灰尘,保持干燥。

(2)定期对机械传动部件加注润滑油。

(3)船舶坞修时,应检查换能器工作面,清除表面的附着物,不准涂油漆。

(4)定期检查各电路的连接插头、插座、各外接电缆插头、插座是否有生锈腐蚀。

(5)记录笔长期使用后,金属丝有可能因磨损而不能与记录纸保持良好的接触,应及时检查调整或更换。检查的方法是按下定位标志按钮,观察定位标志线如果不平直连续,则将金属丝拉出一段距离(约 10 mm),并调整记录笔与记录纸的夹角成 45°~60°为宜。当剩余记录纸小于 1 m 时,会有明确的指示,注意及时更换记录纸。

(6)如果馈电刷与馈电板接触不良,将导致记录标志不连续,这种现象在浅水量程或信号微弱时尤其容易发生。因此,必须定期检查和维护。检查方法是用手向下拉动皮带,检查记录笔与记录纸接触时,如果馈电刷只有少数金属丝与馈电板接触,则应调整或更换馈电刷。更换时,应先将金属丝捆扎在一起,然后用钳子小心地将金属丝弯曲,直到大多数金属丝都能与馈电导板接触为止。

任务 5 船用测深仪的故障排查

测深仪调试时的常见故障和处理方法如下所述。

如果整机不能开机,首先检查供电电源、保险丝等是否完好。

如果系统电缆损坏或裸露,不要放置于导电管道内,检查电缆是否有绝缘性损坏。

**FE-700 型船用测深仪
更换保险丝和电池步骤**

如果仪器有故障需要修理,针对现行高密度、大规模的表贴器件进行现场维修一般比较困难,而更换仪器的线路板,是一种比较方便快捷的方法。

设备出现故障后,我们可以利用船用测深仪的自检功能进行设备部分模块的诊断测试。

对于多数型号的主机单元的判断一般可通过水深模拟器进行判断。水深模拟器可模拟测深仪、鱼探仪水深换能器的模拟水深,对于校验和维修各类测深仪非常有效。模拟器的使用方法见二维码。

**FE-700 型船用测深仪
诊断测试**

根据下述故障现象进行故障排查,按照步骤恢复正常操作。

1.LCD 显示屏无图像

故障排查步骤:

(1)无电源输入:检查机柜内终端(terminal)电路板上的开关和保险丝。

(2)系统处于待机(standby)状态:按操作面板上任一按键。

(3)显示对比度(contrast)太低:增加对比度。

(4)LCD 模块或接口故障:更换 LCD 模块或接口。

模拟器的使用方法

(5)输入电压不正常:更换终端(Terminal)电路板。

2. 无海底回波显示

故障排查步骤

(1)增益太低、TVG太低、发射功率太低:调整增益、TVG、发射功率设置。

(2)工作频率选择错误:选择适当的工作频率。

3. 海底回波显示间断或错误

故障排查步骤:

(1)增益、TVG、发射功率设置错误:调整设置。

(2)环境条件:调整增益、TVG和功率设置。

(3)换能器安装错误:检查换能器接线、接口电路板的接收机LED指示、示波器的显示。

4. 有零线但没有回波信号

故障排查步骤:

(1)换能器电缆没接。

(2)换能器损坏。

(3)收发控制板损坏。

5. 记录皮带转动时,没有零线记录

故障排查步骤:

(1)零线调整不当。

(2)打印针、馈刷损坏或接触不良。

(3)记录放大板故障。

★ 思政小课堂:

认真履职
保持敏锐

测深仪可以帮助船舶测量水深,在未知水域和浅水区,一定要关注测深仪的水深数据,并合理判断误差,一旦麻痹大意,可能会酿成事故。

2017年1月3日10:20左右,天津中海远航海运有限公司所属散货船"鑫中远"轮在由秦皇岛渤海船务码头出港过程中,在渤海船务航道边缘(39°56.017′N 119°42.725′E)发生搁浅。1月3日11:30左右完全脱浅,经济损失约为5万元,无人员伤亡,未造成污染,构成小事故。

"鑫中远"轮
搁浅事故

此次事故的部分原因是当事船员对航行水域通航环境不够熟悉,对测深仪器的误差估计不足。因此,在工作中,我们一定要保持敏锐的判断力,严谨细致,杜绝"想当然""凭经验""差不多"思想,认真履职,反思工作教训,总结工作经验,把认真负责作为自己的座右铭。

请同学们扫描二维码阅读案例。

前沿知识　　　　　　船用测深仪习题

项目 7　船用计程仪的操作与维护

【项目描述】

船用计程仪是重要的船舶导航设备,可以为航行船只提供船速信息并累积航程,有助于船舶的安全行驶和导航,对该设备的认知、操作与维护,是 750 kW 及以上船舶电子电气员工作的重要职责之一,本项目基于船用计程仪真机开展项目化教学,通过对该项目的认知与实践,学生能够在今后的工作岗位上自主的完成船用计程仪的维护保养。

【学习目标】

知识目标:

- 能描述船用计程仪的基本工作原理;
- 能描述船用计程仪的结构组成;
- 能识记船用计程仪输入/输出接口。

技能目标:

- 能正确进行船用计程仪的操作与维护保养。

素质目标:

- 培养学生的实际操作能力与解决实际问题能力;
- 强化岗位担当,树立责任意识。

任务 1　船用计程仪的认知

一、船用计程仪基本工作原理

船用计程仪是一种测量船舶航速和累计航程的导航仪器,扫描右侧二维码了解更多。

船用计程仪按其测量参考坐标系的不同,可分为相对计程仪和绝对计程仪两类。相对计程仪只能测量船舶相对于水的速度并累计其航程,如水压式、电磁式计程仪等。绝对计程仪可以测量船舶对地的速度并累计其航程,如多普勒计程仪、声相关计程仪等。但是当测量水深超过其跟踪深度范围时,绝对计程仪便转换成跟踪水层的相对计程仪。具体来讲,工作于"海底跟踪"方式的多普勒、声相关计程仪属于绝对计程仪;工作于"水层跟踪"方式的多普勒、声相关计程仪属于相对计程仪。

船用计程仪

计程仪所提供的航速信息对船舶驾驶极为重要,其主要作用如下:

(1)计程仪测量的航速信息结合陀螺罗经或磁罗经提供的航向信息,可进行船舶船位推算。

（2）向卫星导航仪、自动综合导航仪、ARPA 和真运动雷达等导航仪器提供航速信息，可实现船舶自动定位和利于船舶操纵及自动避让。

（3）向现代化大型或超大型船舶提供纵向和横向速度信息，保证这些船舶在狭水道航行、靠离码头和锚泊时的安全。

二、电磁计程仪组成及工作原理

电磁计程仪（electromagnetic log）是利用电磁感应原理测量船舶航速和累计航程的一种相对计程仪，由电磁传感器、放大器和指示器等部分组成，如图 7-1 所示。

图 7-1　电磁计程仪组成框图

电磁传感器是根据电磁感应原理，产生一个与船舶速度成正比的电信号。常用的传感器有平面式和导杆式两种。平面式电磁传感器的底面与船底平齐；导杆式电磁传感器为一根可升降的圆柱形导杆，计程仪工作时伸出船底，不工作时可将导杆升起。

平面式电磁传感器的结构，如图 7-2 所示，倒"山"字形铁芯沿船舶横向安装在船底板开孔处；铁芯的中间柱上绕有激磁绕组；在铁芯的两个空隙中嵌有间距为 L 的两个电极 a 和 b 及其引出导线；电极和导线用非导磁材料填封并固定，当激磁绕组通入 220 V 50 Hz 的交流电 E_R 时，在铁芯两侧形成交变磁场。

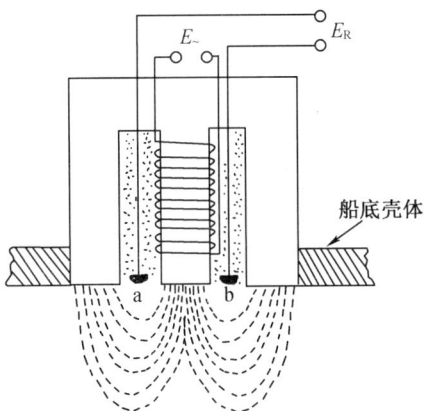

图 7-2　电磁传感器

电磁计程仪的工作原理

当船以航速 V 向前（或向后）航行时，则水流相对于船的速度 V 大小相等，方向相反。由于海水可导电，可将流过两电极间的海水看作无数根运动的"导体"在切割磁力线，根据电磁感应原理，在电极 a、b 和海水形成的回路中将产生感应电动势 E_g，

$$E_g = B_\sim LV \cdot 10^{-8}$$

式中　$B_\sim$——交流磁感应强度，G_S；

　　　L——两电极间距，cm；

V——航速,cm/s。

显然,只要测得感应电动势 E_g,由上式即可求出船舶航速 V。

三、多普勒计程仪工作原理

多普勒计程仪(Doppler log)是应用多普勒效应进行测速和累计航程的一种水声导航仪器。多普勒计程仪可工作于"海底跟踪"和"水层跟踪"两种状态,在跟踪深度范围内提供船舶对地的绝对速度,在跟踪深度范围外提供相对于水层的相对速度。多普勒计程仪测速精度高,测量误差为 0.01 kn 或 0.2%~0.5%。它不但可测船舶纵向前进或后退的速度,还可测量船舶横向速度,可保证大型或超大型船舶在进出港和锚泊时的操纵安全。

1. 多普勒效应

多普勒计程仪的测速原理基于多普勒效应,即当声源与接收者之间存在相对运动时,接收者接收到声波的频率与声源频率不同。当声源接收者接近时,接收者收到声波的频率将升高;当两者相互远离时,则接收者收到声波的频率将降低。接收频率与声源频率 f_0 之差 Δf 称为多普勒频移。Δf、f_0、声波在介质中的传播速度 C 和声源与接收点之间的相对运动速度 ν 的关系为

$$\Delta f = \frac{v}{C} f_0$$

当 f_0 与 C 为常数时,Δf 与 ν 成正比,因此可以通过测定多普勒频移来进行测速。

2. 多普勒计程仪测速原理

如图 7-3 所示,在船底部装置一个收、发兼用的换能器 O。船舶以速度 ν 前进,换能器向海底发射频率为 f_0 超声波脉冲。波束的发射方向与船舶速度方向成 θ 角,被称之为波束发射俯角,一般 θ 取 $60°$。

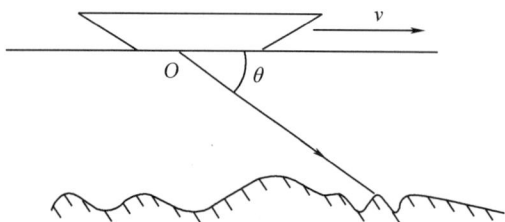

图 7-3 单波束测速原理　　多普勒计程仪的工作原理　　双波测速原理

船舶在实际行驶时,除了前进后退的速度 v 外,还存在船舶上下颠簸的垂向速度 v。为了消除船舶颠簸引起的测速误差,目前船用多普勒计程仪普遍采用双波束系统测速。你想了解双波测速原理吗?请扫描二维码阅读。

换能器发射的超声波经海底反射后,部分能量被换能器接收。换能器 O 既是声源又是接收者,由于发射点和接收点之间有相对位移,故换能器 O 收到声波的频率和发射声波的频率并不相同(又称为二次多普勒效应)。测得的多普勒频移 Δf 表示为

$$\Delta f = \frac{2f_0 v \cos \theta}{C}$$

式中,声波发射频率 f_0、船速 v 及波束俯角 θ 均为已知量,只要测出多普勒频移 Δf,即可求出船速。

四、声相关计程仪

声相关计程仪(acoustic correlation log)是应用相关技术处理水声信息测量船舶航速并累计航程的计程仪。其特点包括:其一,采用垂向发射和接收超声波信号,并对被接收的回波信号的幅值包络进行相关处理来测速;其二,可工作于海底跟踪和水层跟踪两种方式,既可测对地的速度,又可测对水的速度;其三,测量精度不受声速变化的影响;其四,它同时可测量水深,兼作测深仪使用。声相关计程仪的测速原理如图7-4所示。

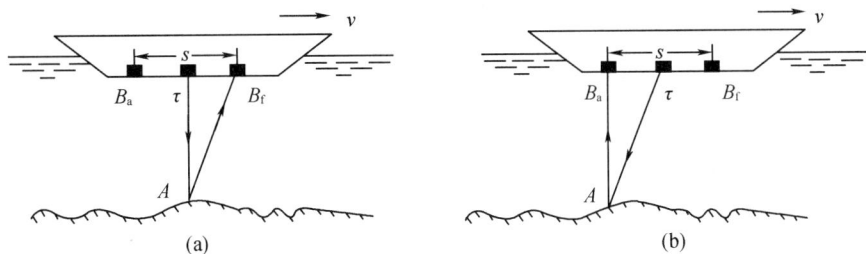

图7-4　声相关计程仪测速原理

沿船底纵向等间距安装有前向接收换能器 B_f、发射换能器 B_t 及后向接收换能器 B_a,前后两接收换能器的间距为 s。发射换能器 B_t 以一定的时间间隔向海底发射超声波脉冲,假设船以速度 v 航行,在 $t=t_1$ 时刻,经海底 A 点反射回来的回波被前向换能器 B_f 所接收,如图7-4(a)所示;经过时间间隔 τ,即 $t=t_2$ 时刻,回波被后向换能器 B_a 所接收,船航行的位移为 $s/2$,如图7-4(b)所示。由于两换能器接收的超声波所走过的路径完全一致,因此可认为这两个回波信号的包络幅值 $f_1(t)$ 和 $f_2(t)$ 形状完全相同,只是在时间上相差了一时间间隔 τ,如图7-5所示。我们称这两个信号是互相关的,τ 为相关延时。τ 可以用式(7-1)表示:

$$\tau = \frac{1}{2} \cdot \frac{s}{V} \qquad (7-1)$$

则

$$V = \frac{1}{2} \cdot \frac{s}{\tau} \qquad (7-2)$$

式中,s 为两接收换能器之间距,为定值;延时 τ 可以用相关接收技术进行测量,所以船速 v 便可求得。

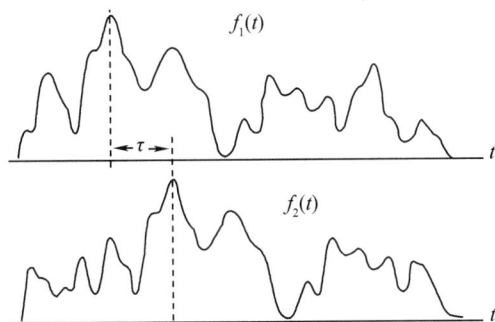

图7-5　相关延时的测定　　　　声相关计程仪的工作原理

声相关计程仪工作的基本过程是将两个接收换能器所接收的回波信号,经过放大和延时器处理后,送到一个乘法器,经过乘法运算后输出 $f(t)$ 和 $f(t+\tau)$ 的乘积,再送到一个积分器做积分运算求取它们的相关函数。相关函数的大小随延时器的延时量而变化,仅当延时为 τ 时,相关函数的值取最大。此时,对应的 τ 即为要求的延时。然后经过换算后由显示器以模拟或数字显示方式显示出船速和航程。

三种计程仪的比较

任务 2   船用计程仪的操作

一、DS-80 型多普勒计程仪的操作

DS-80 型多普勒
计程仪说明书

多普勒计程仪操作

(一)主要技术指标及特点

DS-80 型多普勒计程仪是日本 FURUNO 电器公司 DS 系列计程仪的典型产品,它采用了计算机处理技术,具有较高的测量精度,完全符合 IMO 和 IEC 的相关规定,该计程仪的主要技术指标及特点如下:

(1)可工作于"海底跟踪""海层跟踪"和"自动跟踪"三种工作方式,既可测量对地的速度,又可测量对水的速度。"自动跟踪"可实现在"海底跟踪"和"海层跟踪"方式间的自动切换。

(2)采用三波束系统,可确保高精度和稳定的测量,能同时测量船舶纵向前后及横移速度,可为船舶靠离码头、锚泊等作业的安全提供保证。

(3)浅水(最小达到龙骨下 1 m)测量也有较高的测量精度;在 1~200 m 的水深范围内可精确测量对地的速度,超过 200 m 水深则自动转换为测量对水的速度。

(4)可输出模拟或数字的航速及航程数据至其他航海仪器。

(5)能同时测量龙骨下海水深度,为浅水航行时的船舶提供导航服务。

(二)设备组成及接口

DS-80 型多普勒计程仪整机由主显示器、分显示器、处理器单元、接线盒、收发器及换能器等组成,如图 7-6 所示。

主显示器的功能是操纵控制整机工作并显示测量结果,包括船舶前进/后退速度,船首左/右横移速度、累计的航程、船舶龙骨下水深等数据。

分显示器有数字式和指示式两种,其信号来自处理器提供的串行数据或模拟数据,功能与主显示器相同。

处理器单元包括:电源电路、多普勒门电路和微处理机等。处理器单元的作用是形成触发脉冲送至收发器单元,指挥收发器的工作;同时将收发器接收的回波信号变为航速信号送至主显示器或其他分显示器。

收发器的作用是产生电振荡脉冲,激励换能器向海底发射超声波,同时接收换能器的回波信号进行放大和变换为电信号送至处理器。DS-80 型计程仪中的某些机型将收发器和处理器合二为一,简化了安装程序。

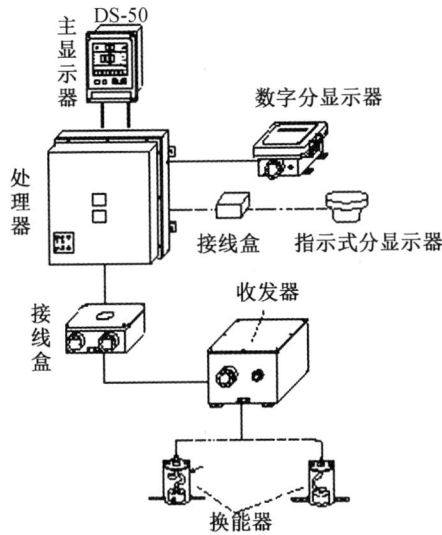

图 7-6 DS-80 型多普勒计程仪整机框图

船用计程仪的主要输出外设及实现的功能如表 7-1 所示。

表 7-1 船用计程仪输出外设及实现的功能列表

输出外设名称	主要功能
陀螺罗经	校正陀螺罗经速度误差
VDR	记录船舶动态航速数据
电子海图	实时航速显示,航速安全检查与报警
IBS	实时航速显示,航速安全检查与报警,提供 IBS 统一航速基准
雷达	实时航速显示,雷达目标标绘,实现 PAD,真运动显示
AIS	显示并发送动态航速信息
计算机	借助专用软件实现航速显示,机器检测与测试
分显示单元	实现模拟或数字信号的航速显示

(三)主显示器面板及按键功能介绍

DS-80 型多普勒计程仪主显示器面板从上至下有三个显示区。最上方为船首左/右横移速度显示区,正常显示时左箭头或右箭头的图标将被点亮,指示当前的船首横移方向;中间为船舶前进/后退速度显示区,显示窗左侧为跟踪方式指示(G:海底跟踪,W:水层跟踪,A:自动跟踪),右侧为速度单位、自检状态和速度报警显示;最下方为航程/龙骨下水深显示区,显示窗上方为显示状态指示(Distance/Keel Clearance),右方为航程单位显示。

主要的按键及其功能介绍如下。

(1)跟踪方式(MODE)按键:选择计程仪的跟踪方式。

(2)航程/龙骨下水深(Distance/Keel Clearance)按键:选择航程或龙骨下水深显示方式。

（3）单位（UNIT）按键：选择速度或水深测量的单位。

（4）设置（SET）按键：输入预置的航程。

（5）上/下/左/右箭头按键：改变预置航程的大小。

此外，还有电源开关和屏幕亮度调节按键。

（四）启动

（1）按下 POWER 键，接通电源，机器首先进入自检工作状态。

三个"0"将在速度显示窗口闪烁 1 min，内存、发光二极管、蜂鸣器依次被检测。检测若正常，主显示器的程序版本号码（P××）将在纵向速度显示窗口出现，处理器单元的程序版本号（P××）将在航程显示窗口前三位出现。如果检测不正常，则将有相应的错误信息提示，例如：1 代表 ROM 错误，2 代表 RAM 错误，3 代表 EPROM 错误。

（2）自检完毕，正常的航速和航程（或水深）显示出现。

（3）用 DIMMER 按钮调整面板显示亮度，按 kt/m/s 键，选择速度测量的单位。

（4）按下 MODE 键，选择计程仪跟踪方式（海底/水层/自动），对应的指示灯 G、W、A 将被点亮。海底跟踪深度范围为龙骨下 1~200 m；水层跟踪深度范围为龙骨下 2~25 m；自动跟踪将根据实际水深在海底和水层跟踪状态之间自动切换。

（5）按 Distance/Keel Clearance 键，选择航程显示或者是龙骨下水深显示。航程的显示单位是海里（n mile），水深的显示单位是米（m）、英尺（ft）或英寻（fm）。

（6）航程数据在关机后仍然可以保存，用设置（SET）键可以将航程清零或输入初始的预置航程。

二、CDJ-6 型电磁计程仪的操作

CDJ-6 型电磁计程仪的操作，扫描下面二维码进行了解。

CDJ-6 型电磁计程仪的操作

三、SAL-R1 型声相关计程仪的操作

SAL-R1 型声相关计程仪的操作，扫描下面二维码进行了解。

SAL-R1 型声相关计程仪的操作

任务3 船用计程仪的调试

一、DS-80型计程仪调试

DS-80型计程仪安装完成后首先检查系统所有设备的接头连接是否牢固,再检查所有接地线是否牢固,最后检查换能器安装正确,无覆盖物。DS-80型计程仪使用脉冲信号对其他电子设备会产生干扰,所有的接地电缆必须参照下述准则进行,尽可能与其他无线电设备分开,不要使内部连接电缆接近无线电设备或其他电缆。电缆路径尽可能短,用铜带或接地线将所有单元接地连接铜皮,采用锡焊确保完好接触。

检查收发单元和信号分配箱内的转换开关是否在如图7-7所示的开关的位置。

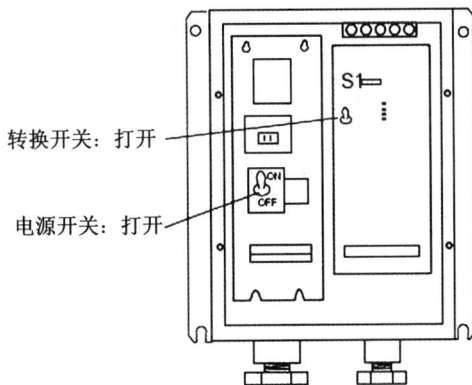

图7-7 收发单元和信号分配箱

如设备无法通电,检查船电电源是否供给,另外还需要检查测量连接显示单元的电源线上的保险丝。该保险丝为1A,安装在电源线上的保险丝座内,在信号分配盒和收发单元内部也分别装有1A和3A的保险丝。

1.拨码开关的设置

在信号分配箱内和收发机单元有若干DIP拨码开关可以进行相关设置。

(1)最大速度范围设置

如果系统装有模拟显示器,还需要通过信号分配器箱内JPW板上的DIP拨码开关S2来设置最大速度范围。

最大速度范围20 kt,则S2设置为1#拨码开关ON,其他OFF;

最大速度范围30 kt,则S2设置所有开关全为OFF,此为缺省设置;

最大速度范围40 kt,则S2设置为2#拨码开关ON,其他OFF。

(2)输出设置

信号分配器箱内JPW板上的DIP拨码开关S4可以用来设置输出语句,如图7-8所示。

S4 NO.6开关缺省设置是OFF,在输入格式是NMEA条件下,S4 NO.6开关为OFF,则输出为VBW和VLW语句,如果该开关设为ON,则输出为NMEA语句。

S4 86开关用来选择在多普勒计程仪是速度数据模式下有错误发生时,决定是否终止距离的输出脉冲。当此开关为OFF时,终止输出脉冲;当此开关为ON时,不终止输出脉冲。

DIP 拨码开关 S4 NO.1~5、NO.7 和 DIP S2 NO.3、NO.4 要求保持在缺省的 OFF 设置。

（3）STW 指示灯设置

当热敏电阻值不正常时,STW 指示灯闪烁设置。

DIP 拨码开关 S1 NO.1~5、NO.7、NO.8 需保持缺省设置 OFF,S1 NO.6 设为 OFF 时,STW 指示灯不闪烁,而缺省设置设为 ON 时,指示灯闪烁,如图 7-9 所示。

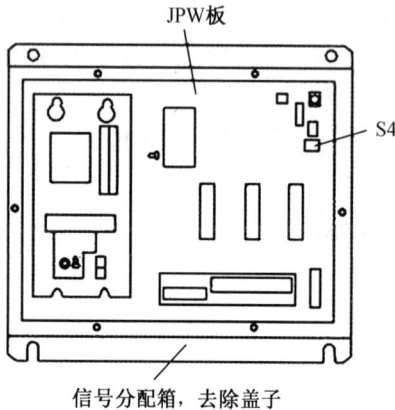

图 7-8　输出设置示意图

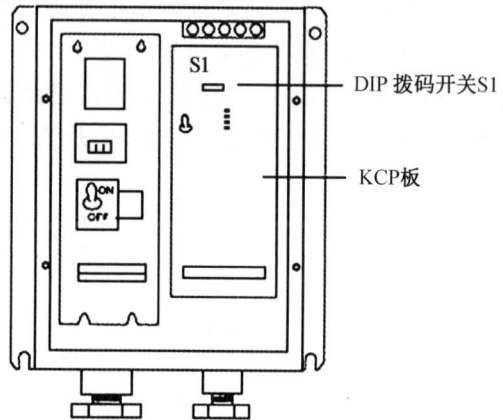

图 7-9　DIP 拨码开关 S1 设置

2. 电源跳线设置

DS-80 型计程仪厂家在生产时,针对不同电源做了不同设计,因此需要在信号分配箱端子板上进行电源的跳线设置,如图 7-10 所示。

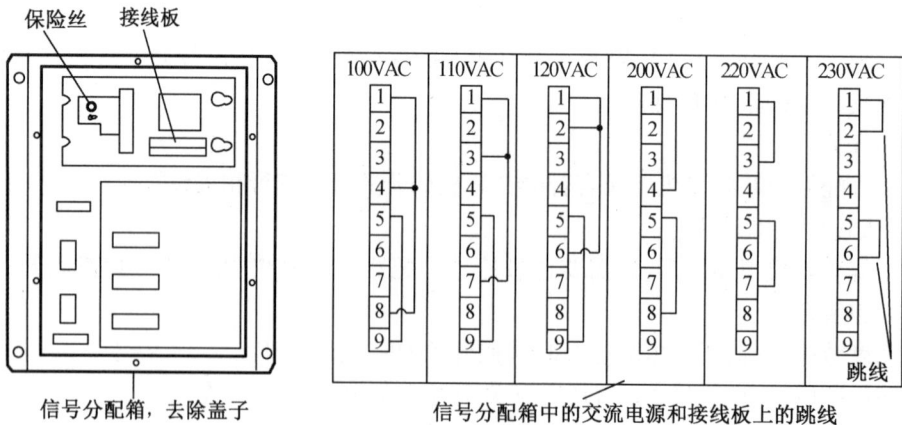

图 7-10　电源跳线设置

3. 菜单操作

在进行系统设置前首先需要熟悉 DS-80 型计程仪的显示面板。通过菜单选择 DS-80 型计程仪的功能。按 POWER 开关开启设备,按 MENU 键打开菜单,按方向键▲或▼ 选择一个菜单项(当前选项突出显示),然后按 ENT 键。例如,选择 DISTANCE RUN DISPLAY (航行距离显示)时,出现如图 7-11 所示的显示,航行距离是一种脉冲信号,要选择 IEC

61162 语句。

4. 系统设置

按 POWER 开关开启设备,出现上次使用的屏幕,按 MENU 键打开菜单,选择 SYSTEM MENU(系统菜单),然后按 ENT 键,如图 7-12 所示。

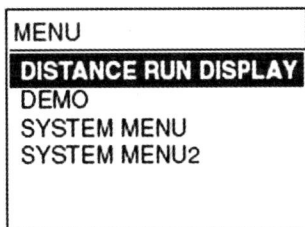

图 7-11　菜单操作示意图

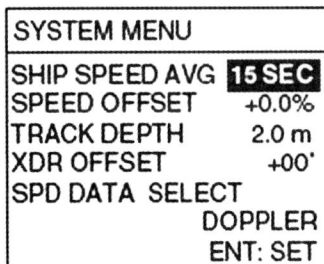

图 7-12　系统菜单界面

(1)系统菜单 1 包括船速平均值、船速偏移校准、跟踪深度设置,传感器补偿,速度数据选择。可以通过光标移动选择相应的子菜单,进行参数的设置。

①船速平均值设置

风浪会影响船速,速度数据可在本菜单中设置的时段中获取平均值。如果速度读数不稳定,可增加速度平均时段。进入系统菜单后选择相应的子菜单船速平均值设置,按 ENT 键,选择所需的平均时段(15 s、30 s、45 s 和 60 s),按 ENT 键完成设置,最后按 MENU 键两次关闭菜单。

②船速偏移校准设置

在试运行测试期间的海上试验中,必须校准速度计程仪、填写校准表,使用所产生的数据计算船速偏移,并按照以下步骤将其输入,设置范围为-25.0%～+25.0%。

按 MENU 键进入 SYSTEM MENU(系统菜单)界面,选择 SPEED OFFSET(船速偏移),然后按 ENT 键,使用万向键上的←或→选择数字,并使用↑或↓更改数值,按 ENT 键,按 MENU 键两次关闭菜单。

③跟踪深度设置

默认情况下,DS-80 型多普勒偏移测量的深度为 2 m。如果由于船体附近的气泡导致速度读数不稳定,可增加或降低跟踪深度以稳定读数,设置范围为 1.0～9.9 m。

按 MENU 键进入 SYSTEM MENU(系统菜单)界面,选择 TRACK DEPTH(跟踪深度),然后按 ENT 键,使用万向键上的←或 →选择数字,并使用↑或↓更改数值,按 ENT 键,最后按 MENU 键两次关闭菜单。

④传感器补偿

设置传感器方向偏离船体纵轴的角度,并在安装时完成,用户无须调整。

⑤速度数据选择

当 DS-80 型计程仪无法用作 SDME(速度和距离测量设备)时,显示单元可用作 GPS 速度或其他船速测量设备的监视器显示工具。

按 MENU 键进入 SYSTEM MENU(系统菜单)界面,选择 SPD DATA SELECT(速度数据选择),然后按 ENT 键,选择选项 GPS,然后按 ENT 键,按两次 MENU 键关闭菜单。

"AUTO"(自动)位置显示多普勒速度(SDME),但如果 DS-80 型计程仪出现故障,这里将显示 GPS 速度。

注意:如果速度计程仪出现故障,显示单元读数为 GPS 速度,但速度数据将不会输出到其他设备。当 DOPPLER 和 GPS 在 AUTO 位置均为异常时,将采用多普勒速度来计算。

(2)系统菜单 2 包括诊断测试和调光器控制钮选择以及显示语言选择。

①TEST(测试):检测设备是否正常运行,通过 TEST 菜单诊断和检查程序编号,诊断功能可检查 ROM、RAM 和 SIO 并显示程序 ID。

按 MENU 键打开菜单,选择 SYSTEM MENU 2(系统菜单 2),然后按 ENT 键,再次按 ENT 键,如图 7-13(a)所示。按 ENT 键开始测试,片刻后,显示发生改变,如图 7-13(b)所示。

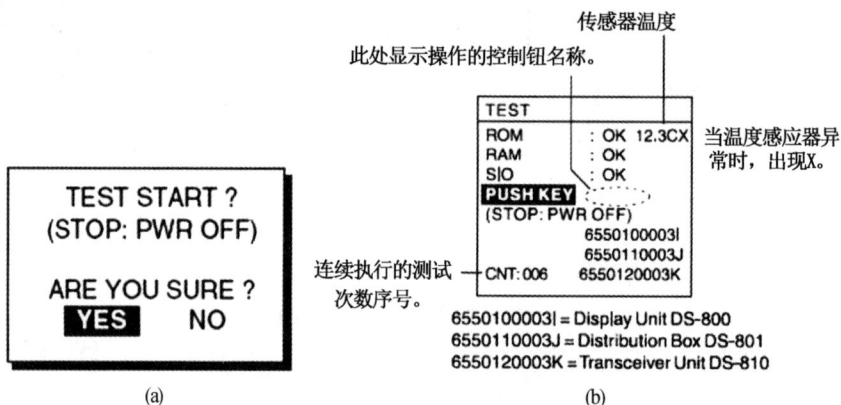

图 7-13 测试开始显示框和测试结果界面

检查 ROM、RAM 和 SIO(如果使用特殊接头)是否正常工作,显示结果为 OK(正常)或 NG(异常)。如果结果为 NG,需要咨询经销商处理。

突出显示"PUSH KEY"(按键),提示检查控制钮,在 5 s 内进行任意控制钮操作(POWER 开关除外)。如果工作正常,启用的控制钮名称将出现在屏幕上。注意,如果 5 s 内没有操作任何控制钮,设备将自动开始检查 LCD。自动检查 LCD 完毕后,测试自动重复。要停止测试,需关闭电源开关并再次打开。

②DIMMER(调光器):按 DIM 键显示调光器调整对话框,按方向键←或 →调整调光器,设置范围为 1~8,默认设置为 4,按 ENT 键确认。

注意:当调光器由外部控制时,DIM 键无效。

③LANG(语言):选择菜单使用的语言,英语或日语。

5. 演示模式

演示模式将多普勒速度信号输出到外部设备,可以检查信号是否被正确输出。

按 MENU 键打开菜单,选择 DEMO(演示),然后按 ENT 键,选择 SPEED(速度),然后按 ENT 键,使用←或 →选择要更改的数位,使用↑或↓进行设置(设置范围为-10.0~+40.0 kt,默认设置为 +10.0 kt),按 ENT 键,再次按 ENT 键打开 DATA DISPLAY(数据显示)菜单。按↑选择 ON(开启),然后按 ENT 键,最后按两次 MENU 键关闭菜单。

演示模式打开时,"DEMO"指示出现在右上角。要关闭演示显示,需进入 DEMO 菜单并将 SPD 设置为 OFF(关闭)。

二、其他计程仪检查与调试

其他计程仪的检查与调试,扫描下面二维码了解。

电磁式计程仪检查与调试

任务4　船用计程仪的维护保养

定期维护船用计程仪对于其保持良好性能有重要意义。DS-80型计程仪的日常维护工作较简单,一般只需每月进行一次。

(1)检查所有的插头及线缆连接是否牢固。

(2)检查主显示器和处理器的接地是否锈蚀,如有必要,应进行清除和适当处理。

(3)检查电源电压是否在标称值内。

(4)用柔布蘸中性的清洁剂擦去主显示器表面的灰尘和污垢,避免使用化学强溶剂。

(5)当船舶坞修时,应清除换能器表面的海生物和污物。

(6)运行机器的自检程序,具体的方法如前所述。

按照表7-2所示的步骤检查设备。

表7-2　计程仪设备检查

项目	检测点	操作
电缆	检查所有电缆是否牢固; 检查电缆是否有腐蚀和生锈	连好松动的电缆; 更换所有受损的电缆
机盒	机盒上的灰尘	用干净的干布擦拭灰尘;请勿使用化学清洁剂清洁设备任何部位;商用清洁剂会损坏涂层及标记
LCD(显示单元)	LCD上的灰尘	使用棉纸和LCD清洁剂小心擦拭LCD,避免刮花,要清除泥土或盐层,可使用LCD清洁剂并用绵纸慢慢擦拭,以溶解泥土或盐分;为避免盐或泥土刮伤LCD,应经常更换绵纸;请勿使用化学清洁剂清洁设备任何部位,商用清洁剂会损坏涂层及标记

表 7-2(续)

项目	检测点	操作
传感器	传感器上的海洋生物	传感器上的海洋生物会降低灵敏度,船只停入干坞时,请仔细清除掉传感器上的海洋生物;每年使用防污漆为传感器涂漆(不允许使用其他油漆类型)

任务 5　船用计程仪的故障排查

根据下述故障现象进行故障排查,按步骤恢复正常操作。

1. 无法打开电源

故障排查步骤如下。

(1)电源线松动:紧固电源线。

(2)保险丝断开:检查显示单元的保险丝,如果保险丝烧断,更换前请找出原因;如果保险丝再次烧断,请联系经销商;使用正确的保险丝,错误的保险丝可能会损坏设备或导致火灾。

DS-80 计程仪各单元保险丝规格

2. 电源打开,屏幕为黑色

故障排查步骤如下。

亮度过低:增加亮度。

3. 多普勒速度指示未发生变化(显示冻结),速度单元为红色

故障排查步骤如下。

(1)传感器表面有气泡:等待气泡消失。

(2)深度为 200 m 或以上时,选择了对地跟踪模式,工作模式选择错误,应选择对水跟踪模式或自动模式。

4. 多普勒速度指示显示"-.—"。

故障排查步骤如下。

(1)传感器表面有气泡:等待气泡消失,如果问题仍未解决,请检查传感器。

(2)深度为 200 m 或以上时,选择了对地跟踪模式,工作模式选择错误,应选择对水跟踪模式或自动模式。

5. 故障现象:GPS 速度、位置指示显示"-.--"。

故障排查步骤如下。

GPS 数据误差:检查 GPS 接收器。

6. GPS 速度、位置指示在数字位置显示"-"。

故障排查步骤如下。

GPS 接收器断开连接:检查 GPS 接收器。

★思政小课堂：

加强岗位担当
树立责任意识

计程仪探头清洁险酿大祸

计程仪的探头清洁主要是针对配备了专门海底阀的计程仪。计程仪的探头清洁是将在船底海水中的计程仪的探头人为取出,进行除尘除锈等常规清洁,以保证计程仪测速的准确性。另外,计程仪的探头的设计使探头的更换变得简单,当探头损坏后,不必非要等到船舶进船坞时才能修复。但是,进行探头清洁或更换的工作是有其严格的操作规程的,如果不按要求操作,或操作中遇到问题不认真研究,则不仅达不到维护作用,保证计程仪测速准确的目的,反而还可能酿成事故。

请同学们扫描二维码阅读案例。

**计程仪探头
清洁险酿大祸**

前沿知识

计程仪习题

项目8 船用电子海图显示与信息系统的操作与维护

【项目描述】

电子海图显示与信息系统是船舶重要的导航设备,也是航路执行任务站的核心设备。电子海图通过多样化电子海图显示以及其他电子助航设备(如 GPS、罗经、计程仪、测深仪、雷达、AIS 等)接入,实现船舶航线设计、航线监控和航行记录等功能,确保船舶在状态明确、航行可控的环境下安全航行。对船舶电子海图的维护保养是 750 kW 及以上船舶电子电气员的重要职责之一。本项目以电子海图真机设备为基础开展教学,通过本项目的任务实施,学生能够了解电子海图设备的基本组成和功能,掌握电子海图设备的基本操作以及它与其他导航设备的连接,帮助学生在今后的工作岗位上能够自主的完成电子海图的操作与维护保养。

【学习目标】

知识目标:

- 能描述电子海图的基本功能;
- 能识记电子海图的结构组成;
- 能描述电子海图的信号接口。

技能目标:

- 能对电子海图进行基本测试操作;
- 能独立完成电子海图的维护保养。

素质目标:

- 培养学生的实际操作能力与解决实际问题能力;
- 培养学生的风浪共担、齐心协力、共同航海的精神。

任务 1 船用电子海图显示与信息系统的认知

电子海图显示与信息系统(electronic chart display and information system, ECDIS)是一种符合 SOLAS 公约要求和相关国际组织技术标准的电子海图系统(electronic chart system, ECS)。ECDIS 通过多样化电子海图显示以及其他电子助航设备(如 GPS、罗经、计程仪、测深仪、雷达、AIS 等)接入,实现船舶航线设计、航线监控和航行记录等功能,确保船舶在状态明确、航行可控的环境下安全航行。在综合航行系统(integrated navigation system，INS)中，ECDIS 亦是航路执行任务站的核心设备。ECDIS 技术被认为是继雷达之后在船舶导航方面的又一项伟大的进步技术，已经成为驾驶台信息处理的核心技术。

一、ECDIS 基础知识

1. 电子海图

电子海图(electronic chart，EC)是用数字形式描述海域水文地理信息和航海信息的数字海图。目前，电子海图分为标准和非标准两大类。按照数据格式，非标准的电子海图通常分为光栅电子海图(raster chart)和矢量电子海图(vector chart)，标准化的电子海图分为光栅航海图(raster navigational chart，RNC)和电子航海图(electronic navigational chart，ENC)。

(1)光栅航海图

RNC 是通过国家航道测量机构或其授权出版的纸质海图数字扫描而成，符合国际航道测量组织(IHO)的相关国际标准，并由航道测量局或其授权机构出版和维护更正。

(2)电子航海图

ENC 是指在内容、结构和格式均已标准化的矢量海图数据库，由国家航道测量机构或其授权的航道测量机构出版和维护更正，符合 IHO S-57 国际标准，专为 ECDIS 使用。

ENC 包含航行安全需要的全部海图信息，也可以包含纸海图上没有的而对航行安全认为是需要的补充信息(如航路指南)。

2. 电子海图系统

电子海图及其应用环境组成了电子海图系统。电子海图系统是一种基于电子海图显示的信息系统，用来显示官方或非官方矢量电子海图或光栅电子海图，实现船舶导航、监控等应用功能，满足港航企事业单位对电子海图的应用需求。目前在船舶导航领域，电子海图系统分为电子海图系统(ECS)、电子海图显示与信息系统和光栅海图显示系统(RCDS)三类。

(1)电子海图系统

ECS 是最早的电子海图的通俗应用概念，现在通常将不符合 IMO 关于 ECDIS 相关国际标准的电子海图系统统称为 ECS。

(2)电子海图显示与信息系统

ECDIS 是一种符合 SOLAS 公约要求和 IMO 关于 ECDIS 标准的电子海图系统，可作为驾驶台综合航行系统的关键设备，以增进船舶航行安全为目的。ECDIS 如果有适当的备用配置，满足 SOLAS 公约第 V/19 条和第 V/27 条关于海图配置的要求(使用改正至最新版本的官方 ENC)，并且其设备取得满足 IEC 61174 标准的认证，即可以取代纸质海图。

(3)光栅海图显示系统

RCDS 是一种使用光栅航海图的电子海图系统，通常在没有 ENC 覆盖的海域使用。部分 ECDIS 设备支持 RCDS 操作模式。

二、ECDIS 相关国际法规

ECDIS 的国际标准和规范主要有 5 个，内容涉及设备功能及性能要求、电子海图数据结构、数据显示规范、数据保护方案、测试方法和要求的测试结果等。这些标准和规范主要源自 IMO、IHO 和 IEC（国际电工委员会）三个国际组织，它们之间的关系如图 8-1 所示。

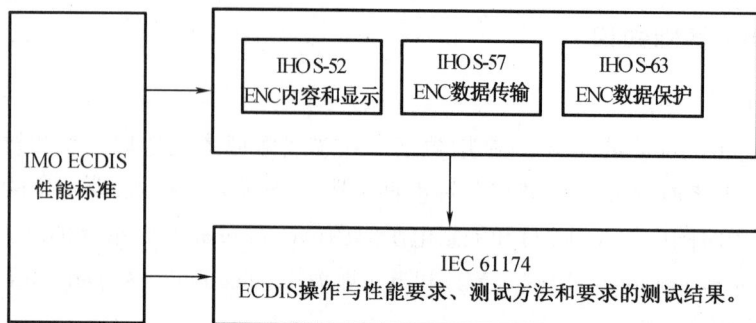

图 8-1　ECDIS 相关国际法规

1. IMO ECDIS 性能标准

IMO 在 1995 年 11 月通过了 ECDIS 性能标准[A.817(19)决议]，此后，分别在 1996 年通过 MSC.64(67)决议、1998 年通过 MSC.86(70)决议和 2006 年通过 MSC.232(82)决议对其进行了修订。该标准作为纲领性文件给出了 ECDIS 的定义和适应范围，规定了 ECDIS 电子海图数据库、操作、功能和性能要求。

2. IHO S-57 标准

IHO S-57 是 IHO 关于数字化航道测量数据的传输标准，它描述了用于各国航道测量机构之间的数字化航道测量数据的交换以及向航海人员、ECDIS 生产商发布这类数据的标准。该标准是具有法律效力的矢量电子海图的数据交换和传输标准。符合该标准的电子海图数据称为 ENC，官方 ENC 及其改正数据是唯一可以合法应用于 ECDIS 的海图数据。

IHO S-57 标准明确了海图信息，描述了理论模型以及数据结构，通过附录规定了物标目录以及对应的 ENC 产品规范。现行 S-57 标准为 2000 年 11 月发布的 3.1.0 版。

3. IHO S-52 标准

IHO S-52 是 IHO 关于电子海图内容和 ECDIS 显示的标准。该标准规定了电子航海图的内容和显示、数据结构、改正方法和信息传输途径，以及屏幕上电子海图的颜色和符号使用等，保证了不同厂商生产的 ECDIS 显示海图信息的方式、基本海图功能的一致性，利于船员识图和使用。

4. IHO S-63 标准

IHO S-63(IHO Data Protection Scheme)主要用于规范 ENC 数据分发与服务，包括防盗版、防伪造、选择性存取、数据制作者一致性和原始设备制造商(OEM)一致性等要求，是安全结构与操作规程的推荐性标准，使用对象为数据发行机构（如航道测量机构）、ECDIS/ECS 设备制造商和最终用户。现行 S-63 标准为 2020 年 3 月修订的 1.2.1 版。

5. IEC 61174 标准

IEC 61174 是 IEC 发布的《海上导航和无线电通信设备与系统-电子海图显示与信息系统(ECDIS)操作与性能要求、测试方法和要求的试验结果》标准，该标准描述了 ECDIS 的性能测试方法和要求的测试结果。通过该标准测试的 ECDIS 才可合法地成为船用设备。

三、ECDIS 配备要求

1. 国际公约关于船舶配备 ECDIS 规定

2009 年 6 月 5 日 IMO 通过了 MSC.282(86)决议关于 SOLAS 公约修正案,规定符合公约要求的国际航行船舶,自 2012 年 7 月 1 日开始至 2018 年 7 月 1 日为止,根据船舶类型、吨位和建造日期分步骤强制配备 ECDIS。

2. 中国海事局关于船舶配备 ECS 规定

中国海事局 2010 年 4 月印发的《国内航行船舶船载电子海图系统和自动识别系统设备管理规定》中明确给出了 ECS 的分类以及不同吨位和类型的船舶配备不同类型 ECS 的最低要求和时间表。

四、ECDIS 基本逻辑组成

ECIS 是一个航行信息系统,为满足 IMO ECDIS 的最低性能标准要求,系统逻辑上由系统硬件、应用软件和系统电子航海图数据库组成,如图 8-2 所示。

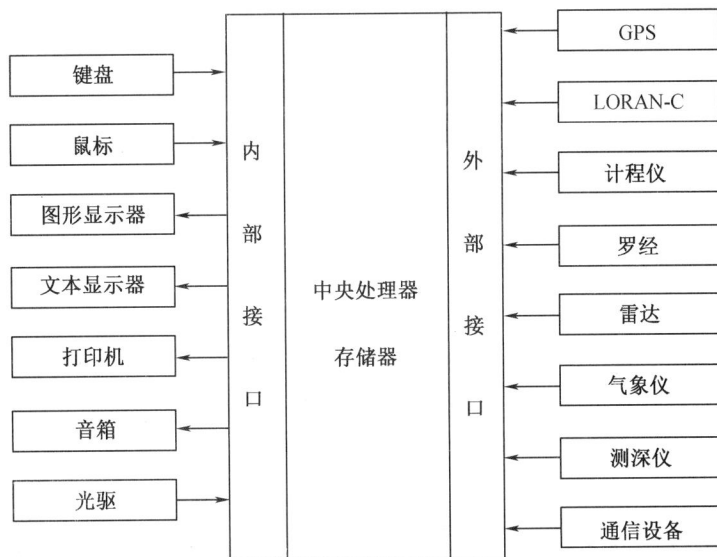

图 8-2 ECDIS 逻辑组成

1. 系统硬件

ECDIS 实质上是一个由计算机系统、输入设备、输出设备和相关网络设备集成的系统。

计算机系统为 ECDIS 应用软件运行提供必要的硬件和支撑环境,其系统硬件由中央处理器、存储器、显示器、键盘、鼠标、音箱等设备组成。计算机系统的信息处理和存储能力应通过 IEC 的性能测试,显示器尺寸、颜色和分辨率等应符合 IHO S-52 的最低要求。

外部输入信息的设备或传感器包括艏向传感器、速度传感器、位置传感器、雷达等设备,它们通过集成接口并按照一定的调度策略向 ECDIS 发送本船动态、目标动态、航行警告和气象等信息。

ECDIS 能够为 VDR、BNWAS(驾驶台航行值班报警系统)等设备输出必要的航行信息。同时,ECDIS 能够与雷达、BAM(驾驶台报警管理)、ECDIS 备份设备交互必要的航行信息。

2.应用软件

ECDIS 应用软件是 ECDIS 系统信息处理的核心,是在计算机系统中运行的满足 IMO ECDIS 性能标准要求的软件平台。该软件需具备系统电子航海图管理、电子海图显示控制、航线设计、航线监控、航行记录、传感器接口以及基本航海问题求解等功能模块,以实现相关操作和性能标准要求的基本功能。

3.系统电子航海图数据库

ECDIS 内部直接用于读取和显示海图的业务数据库称为系统电子航海图(system electronic navigational chart,SENC),格式由设备制造商确定,内容由 ENC 和改正数据转换而成,与改正至最新的纸质海图等效。SENC 还包含由航海人员添加的港口、潮汐、潮流、气象信息以及系统运行时产生的本船动态数据、航线、报警、航行记录等航行相关数据。

五、ECDIS 基本功能

ECDIS 能够实现电子海图管理和海图改正、电子海图显示与控制、航线设计、航线监控、航行记录、航海问题求解等多种保障航行安全的功能。

1.电子海图管理和海图改正

系统电子航海图管理具备实现 ENC-SENC 转换、电子海图库管理、电子海图自动和手工更新、海图符号库管理、航海信息查询管理、用户数据管理等功能。其中,ENC 图库管理和保证 ENC 有效更新的海图改正功能是 STCW 公约对船员正确使用 ECDIS 的基本操作能力要求。

(1)电子海图管理

为满足电子海图市场的需求,各个区域性 ENC 服务中心、航道测量机构以及商业实体建立了不同的 ENC 服务方式,例如,SENC 服务、IHO S-57 ENC 服务、IHO S-63 ENE 服务等。目前,ECDIS 设备制造商根据自身特点选择不同的 ENC 服务方式建立 ENC 管理机制,以满足 IMO ECDIS 性能标准要求以及 STCW 公约对船员的电子海图数据管理能力要求。

(2)电子海图改正

根据 STCW 公约对船员的电子海图数据管理能力的要求,ECDIS 能够接受自动或手工输入以更正 ENC 数据,并能在最终接受这些改正数据之前用简单的方法加以验证。

电子海图的自动更新是指 ECDIS 通过已经建立的 ENC 服务方式,实现数据的获取、验证、接受、存储,自动完成电子海图数据更新,并融入系统电子航海图数据库中。

电子海图的手动改正具有与纸海图类似的手工改正功能,包括物标添加、删除、修改等基本功能。

2.电子海图显示与控制

ECDIS 平台提供了丰富的电子航海图合成、显示、控制与查询功能,在符合相关国际标准规定的基础上,满足航海人员在不同环境和工作要求下的电子海图显示与控制功能,如表 8-1 所示。

表 8-1　电子海图显示与控制功能

No.	功能名称	功能描述
1	海图载入	自动载入：在 SENC 中查找符合当前显示比例尺且能够覆盖当前船位的屏幕海图手动载入；通过海图列表选择特定海图并依据被选择海图原始比例尺以及中心位置显示
2	显示背景	根据驾驶台的光线条件设置白天、黄昏、夜晚显示背景
3	显示分层	设置基础显示、标准显示、其他显示
4	强调显示	根据安全水深、安全等深线设置浅水区、浅点等增强显示
5	比例尺	放大、缩小、预设比例尺，鼠标拉框放大、滚轮缩放，预设中心点、鼠标中心点漫游等
6	运动模式	真运动模式和相对运动模式
7	显示方向	北向上（North-Up）、首向上（Head-Up）、航向向上（Course-Up）
8	信息查询	鼠标在海图界面上点选查询对应的海图物标信息

3. 航线设计

航线设计具备实现绘制和修改计划航线、检查计划航线安全性、管理经验（推荐）航线库、生成航行计划列表（每个航段的航程、航速、航向、航行时间等）等的功能。

ECDIS 航线设计支持图形编辑方式和表格编辑方式，前者利用鼠标直接在电子海图界面上绘制转向点来设计航线，后者利用转向点列表输入各转向点的经纬度值以及相关参数来设计航线。

航线设计过程实际是航次计划的形成过程。在定义并编辑航线的过程中，航海人员需设置每个转向点及其航段的开航时间、等待时间、航速和预计抵达时间等基础航次参数，实现航次计划的创建、保存、查询、修改、删除、打印等基本功能。

4. 航线监控

航线监控能够针对本船的计划航线、位置和动态，水文地理信息、物标、雷达目标以及 AIS 报告目标等相互关系，实现船舶动态实时显示与监控报警。航线监控的主要功能包括航线监视、航行状态查看、船位调整、报警与警示。

5. 航行记录

航行记录用于记录船舶航行过程中所使用海图的详细信息以及航行要素，实现类似"黑匣子"的功能即能够再现航行过程，以便于航行经验总结以及航行事故分析。

IMO ECDIS 性能标准要求，ECDIS 应以至少 1 min 的时间间隔记录时间、位置、艏向、速度数据，以能够再现航行过程，并且能查验最近 12 h 使用的官方 ENC 资料，资料包括 ENC 数据源、版本、发布日期、海图单元及更新历史。ECDIS 应记录整个航次的全部航迹，带有时间标记并且时间间隔不超过 4 h，不允许伪造或更改所记录的数据。

6. 航海问题求解

ECDIS 能够实现船位推算、恒向线和大圆航法计算、距离和方位计算、陆标定位计算、不同大地坐标系之间的换算等功能。

六、ECDIS 接口

根据 ECDIS 逻辑组成,如图 8-2 所示,ECDIS 应与其他通信导航或航行设备连接,以实现系统功能。

1. 基本输入/输出设备及信息

根据 IEC 61174 标准,ECDIS 基本输入设备及其基本信息如表 8-2 所示。

表 8-2   ECDIS 基本输入设备及其基本信息

序号	传感器	是否强制	信息描述
1	THD	强制	本船首向
2	EPFS	强制	本船位置、对地航向、对地航速以及大地坐标基准
3	SDME	强制	本船对地/对水航速和航程
4	AIS	可选	本船周围 AIS 报告目标信息
5	NAVTEX	可选	本船航次相关的气象信息
6	Radar	可选	本船周围雷达目标信息、跟踪目标信息
7	SafetyNET	可选	SafetyNET 相关海事安全信息
8	BAM	强制	BAM 发送的报警指令并确认
9	ECDIS 备份	可选	至少提供本船的航线信息

ECDIS 设备为驾驶台相关系统或设备提供的基本信息如表 8-3 所示。

表 8-3   ECDIS 基本输出设备及其基本信息

序号	传感器	是否强制	信息描述
1	VDR	强制	完整的 ECDIS 显示与操作,海图资料及其使用版本
2	BNWAS	强制	ECDIS 操作记录
3	BAM	强制	ECDIS 当前报警列表、新的报警信息
4	ECDIS 备份	可选	至少提供本船的航线信息

ECDIS 通过物理串口与外部设备连接,而通常电脑串口数量无法满足诸多设备的接入,因此,目前多采用如下方法拓展串口。

(1)多串口卡:将 ECDIS 的一个串口扩展为多个串口,传感器通过各自的串口单独接入,可分别控制端口号、波特率等。

(2)串口分配器:各传感器分别连接到一个集成端口,ECDIS 自动解析信号、控制是否连接某设备。

(3)网络串口分配器:外部设备通过网络串口通信。

2.接口及其通信协议

除物理连接端口外,针对电子设备之间的数据交换与传递,国际标准化组织 NMEA 和 IEC 分别制定了 NMEA 系列和 IEC 61162 系列标准,明确了海上导航和无线电通信设备之间数据交换的接口协议和数据传输编码协议。

3.接口基本功能

根据 IMO ECDIS 性能标准要求,接口的功能及形式至少包含接口设置、接口连接及其状态查看、接口信号维护等。

(1)接口设置

传感器接口设置的内容包括:管理传感器接口,并根据不同传感器类型、接口协议以及系统逻辑分配管理;设置设备接入端口、波特率、数据位、奇偶校验位、停止位、数据流控制位通信参数,如表 8-4 所示。

表 8-4 传感器接口设置

序号	名称	描述
1	设备端口(N)	端口号选项范围:COM1~COM99
2	波特率(B)	带宽速率选项范围:300,2 400,4 800,9 600,19 200,38 400
3	数据位(D)	数据位选项范围:5,6,7,8
4	奇偶校验(P)	奇偶校验选项范围:无,奇校验,偶校验
5	停止位(S)	停止位选项范围:1,1.5,2
6	数据流控制(F)	数据流控制选项范围:无,硬件,X on/X off

如图 8-3 所示,描述了一个传感器接口设置实例,左侧是设备列表,右侧是设备对应的通信端口设备。

(2)传感器按接口连接及其状态查看

根据 IMO ECDIS 性能标准,ECDIS 在确保自身正常工作的条件下,可以有选择性地接入传感器数据。

(3)传感器信号维护

为了准确及时检查传感器故障、传感器物理接口故障、传感器接口设置,部分 ECDIS 平台提供传感器信号维护功能。该功能可在 ECDIS 非在线航行的状态下通过设置相关通信端口以及波特率,检查其通信端口工作状态,以此来判断相应传感器工作状态。

任务 2　船用电子海图显示与信息系统的测试操作

ECDIS(电子海图显示与信息系统)的屏幕可划分为若干区域,如图 8-3 所示,各区域的功能如下所述。

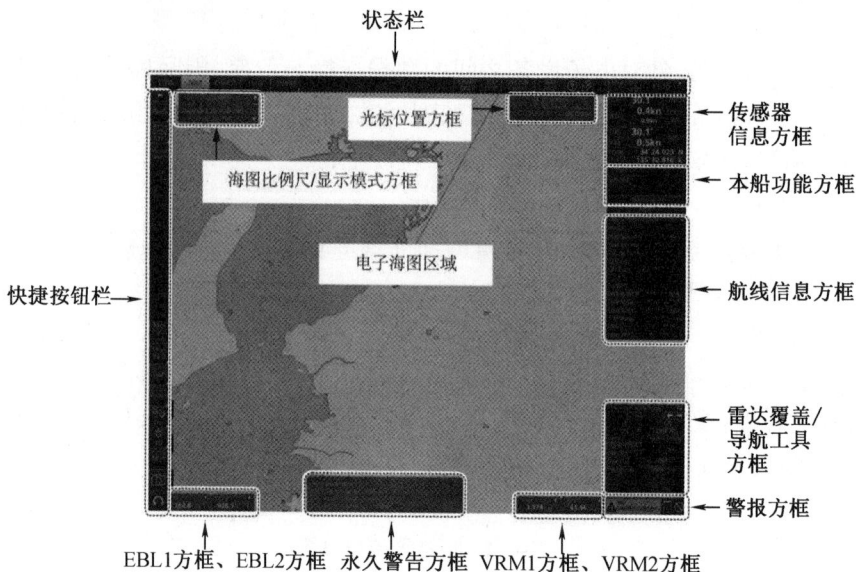

图 8-3 ECDIS 的屏幕

（1）状态栏（Status bar）提供操作模式、海图格式、IMO 海图显示选项，单击可恢复 IMO 标准显示等。

（2）传感器信息方框显示船只速度、航向和位置并选择传感器。

（3）本船功能方框应用于偏移至海图。

（4）当航线选定为航行线路时，航线信息方框显示航线和航路点数据。

（5）雷达覆盖/导航工具方框提供雷达覆盖和导航相关功能的设置。

（6）警报方框显示操作和系统警报消息。

（7）可变距标圈（VRM）方框测量至物体的距离。

（8）永久警告方框显示海图相关警告消息。

（9）电子方位线（EBL）方框测量至物体的方位。

（10）快捷按钮栏（Instant Access bar）提供功能快速访问，如亮度调节、显示屏背景和菜单，其内容根据所选操作模式有所不同。

（11）海图比例尺/显示模式方框用以选择海图比例尺和显示模式。

（12）光标位置方框显示光标的经纬度位置和到光标的 TTG。

（13）电子海图区域显示 ECDIS 海图。

一、自检

［Self Test］（自检）页面如图 8-4 所示，主要进行环回测试，检查处理器单元 EC-3000 是否正常运行，还会检查处理器单元的风扇和 DVD 驱动器，测试期间 ECDIS 功能不可用。

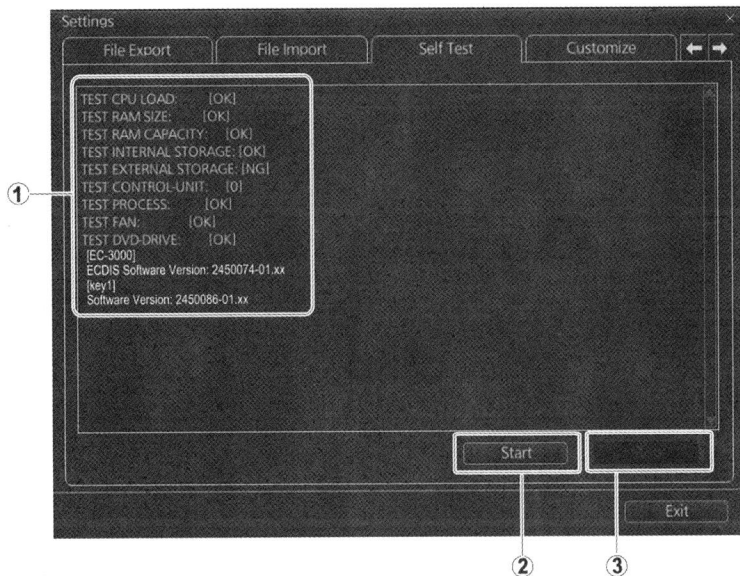

图 8-4　自检页面

图 8-4 中①~③的说明如表 8-5 所示。

表 8-5　自检页面说明

编号	名称	说明
1	测试结果、程序编号	自检结果和项目编号(××=版本号)
2	Start(开始)按钮	开始自检
3	Stop(停止)按钮	停止自检(测试期间显示)

二、S57 海图色差测试

S57 海图上的适当色差是必要的,以便于 ECDIS 操作员确认 ECDIS 显示器可分辨不同色彩编码的区域、线和符号。

按以下操作方法,检查适当色差。

色差测试图是 ECDIS 海图 1 的一部分。

(1)单击快捷按钮栏(Instant Access bar)上的"Chart INFO"(海图信息)和"Chart 1"(海图 1)按钮,显示"ECDIS Chart 1"(ECDIS 海图 1)菜单,如图 8-5 所示。

(2)单击"Colordiagram"(色彩图),显示色彩测试图,如图 8-6 所示。

如果色彩正确,在任何亮度设置下,都会出现与周围形成强烈对比的对角线。

三、键盘测试

"Keyboard Test"(键盘测试)页面检查 ECDIS 控制单元上的控制钮和按键、ECDIS 控制单元上的轨迹球模块,以及轨迹球控制单元,如图 8-7 所示。

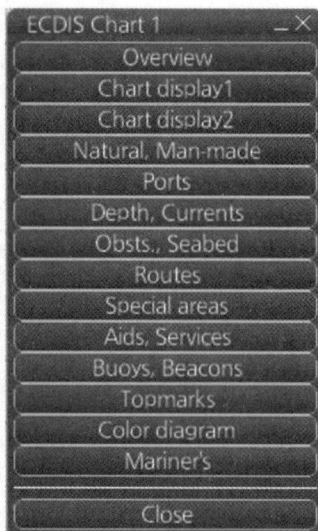

图 8-5　**Chart 1 菜单**

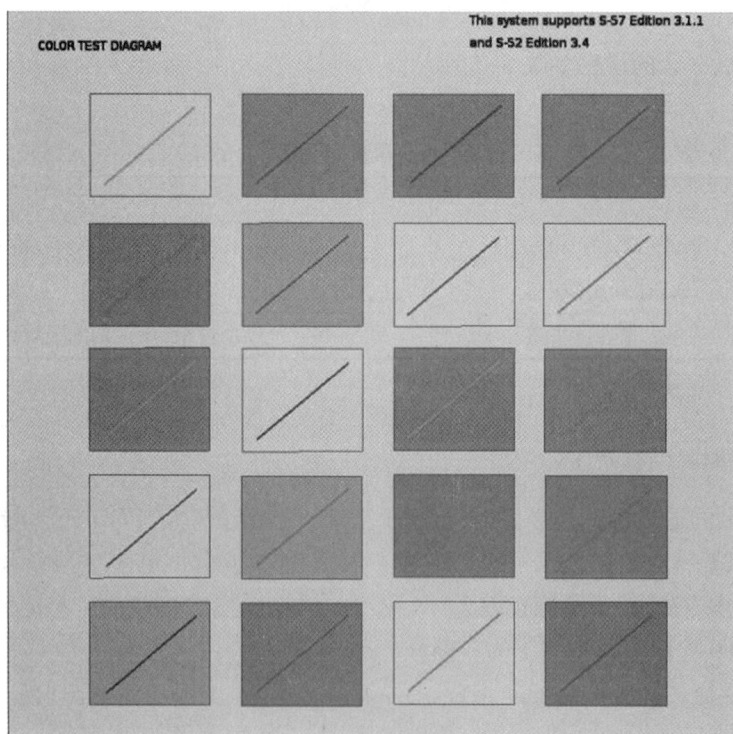

图 8-6　色彩测试图

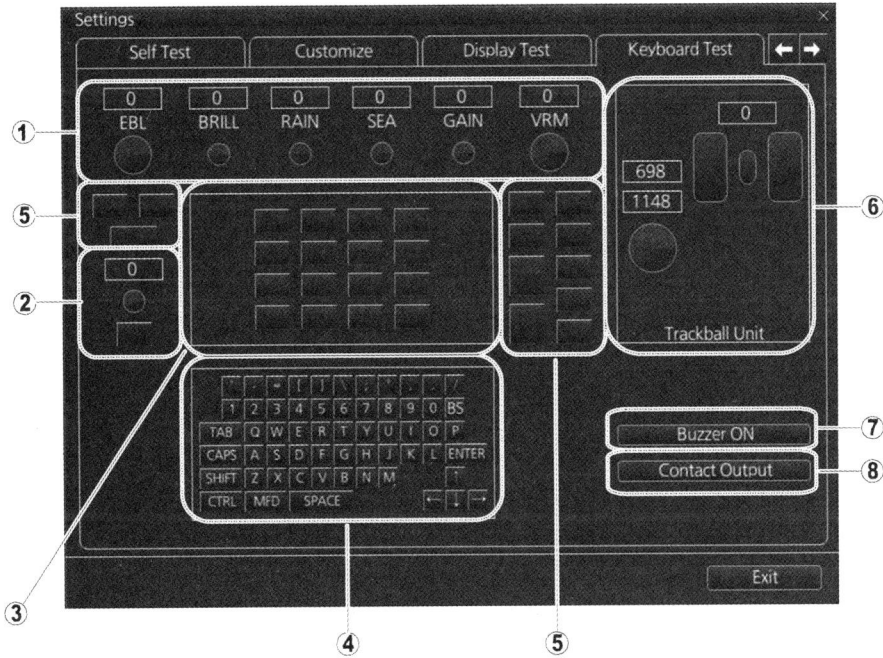

图 8-7　键盘测试

图 8-7 中①~⑧说明如表 8-6 所示。

表 8-6　键盘测试页面说明

编号	名称	说明
1	EBL、BRILL、GAIN 和 VRM	操作 ECDIS 控制单元上的相关控制钮。旋转控制钮,控制钮上方的窗口将显示设置值。按控制钮,屏幕上的相应位置显示为浅蓝色(RAIN 和 SEA 控制钮不起作用,EBL 和 VRM 控制钮不具有按下功能)
2	快捷按钮(InstantAccess)旋钮/按键	检查［快捷按钮(Instant Access)］旋钮和按键。 (1)旋转旋钮,窗口中将显示设置值。 (2)按旋钮,旋钮将呈浅蓝色。 (3)按按键,按键将呈浅蓝色
3	不使用	—
4	ECDIS 控制单元的键盘	操作每个按键,按下的按键呈浅蓝色
5	ECDIS 控制单元的按键	操作每个按键,按下的按键呈浅蓝色
6	轨迹球模块	检查控制单元的轨迹球模块。 (1)滚动滚轮,旋转轨迹球,被操作控制钮的上方指示显示设置值。 (2)按下每个按钮,按下按钮的上方窗口呈浅蓝色。 (3)按下滚轮,滚轮上方窗口呈浅蓝色

表 8-6（续）

编号	名称	说明
7	BuzzerON（蜂鸣器开启）按钮	单击［Buzzer ON］（蜂鸣器开启）按钮，蜂鸣器响起，蜂鸣器响起，按钮闪烁(红色)，再次单击按钮取消
8	Contact Output（触点输出）按钮	单击［Contact Output］（触点输出）按钮，从处理器单元中输出系统故障触点信号，再次单击按钮取消

四、显示测试

"Display Test"（显示测试）页面显示各种测试图样，以检查 FURUNO 提供的显示器的颜色显示是否正常。单击［Display Test］（显示测试）按钮，开始测试，如图 8-8 所示。

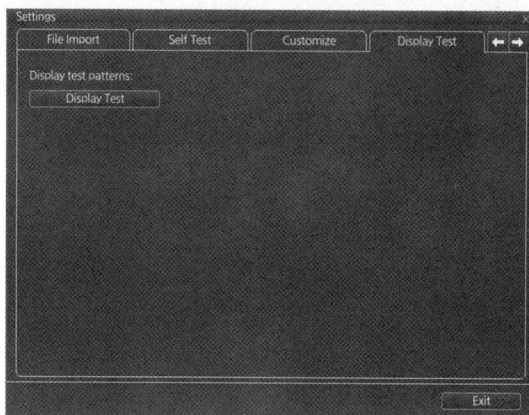

图 8-8　显示测试

单击左键，按如图 8-9 所示的数字顺序进行测试；单击右键，则按数字逆序进行测试。

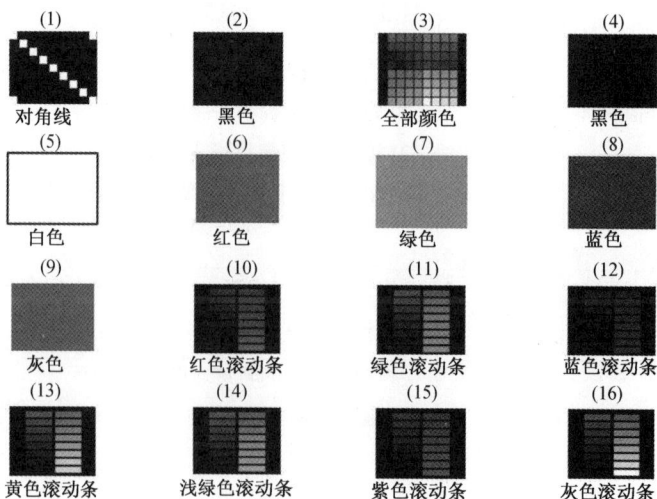

图 8-9　测试顺序

要随时退出显示测试，请按相应控制单元的［ESC］键。

任务3 船用电子海图显示与信息系统的维护与检修

一、维保养护

定期维护对保持良好的性能至关重要。建立维护计划,并且至少包含如表8-7所示的项目。

表8-7 维护计划

间隔	检查点	检修和措施	备注
必要时	FURUNO 提供的显示器和处理器单元	可用软布擦除机柜上的灰尘和污垢,必要时使用水稀释的中性清洁剂。切勿使用化学清洁剂来清洁显示单元,这会损坏油漆和标记。清洁 LCD 时,应使用棉纸和 LCD 清洁剂小心擦拭,以防刮伤。清除 LCD 上的泥土或盐层时,可使用棉纸和 LCD 清洁剂慢慢擦拭,以溶解泥土或盐分。为避免盐或泥土刮伤 LCD,应经常更换棉纸。切勿使用稀释剂、丙酮或苯等溶剂清洗;切勿使用脱脂剂或防雾剂,因为这些物品可剥离 LCD 的涂层	切勿使用化学清洁剂,这些溶剂可能会破坏涂层和标记
必要时	处理器单元内的滤网	如果布满灰尘,请技术人员清洁滤网	—
3~6 个月	电缆	检查所有电缆是否连接稳固或损坏	—

1.更换保险丝

处理器单元、显示器单元和传感器适配器中含有保险丝,保险丝的作用是防止这些单元过电压(过电流)和内部故障。如果单元无法打开,请检查保险丝是否断开。如果保险丝烧断,更换前请找出原因。

注意:应使用合适的保险丝(表8-8),使用错误的保险丝可能会损坏设备或导致火灾。

表8-8 保险丝参数

设备	电源	类型	编号
处理器单元 EC-3000	AC 100~115 V	FGMB 125V 10A PBF	000-157-470-10
	AC 220~230 V	FGMB 250V 5A PBF	000-157-570-10
显示器单元 MU-190	AC 100~230 V	FGBO 250V 1A PBF	000-155-828-10
显示器单元 MU-231	AC 100~230 V	FGBO 250V 1.5A PBF	000-155-833-10
传感器适配器 MC-3000S	DC 24 V	FGMB 125V 3A PBF	000-157-481-10

2.轨迹球维护

如果光标移动异常,轨迹球上可能存在灰尘或泥土,可按如下步骤清洁轨迹球:

（1）逆时针旋转轨迹球模块上的卡圈45°，解除锁定。

（2）拆掉卡圈（图8-10）和轨迹球。

（3）用无绒软布 清洁跟踪球，小心地向球笼里吹气，清除灰尘和绒毛。

（4）检查金属滚轮上的灰尘，如果较脏，用浸有擦拭用异丙醇溶液的湿棉签轻轻擦拭清洁滚轮。

（5）确保棉签上的绒毛没有遗留在滚轮上。

（6）安装回轨迹球和卡圈，并确保卡圈没有插反。

3. 清洁处理器单元中的滤网

如果处理器单元中（图8-11）的进气孔滤网布满灰尘，则需要定期清洁。拆除滤网并用水和温和的清洁剂清洁。冲洗滤网，待其干后重新装回处理器单元。

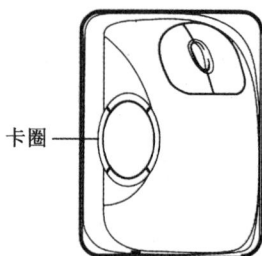

图8-10　拆卡圈

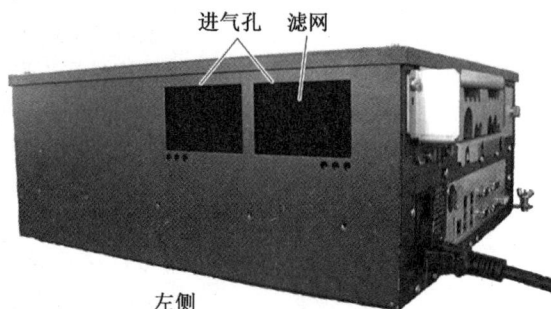

图8-11　处理器单元

注意：确保进气孔畅通。进气孔堵塞可能会造成机柜内温度上升，从而引起故障。处理器单元的右侧有排气孔，如有需要，请清除排气孔上的灰尘。

二、常见故障

根据故障现象，参考表8-9，判断故障原因并进行恢复。

表8-9　电子海图常见故障原因与补救措施列表

故障	故障现象及原因	补救措施
画面冻结	●如果画面冻结，蜂鸣器会响起，状态LED灯闪烁红色。 ●加密狗未与USB端口连接	●关闭电源后再开启。 ●重新插入加密狗
不显示监控航线	●未选择航线。 ●未选择在海图上显示监控航线	●选择待监控航线。 ●打开Symbol Display（符号显示）菜单的Route（航线）页面，勾选要显示的监控航线部分
不显示计划航线	●未选择航线。 ●未选择在海图上显示计划航线	●将航线选择为计划航线。 ●打开Symbol Display（符号显示）菜单的Route（航线）页面，勾选要显示的计划航线部分

表 8-9(续)

故障	故障现象及原因	补救措施
无法清除用户海图的符号	• 两个或更多符号可能相互层叠	• 多删除几次
无法找到位置	• 未在 POSN（位置）页面选择位置传感器。 • 位置传感器已关闭。 • 传感器电缆松动	• 检查位置传感器选择。 • 开启位置传感器。 • 检查电缆
ARCS 海图无法显示	• 无 ARCS 海图区域。 • 未插入加密狗。 • 连接加密狗	• 在 Manage Charts（管理海图）对话框中打开 ARCS 海图。 • 许可证已过期。 • 更新 ARCS 许可证
S57 海图无法显示	• 无 ENC 海图区域。 • 未插入加密狗	• 在 Manage Charts（管理海图）对话框中打开 S57 海图。 • 连接加密狗
不显示路经轨迹	• 未选择路经轨迹为可见	• 打开 Symbol Display（符号显示）菜单的 Tracking（跟踪）页面，根据需要将 Own Ship Past Tracks（本船路经轨迹）选为 Primary（主）或 Secondary（从）
ECDIS 显示屏不显示监控的用户海图	• 未选择用户海图为可见	• 打开 Symbol Display（符号显示）菜单的 Mariner（船员）页面，选择需要显示的部分
雷达显示屏不显示用户海图	• 在航行导航模式中未选择用户海图	• 在航行导航模式中选择用户海图
显示消息 Nearingmemory usagelimit. Click the Restart button torestart the system toprevent trouble.（接近存储器使用限制）	• 软件的存储器使用限制接近最大值。否则性能会受到影响	如需保存作业，单击 Later(稍后)按钮,然后重启电源。如不需要保存工作,单击 Restart（重新启动）按钮。注意,船舶综合数据显示系统（Conning）模式中将不会出现该通知
显示消息 Memoryusage limitreached. Click the Restart button torestart the system toprevent trouble.（已达存储器使用限制）	• 已达到软件的存储使用限制。否则性能会受到影响	单击 Restart（重新启动）按钮,重启电源。除重新启动外,无其他有效操作。注意,船舶综合数据显示系统（Conning）模式中将不会出现该通知
操作模式按钮［ECDIS］和［CONNING］均为黄色	• 软件的存储器使用限制接近最大值。否则性能会受到影响	停止所有操作,重启电源

1. 船舶行驶过程中发现电子海图无法正常显示计划航线、无法找到位置,判断故障原因并采取相应措施解决故障。

2. 如果海图操作模式按钮[ECDIS]和[CONNING]均为黄色,且海图屏幕显示"Nearingmemory usagelimit. Click theRestart button torestart the system toprevent trouble. ",消息判断故障原因并采取相应措施解决故障。

3. 船舶行驶时发现 ECDIS 显示屏不显示监控的用户海图,同时雷达显示屏不显示用户海图,判断故障原因并采取相应措施解决故障。

★思政小课堂:

> 走进浩瀚蓝海,
> 推动世界文明

对比东西方海图 看海洋文明与大河文明的缩影

海图是地图的一种,是海洋调查研究的成果,也是人类走向海洋的必要工具。原始海图的功能主要以区分海陆为主,大部分刻画在泥板、绢帛、羊皮上。随着航海事业的发达,地理知识不断丰富,如今的海图除了海上导航外,还服务于海洋的开发利用,如今更是开发出电子海图等实用性强、信息量大的海图种类。

| 前沿知识 | 海洋文明——专注海洋的精美海图 | 船用电子海图习题 |

项目 9　船载航行数据记录仪的操作与维护

【项目描述】

　　船载航行数据记录仪(VDR)是一种以安全并可恢复的方式，实时记录、保存有关船舶发生事故前后一段时间内的船舶位置、动态、物理状况、命令和操纵手段等有关信息的设备。记录船舶航行数据的设备是船舶失事后的重要数据存储设备，也是船舶必不可少的通导设备。对该设备的维护保养是 750 kW 及以上船舶电子电气员的重要工作职责之一。本项目以 VDR 真机设备开展教学，通过本项目的实践与认知，使学生在今后的工作岗位上能够自主地完成 VDR 的操作与维护。

领先源于持续创新
——优秀国企海兰信
VDR 研发历程

【学习目标】

　　知识目标：

- 能描述船载航行数据记录仪的基本工作原理；
- 能描述船载航行数据记录仪的结构组成；
- 能识记船载航行数据记录仪的输入/输出接口。

　　技能目标：

- 能正确进行船载航行数据记录仪的功能测试；
- 能正确进行船载航行数据记录仪的操作与维护。

　　素质目标：

- 树立学生正确的价值观与法律意识；
- 传承追求卓越、精益求精的工匠精神。

任务 1　船载航行数据记录仪的认知

　　随着国际贸易的发展和海上运输业的膨胀，船舶产业也向着大型化、快速化发展。一旦有海难事故发生，会对生命财产造成很大的损失，也会对生态和海洋环境造成灾难性且不可恢复的后果。海难事故使 IMO 面临巨大的公众压力，船舶遇险后需要客观证据解释原因，因此，多数交通工具已经在使用数据记录的设备，如飞机配备黑匣子。

船舶黑匣子 VDR 的
功能与结构

　　船载航行数据记录仪分为航行数据记录仪(voyage date recorder,VDR)和简易航行数据记录仪(simplified VDR, SVDR),它们是一种以安全并可恢复的方式实时记录、保存有关船舶发生事故前后一段时间内的船舶位置、动态、物理状况、命令和操纵手段等有关信息的设备。主管机关和船舶所有人可以获得存储在记录仪中的数据,并可将这些数据作为处理事故的客观证据。

根据 SOLAS 公约要求,船载航行数据记录仪的配备要求如表 9-1 所示。

表 9-1　船载航行数据记录仪配备要求

船舶种类	2002 年 7 月 1 日之后建造	2002 年 7 月 1 日之前建造
客船或客滚船	VDR	VDR
3 000 总吨以上货船	VDR	VDR 或 S-VDR

一、船载航行数据记录仪系统组成和作用

船载航行数据记录仪的系统组成包括数据采集单元、数据保护舱、报警指示器、电源和数据回放设备等。

"走进实船",
认识 VDR

1. 数据采集单元

数据采集单元(DCU)由数据处理器、传感器接口及信息处理电路和麦克风组等组成。数据处理器通常安装在驾驶台附近,又称主机,由主处理机、数据编码处理器和存储单元等组成,是系统的核心。采集程序时,数据处理器可以直接采集和处理来自接口 RS-232 或 RS-422 符合 IEC 61162 或 NMEA 标准的数据,还可通过传感器接口及信息处理电路采集和处理非 IEC 61162 或 NMEA 格式信号,如雷达图像信号,麦克风组记录的驾驶台音频,VHF 信号采集装置记录的 VHF 通信音频以及船舶其他传感器的模拟量信号、开关量信号等。这些采集的数据在数据存储和控制程序的控制下,完成数据格式转换、数据刷新和数据备份等,实现数据管理任务。航行数据记录仪所采集数据的精度主要取决于被采集设备输出的数据精度。主机通常还设有可移动的存储介质,以方便事故调查及相关人员获得船舶航行数据。

2. 数据保护舱

数据保护舱(protective capsule)用于装载、保护最终记录介质(final recording medium, FRM),通常采用闪速存储器(flash memory)作为存储介质。FRM 与主机连接,作为最终船舶航行数据记录单元。通常工作环境下,数据保护舱所记录的数据能够在记录结束后保存至少两年。

数据保护舱有固定式和自由浮离式两种,通常安装在罗经甲板龙骨正上方离开船舶建造结构 1.5 m 外的空旷处,以方便维护和事故后的回收。其外壳颜色为高可见度荧光橙色,用标识"VOYAGE DATA RECORDER-DO NOT OPEN-REPORT TO AUTHORITIES"的反光材料。保护舱带有一个在 25~50 kHz 频段的水下声响信标,信标所用电池至少可以工作 30 天。

(1)固定式保护舱

固定式保护舱在任何情况下都固定在安装的位置上,设有与底座相连的分离螺栓、释放杆或转锁等机械释放机关,舱体上设有金属拉环或把手,以方便水下回收。在事故发生

后,保护舱可以承受冲击(50 g 半正弦脉冲 11 ms)、穿刺(250 kg、100 mm 直径尖头物体从 3 m 坠落)、火烧(260 ℃、10 h 及 1 100 ℃、1 h)、深海压力和浸泡(6 000 m 深 24 h 及 3 m 深 30 d)等恶劣环境,并保持数据的完好性。对于 S-VDR,数据保护舱可不要求满足穿刺的标准。

（2）自由浮离式保护舱

自由浮离式保护舱在船体沉没时能够自动脱离船体上浮,并能够在海水浸泡 7 天内保持数据完好性。如果保护容器经历了高于国际标准对无线电发射装置的防火性能所能承受的火烧温度时,则自由浮离释放装置自动禁止释放保护容器。浮离舱还带有昼夜工作的指示灯和自引导发射机,指示最后已知或即时位置(如果有内置 EPFS 设备),周期性发射莫尔斯码"V"。有的浮离舱集成了 EPIRB 发射机,能够通过卫星搜救系统发出遇险报告。为指示灯和无线电发射机供电的电池至少可工作 7 天。

3. 报警指示器

VDR/S-VDR 的自检和故障报警程序能够自动、连续地监测设备的供电、记录功能、比特误码率、麦克风功能和所记录数据的完善性等,当所监测设备或数据失常时,会通过报警指示器发出声音和视觉(光及文字)报警,音响报警经确认后能够被静音,视觉报警指示保留到设备恢复功能后自动解除。不同的设备,报警指示器安装位置也不同,有的集成在主机上,有的则设在主机外,作为遥控报警指示器。

4. 电源

船舶的主电源和应急电源向 VDR/S-VDR 供电。此外,系统还配有可自动充电的专用备用蓄电池电源,通常为 UPS 电源。当船舶主电源和应急电源都断电时,备用电源可以保证系统继续连续记录 2 h 的驾驶台语音数据,VDR 的专用备用电源位于主控制箱内。之后,系统自动停止所有记录。电源切换不影响系统正常工作。

5. 数据回放设备

数据回放设备包括信息读出装置和相应的软件包以及信息再现装置,通常为一台完整的计算机系统,制造商用它恢复和回放 VDR/S-VDR 记录的数据。所有存储介质的内容只有在数据回放设备的硬件和软件环境下才能被正确读出和再现,但该设备不能改写 FRM 的数据。数据回放设备具有数据再现、声音再现和图形再现的功能。目前数据回放设备不是必备的船载设备,属于扩展设备。有的 VDR/S-VDR 集成了简易的回放系统,方便了设备的安装、调试、使用和数据分析。扩展设备还包括打印机和数据备份装置等。

IMO 通过的 SN/Circ. 246 号通函建议,2006 年 7 月 1 日以后安装的 VDR/S-VDR 应提供回放软件,采用以太网(ethernet)、USB、火线(fire wire)或其他等效输出端口,以便将所存储的航行数据采集至便携式计算机。对于已经安装在船上并具有以上端口的 VDR/S-VDR,应在 2007 年 7 月 1 日以后解决航行数据采集和回放方式。

二、船载航行数据记录仪数据记录功能

扫描二维码了解 VDR 与 S-VDR 数据记录功能的区别。

VDR/S-VDR 保存的信息包括数据、音频和雷达图像等,分为配置数据和运行数据。

VDR 与 S-VDR 数据
记录功能的区别

1. 配置数据

配置数据是由正式授权人在 VDR/S-VDR 启用时写入,且不能被其他未授权人改写,

是永久保存在 FRM 中的数据。配置数据定义了系统及系统所连接传感器的配置,改变该数据不会影响运行操作数据。配置数据包括型式认可主管机关和参考标准、IMO 船舶识别编号、软件版本号、自动记录最近配置数据修改的日期和时间、麦克风位置和记录端口分配及其 ID、所连接 VHF 通信设备的位置和端口分配及其 ID、所连接的雷达显示器及其 ID、获取时间和日期的来源、获取船位的 EPFS 及其在船舶的相对位置、其他数据输入源的标识等。

2. 运行数据

运行数据可分为导航仪器数据、雷达图像或 AIS 数据、通信音频数据(及通信中的留白)、操作状态数据、环境状态数据、报警数据和其他备选数据等。

(1)导航仪器数据

①日期和时间:记录 UTC 时间,时间源可以来自船舶外部(如 EPFS 或无线电时间信号)或船舶的内部时钟,误差不超过 1s。目前多数船舶记录 GPS 时间。数据回放时,历史记录的再现应按照所记录的时间顺序进行。

②船位:记录经纬度及坐标系,位置源可以是 EPFS 或 INS(综合导航系统)。目前多数船舶记录 GPS 船位。

③速度:记录相对水或地(横向和纵向)速度和速度源。目前多数船舶记录船舶计程仪速度或 GPS 速度。

④船首向:记录罗经指示,分辨率为 0.1°。

⑤回声测深仪:记录龙骨以下水深、测深仪量程和其他状态信息。

(2)雷达图像或 AIS 数据

对于 VDR,记录一台雷达设备主显示器显示的全部电子信号信息,包括所有距离标志、方位标志、电子标绘符号、雷达图、所选系统电子导航图或其他电子海图(地图)、航次计划、航行数据、航行报警和在显示器上可见的雷达状态数据等。数据回放时,VDR 可以再现全部所记录的雷达显示场景。

对于 S-VDR,由于数据接口的原因无法取得雷达数据时,可以记录 AIS 数据代替雷达数据。

(3)通信音频数据

①驾驶台声音:通常由一个或多个麦克风记录驾驶台内工作台,如驾驶操纵台、驾驶台翼桥、雷达显示器、海图桌、操舵台和通信操作台等位置的谈话声音,以及内部通信、公共广播系统和驾驶台报警音频等。

②通信声音:记录有关船舶操作的 VHF 往来通信,对设备初始化时配置的 VHF 通信应连续记录,并与驾驶台的声音独立。

(4)操作状态数据

①舵令及响应:记录操舵指示器舵令及其响应角度,船首向或航迹控制器的状态及设置也予以记录。

②轮机命令和响应:记录所有车钟或直接的轮机/螺旋桨控制器的位置、轴转数(或等效速度)、反馈指示、前进后退指示器及艏艉侧推(如果有)。

(5)环境状态数据

①船体开口(门)状况:记录在驾驶台内显示的所有 IMO 要求的强制状态信息。

②水密和防火门状况:记录在驾驶台内显示的所有 IMO 要求强制状态信息。

③加速度和船体应力:如果有此类传感器,应予记录。

④风速和风向:如果配备相关传感器,记录并指明是相对风速/风向或绝对风速/风向。

(6)报警数据

主报警:记录所有IMO强制要求在驾驶台内报警的状态,报警声音通过麦克风记录。

此外,VDR还可记录其他重要航行安全数据,如ECDIS、其他雷达数据等。

VDR/S-VDR能够按照日期和时间的顺序连续对所规定采集的数据项目进行记录,被记录的数据不能人为选择,任何干扰数据记录完善性的企图也予以记录。所记录的数据必须与收到的数据一致,如发现不可改正的错误则发出报警。记录时,较新数据抹去最陈旧数据,数据存储时间大于12 h。如果船舶主电源和应急电源供电中断,则专用备用电源可再连续记录驾驶台声音2 h。在此之后,所有记录自动终止。以上所记录的数据能够以记录时的日期和时间顺序在回放设备上再现。如果设备的时间缺失,则系统无法正常记录航行数据。

三、船载航行数据记录仪工作过程

VDR/S-VDR通过传感器接口及信息处理电路采集传感器信息,在数据处理器中对这些数据进行变换、压缩、编码等处理,然后输入存储器和FRM记录保存,并不断滚动覆盖翻新。船载航行数据记录仪工作过程主要包括信号采集、数据存储和备份、自检和故障报警等。

1.信号采集

在主处理器的协调下,传感器接口及信息处理电路采集和跟踪各类传感器的信息。信号采集过程可分为正常状态、操作状态和特殊状态三种情况。

(1)正常状态:当船舶在正常状态下,并且没有车钟操作指令或设备状态变化时,系统按设计的周期定时采集各传感器的信号。

(2)操作状态:当车钟发出操作指令时,系统立即采集车钟指令并跟踪监测和记录油门、主机转速、舵角等状态信息。

(3)特殊状态:当设备报警信号或舵角、主机转速等状态发生异常变化时,设备立即跟踪采集和记录相关的信息数据。

2.数据存储和备份

数据存储和备份主要是完成数据格式转换、数据存储备份和数据刷新。

配置数据在系统启用时写入,系统正常运行时不能修改。系统采集的传感器信息即运行数据,在保存过程中经过格式变换、压缩和加密处理后,按照日期和时间顺序存入FRM和数据处理器的存储单元中,有的设备还设计了移动存储器,用于数据备份后送交主管机关或船舶所有人。这种设计的目的是为了提高数据的可靠性和设备的灵活性。系统以双备份的形式保存数据,同时,系统还允许主存储器或备用存储器独立工作。在某些特殊情况下,如自检发现存储器故障,系统允许在线排除故障或更换存储器。当存储器恢复正常时,程序将控制系统立即备份所有数据。

如果船舶主电源和应急电源失电,系统由备用电源供电,此时系统自动关闭消耗电能较多的各传感器接口及信息处理电路,仅继续记录驾驶台音频数据2 h。在此过程中,如果外电源恢复正常,系统自动转入正常程序,并对备用电源充电。如果外电源不能恢复正常,则系统在2 h后,自动锁闭存储器,停止工作。

数据刷新是在存储器容量溢出时,控制系统按照先进先出的原则以较新数据覆盖最陈旧数据。

3. 自检和故障报警

自检功能主要是监测数据处理器、传感器接线、传感器信息处理电路的单片机模块、供电系统、传输数据的比特误码率和所记录数据的完善性等。

自检包括初始化自检、在线自检和模拟测试程序。初始化自检在系统电源接通时自动检测系统硬件状态。在系统工作过程中,在线检测程序利用正常工作模式下的时间间隙,轮流检测重要硬件的工作状态和所记录数据的完善性。当所监测设备或数据失常时,则输出报警信号。模拟测试提供一种调试检测手段,便于技术人员检测和调试。

四、船载航行数据记录仪的接口

船载航行数据记录仪连接的传感器多且分布广,记录的数据复杂,有些数据需要多路径长距离传输。根据所连接的传感器不同,接口标准可以是 RS-232、RS-422、IEC 61162 或 NMEA。可以通过传感器接口及信息处理电路采集和处理非标准格式的传感器信号,如雷达图像信号,VHF 通信音频信号和麦克风组录制驾驶台音频,以及船舶其他传感器的模拟量信号、开关量信号等。有些型号陈旧的导航传感器还需要专用的接口处理设备,将模拟信号转换为符合以上协议的数字信号,才能被 VDR 记录。

航行数据记录仪的安装需要在船舶建造或进坞时由专业技术人员操作,在设备正常运行过程中,船方只需要做好日常监护记录。

任务 2 船载航行数据记录仪的操作

船载航行数据记录仪系统结构如图 9-1 所示。

VDR 的系统控制单元(SCU)嵌入式安装在 VDR 主机单元的前门上,可选的系统控制单元将被安装在驾驶室内适当的地方。通过使用右下角的两个调光按键可以调节指示灯和液晶显示屏的亮度。

系统控制单元面板包括 5 个指示灯、6 个按键、1 个蜂鸣器和 1 个液晶屏。如表 9-2 所示描述了各个部件的功能。

VDR 操作说明书

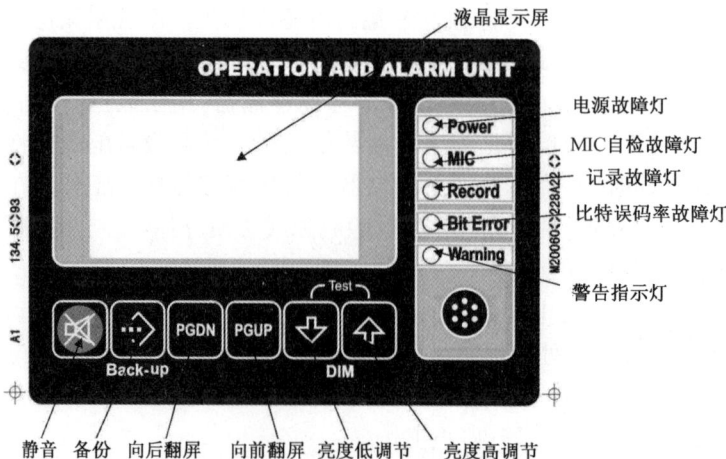

图 9-1 船载航行数据记录仪系统结构图

表 9-2　船载航行数据记录仪配备要求

部件	功能
电源故障灯	指示输入电源故障
麦克风故障灯	指示麦克风自检故障
记录故障灯	指示出现了记录功能故障
比特误码率故障灯	指示比特误码率故障
警告指示灯	指示某些船舶设备连接故障
蜂鸣器	当出现故障时发出鸣叫声
静音按键	用于蜂鸣器静音
备份按键	用于备份数据或日志文件
向后翻屏按键	用于查看下一条信息
向前翻屏按键	用于查看后一条信息
亮度低调节按键	用于降低指示灯和液晶屏亮度
亮度高调节按键	用于增加指示灯和液晶屏亮度
液晶显示屏	显示系统故障或警告详细信息

一、VDR 数据备份

如果一个事故和应急事件发生了，PDU 的数据将被备份到另一个存储器中，避免在 12 h 后数据自动擦除。

存储在 PDU 中的数据可以用不同的方式备份到另外的存储器中。

(1)备份到 USB 盘:通过系统控制单元完成操作。

(2)备份到临时的网络连接的外部笔记本电脑:通过外部笔记本电脑完成操作。

(3)备份到永久网络连接的外部船用计算机:通过外部计算机完成操作。

(4)通过直接连接将数据从 PDU 备份到一台调查人员使用的计算机。

(一)备份到 USB 盘

备份到 USB 盘是将一个 USB 盘连接到 VDR 主机单元中的 USB 插孔(图 9-2、图 9-3)。

图 9-2　USB 备份接口,没有插 USB 盘

图 9-3　USB 备份接口,插上 USB 盘

30 s 后按下备份键,持续按 5 s,液晶屏将会显示信息(图 9-4):
System is backing up data(进行数据备份操作)。

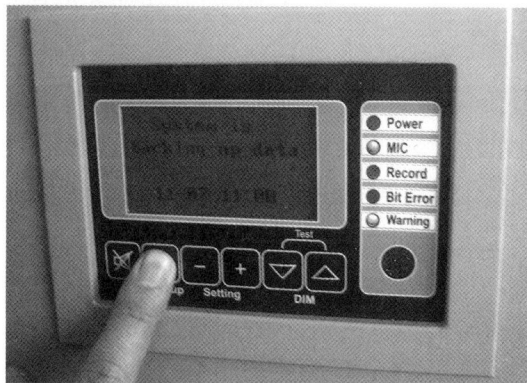

图 9-4　数据备份中,液晶屏显示

备份结束时,液晶屏将会出现提示信息(图 9-5):
Backing up end(备份操作结束)。

图 9-5　数据备份操作结束,液晶屏显示

　　如果没有 USB 盘连接,系统控制单元的液晶屏将显示"Back up error No Disk"。
　　如果 USB 盘没有足够的剩余空间,系统控制单元的液晶屏将显示"Back up error DiskFull"。我们需要清理内存后,再进行数据备份操作。

(二)备份到临时网络连接的外部笔记本电脑

　　VDR 回放软件能够通过网络直接将数据从 PDU 或 RSM 下载到回放计算机。

1. VDR 数据回放软件

VDR 数据回放软件界面如图 9-6 所示。

VDR 回放软件是安装在回放计算机的多功能程序,此程序执行以下功能。

(1)重现 VDR 主机记录的各种串口、音频和视频文件。

(2)通过 VDR 本地局域网连接 VDR 主机实时显示数据。

(3)从 PDU 或者 RSM 下载文件。

VDR 回放软件在 Windows (Windows 2000 or Windows XP)操作系统下运行,运行 Windows 的电脑必须带有局域网接口。

VDR 回放软件允许用户从 PDU 下载数据并回放数据,在回放期间,用户可以任意选择 5 min 作为开始,音频、视频和串口数据可以单独回放也可同时回放。

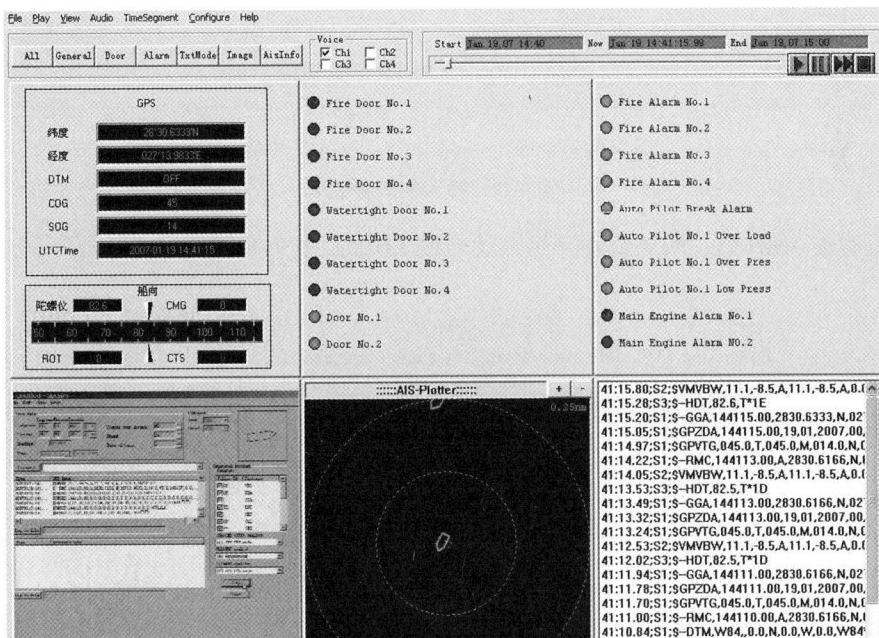

图 9-6 VDR 数据回放软件界面

2. IP 设置

当通过集线器将回放计算机连接到主机网络上时,需要配置正确的 IP 地址和子网掩码以保证 PDU 和 VDR 主机处在同一个网段。

对于 VDR sever (缺省):

IP 地址为 172. 16. 0. 100;

子网掩码为 255. 255. 255. 0。

对于内网 PDU (缺省):

IP 地址为 172. 16. 0. 250;

子网掩码为 255. 255. 255. 0。

回放计算机需要配置以下的 IP 地址和子网掩码以保证与 PDU 和 VDR 主机处在同一个网段:

IP 地址为 172. 16. 0。(可以选择 2~254 的数字并确保与 PDU 和 VDR 主机 IP 没有冲突，例如：172.16.0.130 可用，但是 172.16.0.100 和 172.16.0.250 不可用于回放计算机的 IP。）

子网掩码为 255.255.255.0。

回放计算机通过 100M 以太网集线器连接到 VDR 主机，使用 RJ45 以太网连接器。要连接回放计算机到主机里的集线器，首先使用 VDR 制造商特制的钥匙打开主机箱门，然后将网线的 RJ45 连接器接入到机箱内的集线器的某一个端口，网线另一个 RJ45 连接器连接到回放计算机的网口。

3. 从 PDU 下载数据

如果想从 PDU 下载数据，可选择 File/DownloadData 菜单，将出现如图 9-7 画面。

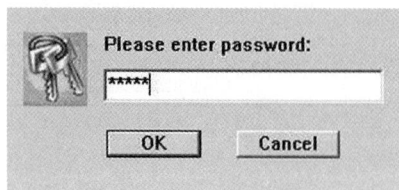

图 9-7　输入密码界面

当正确输入密码后，回放软件开始自动连接 PDU 如图 9-8 所示。

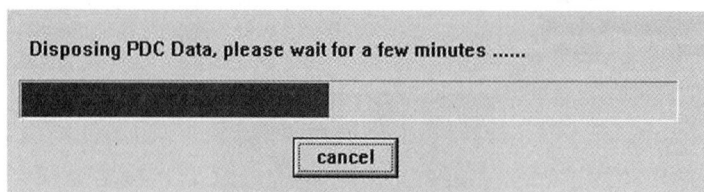

图 9-8　连接 PDU

连接完成后，将出现如图 9-9 所示界面。

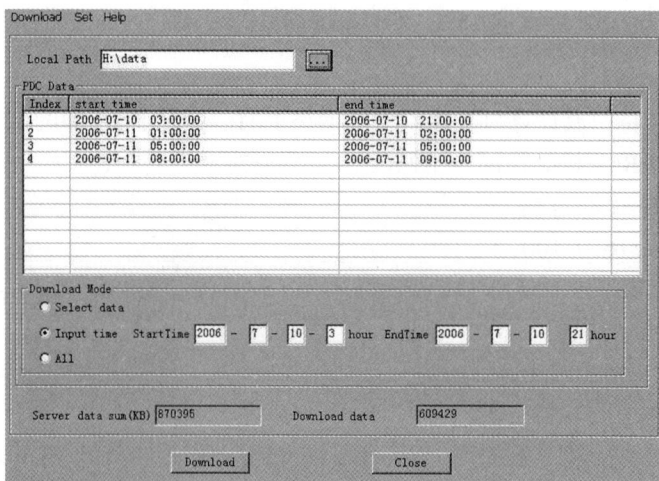

图 9-9　数据列表

对话框中列出了在 PDU 中的所有数据,有三种下载方式。

(1)选择数据(select data):如果用户想下载任意编号的数据,可以按下 Download 键,则程序将把数据下载到选定目录。

(2)输入数间(input time):如果用户只想下载一段时间的数据,可以手动输入开始时间和结束时间。

(3)全部下载(all):如果用户想下载 PDU 中的所有数据,则可以使用以下方式。

在 Local Path 对话框中输入准备存放下载数据的路径后,选择一种下载方式,单击 Download 键,出现如图 9-10 所示画面。

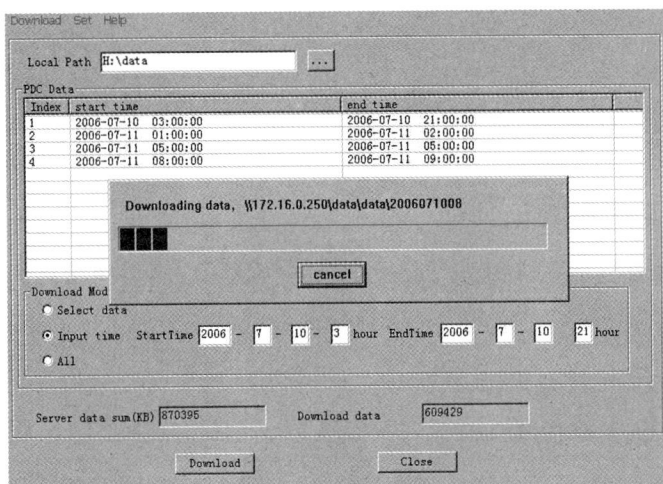

图 9-10　下载数据

4. 从 RSM 下载数据

如果系统连接 RSM 且用户想从 RSM 中下载数据,如图 9-11 所示,选择 Download 下的 RSM Data,系统将自动连接 RSM(图 9-12),之后的操作与从 PDU 中下载数据相同。

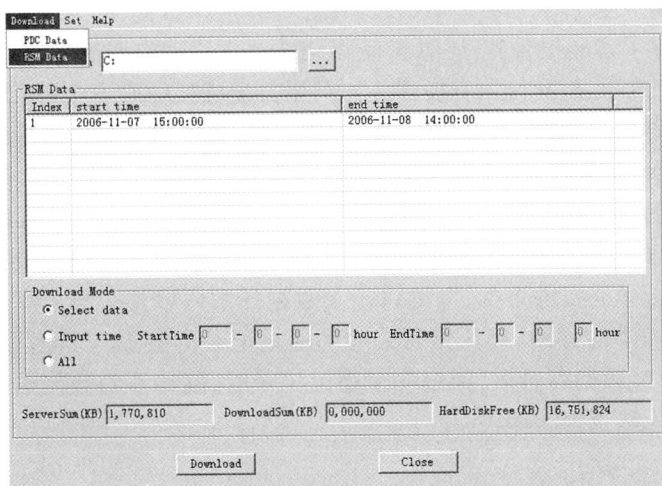

图 9-11　选择 RSM

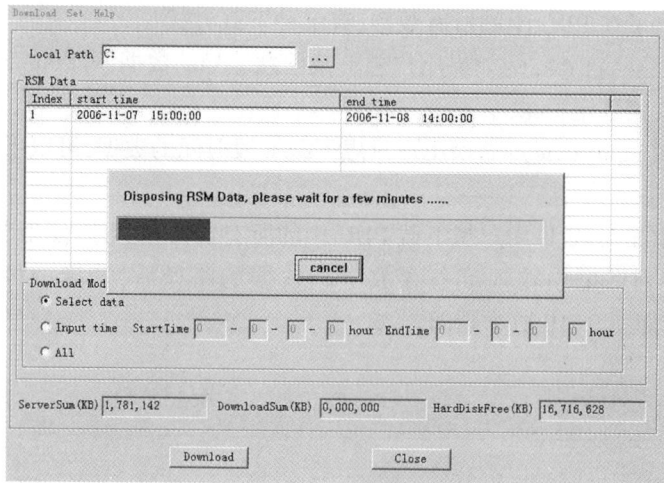

图 9-12　连接 RSM

二、VDR 的功能测试

VDR 完成调试和功能测试后,还要在系泊和海上航行时进行以下检查和试验。请描二维扫码进一步学习。

(一)串行数据的接入测试

各个 VDR 厂商的串口模块中均能接收相关设备送来的 RS-232、RS-422 或 RS-485 信号,可以通过厂商的服务工程师,依据 VDR 安装实船系统对接收数据的要求,在 VDR 中设置接收通道标号、标识、波特率、记录通道等。在这些设置完成后,所有的串行数据都应能正常

**船舶黑匣子:
VDR 的功能测试**

记录。在所有输出串口数据的设备正常工作后,VDR 工作时应该没有报警,但没有报警并不能表明所有串口的信息已完整、正确的记录进 VDR。

数据通道完备性可以通过直接断开 VDR 上的数据接入,或关掉相应的输出设备或数据分配器以引起 VDR 的报警来判断。GPS 关掉后,VDR 应该报警,因为船位和 UTC 时间均来自该设备。VDR 除了音响报警外,还应该有为 GPS 通道故障的明确指示或表述,以向使用者提供明确的报警内容,指导使用者操作。如果相关设备断掉后不报警,那么 VDR 一定是没有设置好该数据通道。其他串口信号可以类推,即报警表达了该数据通道已在 VDR 系统中设置,若不报警,必定表明该 VDR 系统设置有问题,

一般在串行数据的传送中都有数据校验,如 NMEA0183、IEC61196、MODBUS 和 PROFIBUS 都有奇偶校验或数据和校验,故上述方法只可以检验到输出设备数据的语句的正确性,但在数据记录完备性方面,即确认记录数据详细内容是否符合该通道的系统要求时,还需要服务工程师的协助,确认是否表明的通道记录的数据与其他重复相同或遗漏。如将计程数据和罗经数据混合后,通过一个通道记录时,漏掉罗经数据语句或计程数据语句时,记录通道是无法报警的。

(二)后备电源 UPS 测试

几乎所有的 VDR 厂商都配备了智能在线式的 UPS,有关 UPS 的情况都会通过串口传

给主机,供主机判断。按照检验指南的方法就可以较好地进行检查。如断开VDR的外部电源,VDR应该报警,否则不正常。

(三)数据保护容器(黑匣子)检查

几乎所有的VDR数据保护体都用以太网数据线作为信号线连接主机,路由都会经过一个HUB(内外置均有),在正常工作时,拔掉HUB上与数据保护连线的RJ45插头(或等同的连线),VDR会报警并指明是数据保护体故障或是直接显示数据线未连好,这样即可判断该保护体是否已完好连接上主机。若恢复插头,报警会消除。采用该方法检查时要确认主机和保护体接地良好(安装必备)。此项检查不能表明记录的数据符合规定要求,记录的数据还要服务工程师用专用软件下载。

(四)麦克风单元测试

麦克风的检测一般是通过回放录音来主观判断,因此需要非常仔细。若将驾驶台两个或三个麦克风混成一路记录,回放此记录的时候,很难判断是否有一个不工作以及麦克风性能是否不够好。

要检查记录各通道的完备性,即在VDR开机的一段自检时间内,在各个麦克风下会听到扬声器发出的检测单音或混合音。确认各个麦克风单元都有发声,那么表明计算机监测了各个录音通道,通道已设置好,如果有一个没有听到声音,表明通道未设置好,有问题。时间允许的话,在12 h后,可以听到他们再发出同样的声音。

VHF的记录通道也是如此,它的检测环路在内部。注意VHF的收发声音一定是独立的,和驾驶台的声音记录通道是分开的,线路是接入VDR的,关小接收机的声音不会影响记录效果。这样才是完全符合规则的记录通信声音。

(五)开关量和模拟量测试

在VDR的设计中,一般将开关量和模拟量通过接口模块提取数据后混合,再通过一个网关转换成以太网数据或串行数据,送给主机处理。若将网关输出的数据线断掉,是可听到VDR报警的。但只能从内部判断一个如此多数据混合的通道是否设定及通畅。

VDR完成调试和功能测试后,还要在系泊和海上航行时进行以下检查和试验。请扫描二维码进一步学习。

任务3　船载航行数据记录仪的维护保养

一、更换电池

电池的最大寿命是从出厂日期算起3年。此寿命周期是建立在周围环境温度为25 ℃,负载是70%的情况下。如果在电池有效期内检查出电池电量低,应当立即更换电池(图9-13)。另外,电池应当在电池到有效期前3个月被更换。

更换电池步骤如下所述。

(1)用制造商提供的专用箱门钥匙将电源箱箱门打开。

(2)断开交流、直流电源供电和电池开关(图9-14)。

船载航行数据记录仪
VDR的系泊和航行试验

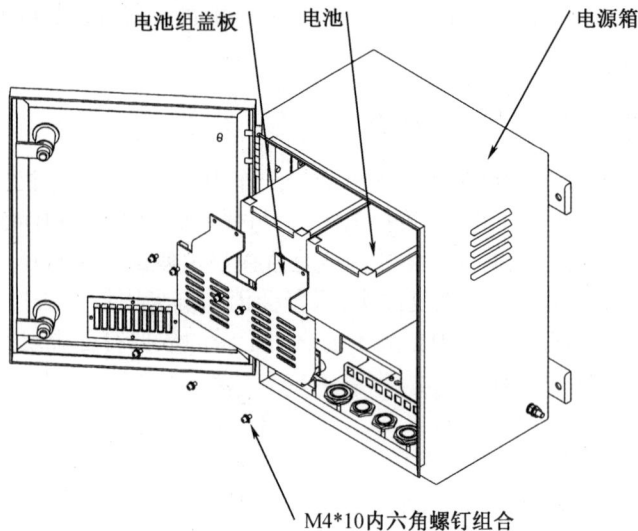

图 9-13 取出电池

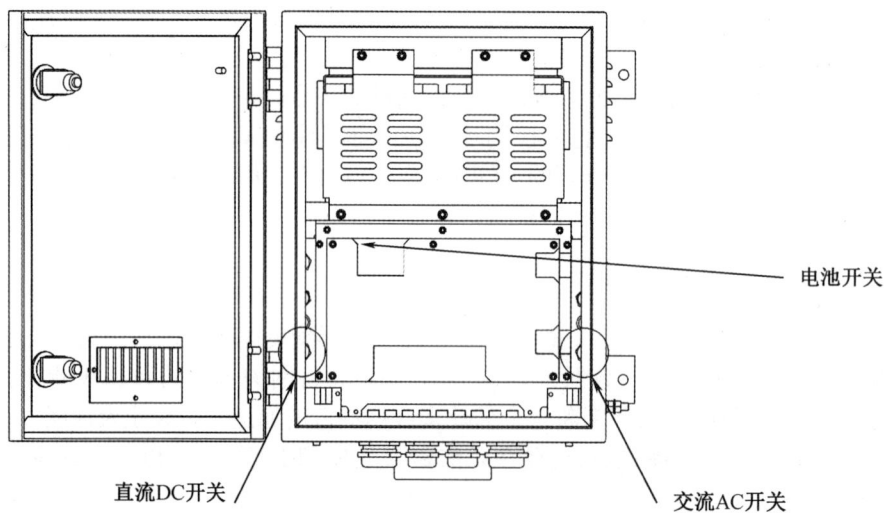

图 9-14 交流和直流电源供电开关在主机箱中的位置

(3)断掉电池之间及电池与电源板之间的连接电路(图 9-15)。

注:首先断开电池间连接电路,然后断开其他连接电路,避免短路烧毁电子器件。

(4)取下电池组件盖板上螺钉,将电池组件盖板拆去(图 9-16)。

(5)取出电池组件,更换新的电池组(图 9-17)。

(6)安装电池组件盖板,确定电池组完全固定,依据图 9-16 对电池组进行电连接,注意避免短路或反向连接。

(7)依据图 9-15 对电池组与系统电源板进行电连接。

注:首先完成电池与电源板之间的连接,然后完成电池之间连接,避免短路烧毁电子器件。

电池间连接电路　　　　电池与电源板连接电路

电源板上电池接入端子

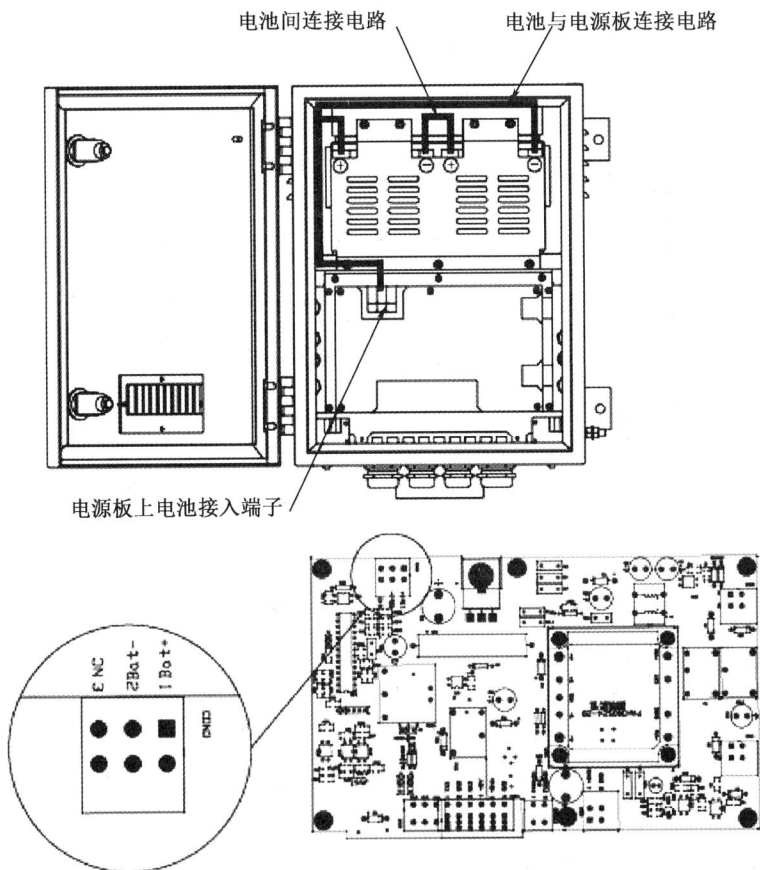

图 9-15　断掉电池之间及电池与电源板之间的电连接

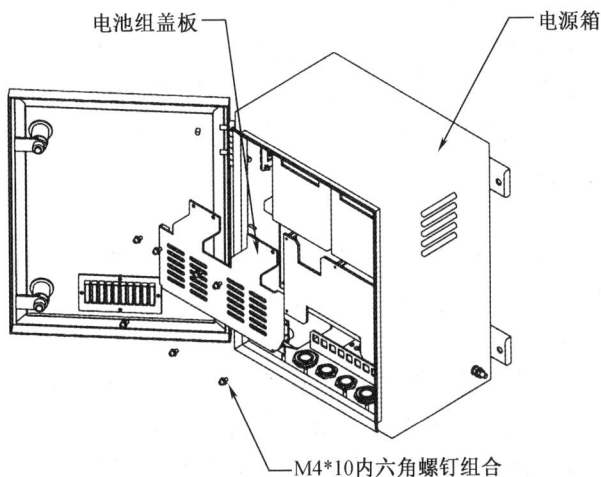

电池组盖板　　　　　　　　　　　电源箱

M4*10内六角螺钉组合

图 9-16　拆去电池组件盖板

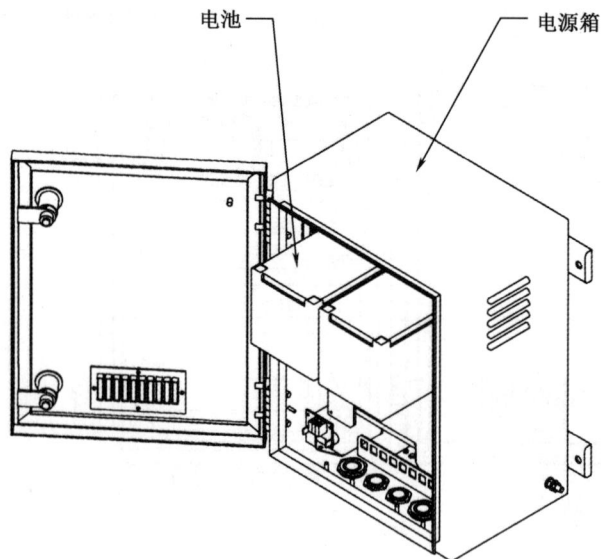

图 9-17　更换新电池组

在操作过程中要特别注意以下几点。

（1）不要将电池放置在火中，以免发生爆炸。

（2）不要打开或毁坏电池，电池中含有有毒的电解液会伤害人体皮肤和眼睛。

（3）为避免人员受伤，在更换电池时，工作人员应摘掉手表和首饰（如戒指等），使用有绝缘把手的工具对电池进行更换。

（4）更换的电池应与原本安装在设备内的电池数目相同、类型相似。

（5）被替换下来的电池必须回收，将电池交于相应的回收机构或者供应商。

二、船载航行数据记录仪验收与检验

船载航行数据记录仪是软硬件结合的系统，应根据制造商的维护要求定期对系统进行相关的维护。对专用备用电源、水下声响信标（需专用设备测试）及其电池、麦克风的输出电平等应定期检查。按照 SOLAS 公约的要求，系统包括所有传感器须进行年度性能试验，且试验应由认可的试验或维修机构进行。

1. 系统安装后验收

航海人员应在授权人在场时，按照生产商提供的验收表单，对照相关标准，通过生产商提供的回放设备仔细查验记录的航行数据并确认无误。

一般应进行下列检验：

（1）检查产品证书是否与实际产品相符，检查各单元的安装情况。

（2）防篡改性能检验，包括只有通过使用工具或钥匙才能进入系统中的任何部分，以及任何控制器及键盘的操作或它们的组合操作，不影响航行数据的记录。

（3）只有通过钥匙或其他安全的方法才能停止系统的记录。

（4）对记录的数据应设置密码，防止非授权人员的访问。

（5）检查是否有正确的标志。保护容器以及任何最外层壳体颜色应为高可见度荧光橙色，并采用认可标识如下文字："VOYAGE DATA RECORDER—DO NOT OPEN—REPORT TO AUTHORITIES"的反光材料。

（6）检查采集的项目是否满足规定，并逐项进行核对，与实际值进行比较，其精度应满足要求。

（7）检查系统主机和最终保护容器的安装情况。

（8）电源试验（包括备用电源）。

（9）确定自动释放装置的有效期和手动释放装置的有效性。

（10）如为自浮式保护船，检查最终保护容器上的定位信标和指示灯的功能，并检查电池的有效期。

（11）检查是否配备了必要的文件资料，包括安装指南、操作和维护手册、调查机关使用的相关信息。

全部试验完成后，系统测试和调试报告及记录应提交验船师审核。

2. 年度检验

根据 IMO 的要求，航行数据记录仪应进行年度性能测试，以确认系统性能和技术指标满足相关国际标准的要求。对 VDR 进行测试的人员应由生产商或生产商授权的适任人员承担。

年度性能测试包括：

（1）确认在测试开始前无报警。

（2）确认断开外接电源时，失电报警启动，且断开外接电源后设备可至少持续运行 1 h 55 min，并在不迟于外接电源断开 2 h 5 min 时自动停止。

（3）使用制造厂的测试设备（或经鉴定合格的替代测试设备）确认音响信标处于正常工作状态。

（4）确认设备总体情况令人满意，设备电池（音响信标及电源）均在有效期内。

（5）核查船上记录，确认 VDR/S-VDR 经正确维护保养。

（6）检查确认 VDR/S-VDR 应予以记录的数据项目，分别满足 IMO 关于 VDR/S-VDR 性能标准的有关要求。

（7）对自浮式保护舱应确认其自浮式装置令人满意，与初始安装时的状况相符；具有有效期限的设备均在有效期内。

（8）测试完成时，应确认 VDR/S-VDR 设备恢复到正常工作状态。

3. 日常维护

正常工作时，船载航行数据记录仪通常无须日常特别操作与维护，当班航海人员只需随时查看报警指示器监控面板，处理报警信息，确认是否存在不可恢复的报警。

如发现船舶上无法处理的异常情况，应立即向船舶所有人或所在/就近港口的海事主管机关报告，报告内容应包括：发现设备异常工作的时间、地点、可能原因、海况、天气情况等。

如果系统提供了回放功能，则可以按照厂家提供的操作说明书提示的步骤每月进行一次回放检测，以确认系统处于正常工作状态。

以上情况应记录在航海日志上。

三、船舶航行数据管理

船舶所有人在任何时候都拥有航行数据记录仪和航行数据的所有权。发生海事事件时，船舶所有人应积极配合海事调查主管当局，协助回收 VDR 保护舱，对恢复航行数据提供解码指导。

在事故第一现场,船长有责任按照操作规范及时保护 VDR/S-VDR 中的航行数据,并上交主管当局。弃船时未能够及时撷取数据的 VDR/S-VDR,海事主管当局应负责协调回收数据保护舱。在调查过程中,主管当局应监管原始航行数据,并尽快拷贝一份交由船舶所有人存留。对数据的恢复和解读由主管当局负责,并通知船舶所有人。

任务 4 船载航行数据记录仪的故障排查

我们以海兰信 HLD-B2 型 VDR 为例,按照以下步骤完成设备的故障排查。

一、读取 VDR 故障和警告

当出现故障或警告时,会出现报警音,该声音可以通过操作系统控制单元左下角的按键来静止。一个或多个相应的指示灯(电源、记录、麦克风、比特误码率和警告)将会被点亮,液晶显示屏将会显示有关报警的较为详细信息(图 9-18)。

某轮海兰信
VDR 维修实例

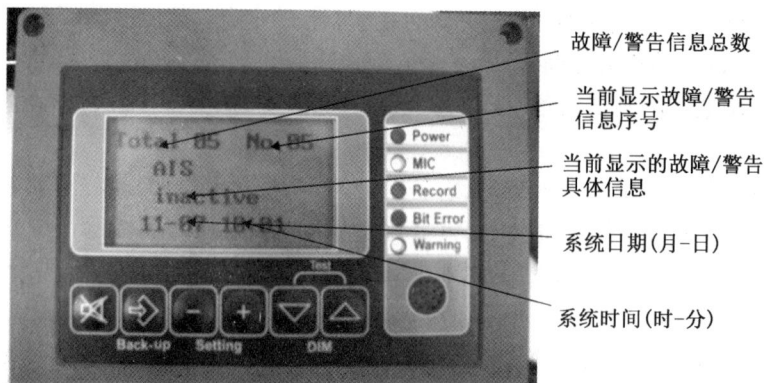

故障/警告信息总数

当前显示故障/警告
信息序号

当前显示的故障/警告
具体信息

系统日期(月-日)

系统时间(时-分)

图 9-18 VDR 故障与警告

(1)液晶屏的第一行说明为当前警告和故障信息的总数量以及当前显示的信息序号。如果多于一条信息,可以通过向前翻屏键和向后翻屏键来观看。

(2)下一行(或两行)显示对故障或警告的内容、类型等做的简单描述。

(3)最后一行显示当前系统时间(精确到分)。

需要注意的是,故障一般指系统发生严重错误,如船电丢失、PDU 中断连接、无法正常记录、麦克风检测没有通过等。警告一般指和系统连接的设备错误,如某些串口数据丢失等。

当一个单元同时也是一个被记录的项目被有意关闭时,如雷达或者计程仪,系统将会自动产生一个警告。这是一个通常的程序来说明 VDR 系统不再记录这些数据。

每隔 12 h(或固定的一段时间),每个麦克风将会发出短暂的鸣叫。这也是一个通常的程序来确证驾驶室的语音记录工作正常。

不同的故障代码指示了 VDR 系统某些特殊功能故障,而任何警告都指示 VDR 系统的某些异常状态,我们要熟练掌握通过故障/警告代码分析故障原因的技能,并能按照正确操作步骤进行故障排查。

当所有的故障/警告出现时(与备份有关的除外),同时按下 SCU 的调节亮度的两个键,判断该故障/警告是否是偶然出现的,如果是,则可通过该操作来消除;如果不是,则要进一步排查故障。

二、故障排查

请根据下列故障/警告代码,分析故障原因,按照步骤进行故障排查,解决问题。

(1)故障/警告代码:Warning. Video #N Sync Lost。

(2)故障/警告代码:Warning. Back up ERROR NoneDisk。

(3)故障/警告代码:Warning. Back up ERROR DiskFull。

(4)故障/警告代码:Warning. Serial #N Inactive。

(5)故障/警告代码:Alarm. Mic XX Error。

(6)故障/警告代码:Alarm. Frame Grabber Fail。

(7)故障/警告代码:Alarm. Power Fault。

(8)故障/警告代码:Warning. AC Failure。

(9)故障/警告代码:Warning. DC Failure。

(10)故障/警告代码:Warning. Battery Break。

(11)故障/警告代码:Warning. Battery Low。

(12)故障/警告代码:Alarm. PDU Disconnected。

(13)故障/警告代码:Alarm. PDU Bit Error。

故障原因与排故步骤

★思政小课堂:

找到事故发生的真正原因,避免悲剧重演,这正是海难事故事后调查的意义所在。而船载航行记录仪(VDR)在调查中发挥了重要的作用。

2012 年 1 月 13 日,意大利游轮"科斯塔·康科迪亚号"发生触礁事件,共造成 17 人死亡,16 人下落不明。在游轮上仍有大量乘客未获救的情况下(图 9-19),船长斯凯蒂诺却私自弃船,跳上一艘救生艇逃生。而在做出如此糟糕的行为之前,他的行为同样也缺乏职业素养。之所以触礁,是该船长居然为了向岛民"秀船"或"致意",而过度靠近海岸;不仅如此,斯凯蒂诺在游轮触礁后,又一直隐瞒事实,甚至要求客人回到各自客舱,耽误了疏散时间;在游轮开始倾斜之后,依然称游轮只是遭遇了技术问题,并要求乘客待在原地。在逃跑之后,他甚至声称自己是不慎滑落到救生艇里的,再也无法爬回到船上。

在海岸警卫队与船长斯凯蒂诺的通话中,也可以清晰地听到该船长在发生事故后,拒绝回到"科斯塔·康科迪亚号"上。最终这场事故导致 32 人遇难,这也是航海史上一次巨大的海难事故。VDR 记录的声音信息被当作当庭有力证据,证明了船长违反法律、漠视人命,失职弃船的事实,最终斯凯蒂诺被判处 16 年有期徒刑。

近代的历史海难中,许多船长坚守到最后一刻的英勇事迹被广为传诵。其中,最著名的莫过于"泰坦尼克号"邮轮的船长爱德华·约翰·史密斯。1912 年 4 月 14 日漆黑冰冷的那个夜晚,当他和船员们将妇孺送上救生艇后,自己却无法脱身。当死亡逼近,他们仍坚守岗位,伴随着驻船乐队《上帝离我们更近了》的歌声,锅炉

2012 年"康科迪亚"号沉船事故黑匣子录音

爆炸,电力中断,船身断为两截,海水将这些英勇的人卷进大西洋的深渊。

图 9-19　豪华邮轮"科斯塔·康科迪亚号"上的乘客们在等待救援

　　对于公众而言,海难不仅是事故,也是一场活生生的戏剧。不幸的是,这场剧中船长只有两个角色可以选择:英雄或懦夫。研究近代海事历史的学者指出,坚守岗位并将乘客利益放在第一位的船长要远多于那些弃乘客于不顾的船长。而在法律上也要求他们恪守职责,最大限度确保乘客的安全。不顾乘客安危弃船的行为触犯了海上不容妥协的纪律,这不仅仅是海上的规则与传统,更关乎责任。

前沿知识

VDR 习题

参 考 文 献

[1] 张华.船舶通信与导航[M].北京:海洋出版社,2016.
[2] 张治军.船舶通信导航:设备操作分册[M].大连:大连海事大学出版社,2009.
[3] 李海凤.船舶通信与导航[M].哈尔滨:哈尔滨工程大学出版社,2012.
[4] 崔凤波.船舶通信与导航[M].哈尔滨:哈尔滨工程大学出版社,2007.
[5] 王晓娟,冯文仙.船舶通信与导航[M].哈尔滨:哈尔滨工程大学出版社,2019.
[6] 蔡新梅.船舶通信与导航系统安装与操作[M].北京:北京理工大学出版社,2021.
[7] 任松涛.航海仪器操作与维护[M].大连:大连海事大学出版社,2014.
[8] 任玉清,吕世能.航海仪器实验[M].北京:中国农业出版社,2020.
[9] 吴金龙,张世家,张弘,等.航海仪器[M].大连:大连海事大学出版社,2018.
[10] 冯昭胜.船舶电气设备维护与修理[M].北京:机械工业出版社,2020.
[11] 杜杨.船舶电气设备调试与维护[M].哈尔滨:哈尔滨工程大学出版社,2022.
[12] 陈立家,李胜为,魏天明,等.通信设备与综合业务[M].武汉:武汉理工大学出版
     社,2022.
[13] 杨广治,唐信源,GMDSS船用通信设备:上[M].大连:大连海事大学出版社,1997.
[14] 陈放,张国强.GMDSS通信设备与业务[M].大连:大连海事大学出版社,2015.
[15] 刘伟潮.GMDSS系统与设备[M].上海:上海交通大学出版社,2017.
[16] 王希坤,邓木章.GMDSS设备操作与维护[M].大连:大连海事大学出版社,2015.
[17] 蔡新梅.船舶无线电通信系统安装与操作[M].哈尔滨:哈尔滨工程大学出版
     社,2019.
[18] 张云.北斗卫星系统的定位技术及船舶导航应用[M].上海:上海科学技术出版
     社,2019.
[19] 刘彤.航海仪器:下册:船舶导航雷达[M].2版.大连:大连海事大学出版社,2016.